Thomas Beyer

Determinanten der Sportrezeption

GABLER EDITION WISSENSCHAFT

Marketing und Innovationsmanagement

Herausgegeben von Professor Dr. Martin Benkenstein

Die Schriftenreihe „Marketing und Innovationsmanagement" soll drei für die Betriebswirtschaftslehre richtungsweisende Forschungsfelder integrieren: die marktorientierte Unternehmensführung mit Fragen der Kunden- und der Wettbewerbsorientierung, die marktorientierte Technologiepolitik mit allen Fragen des Innovationsmanagements und schließlich das internationale Marketing mit einer speziellen Fokussierung auf den Ostseeraum und Osteuropa. Die Schriftenreihe will dabei ein Forum für wissenschaftliche Beiträge zu diesen Themenbereichen des Marketing-Managements bieten, aktuelle Forschungsergebnisse präsentieren und zur Diskussion stellen.

Thomas Beyer

Determinanten der Sportrezeption

Erklärungsmodell und kausalanalytische Validierung am Beispiel der Fußballbundesliga

Mit einem Geleitwort von Prof. Dr. Martin Benkenstein

Deutscher Universitäts-Verlag

Bibliografische Information Der Deutschen Bibliothek
Die Deutsche Bibliothek verzeichnet diese Publikation in der Deutschen Nationalbibliografie; detaillierte bibliografische Daten sind im Internet über <http://dnb.ddb.de> abrufbar.

Dissertation Universität Rostock, 2005

1. Auflage Februar 2006

Lektorat: Brigitte Siegel / Sabine Schöller

Der Deutsche Universitäts-Verlag ist ein Unternehmen von
Springer Science+Business Media.
www.duv.de

Umschlaggestaltung: Regine Zimmer, Dipl.-Designerin, Frankfurt/Main
Druck und Buchbinder: Rosch-Buch, Scheßlitz
Gedruckt auf säurefreiem und chlorfrei gebleichtem Papier
Printed in Germany

ISBN 3-8350-0298-8

„Warum gehe die Leut' zum Fußball? –

Weil se net wisse wie's ausgeht."

Josef Herberger (1897-1977)

Deutscher Fußballlehrer und
Weltmeistertrainer von 1954

Geleitwort

Die Frage, wie das Verhalten von Sportzuschauern und jener breiten Bevölkerungsschichten, die sich durch die Nutzung von Massen- und Individualmedien über Sportveranstaltungen bzw. das generelle Sportgeschehen informieren, erklärt werden kann, hat die wissenschaftliche Diskussion auf dem Gebiet des Sportmarketing nachhaltig geprägt. Die vorliegenden wissenschaftlichen Untersuchungen, die vor allem aus dem US-amerikanischen Raum stammen, versuchen dabei vornehmlich partialanalytisch das Rezeptionsverhalten der verschiedenen Zielgruppen zu modellieren. Eine integrierte Analyse der Bestimmungsgrößen des rezeptiven Sportkonsums liegt jedoch bislang nicht vor.

Dies ist umso erstaunlicher, als sich der rezeptive Sportkonsum weltweit zu einem der wichtigsten und umsatzstärksten Freizeitmärkte entwickelt hat. Verschiedenste Konsumformen werden von den sportinteressierten Zielgruppen – teilweise im Wettbewerb zueinander – genutzt, ohne dass die Anbieter auch nur annähernd wissen, wie diese Konsumformen miteinander harmonieren. So wird nach wie vor strittig diskutiert, ob die Liveübertragungen von Sportveranstaltungen den Stadionbesuch eher befördern oder verhindern.

Diese Fragestellungen greift der Verfasser der vorliegenden Schrift auf. Er hat sich mit der vorliegenden Veröffentlichung die Aufgabe gestellt, ein integriertes Modell zur Erklärung des rezeptiven Sportkonsums zu entwerfen und auf der Grundlage eines Datensatzes zu testen, den er in Zusammenarbeit mit dem Fußballbundesligisten Hansa Rostock erhoben hat. Mit dieser Zielsetzung wird deutlich, dass der Verfasser eine konsequent entscheidungsorientierte Arbeit vorlegt, die ausgehend von einer detaillierten Analyse der Ergebnisse bestehender Forschungsarbeiten einen integrierten Ansatz zur Erklärung verschiedener Formen des rezeptiven Sportkonsums entwerfen will.

Als Ausgangspunkt seiner Überlegungen kennzeichnet der Verfasser der vorliegenden Schrift zunächst den aktuellen Stellenwert des Sports in unserer Gesellschaft, arbeitet die ökonomische Bedeutung des rezeptiven Sportkonsums heraus, grenzt die zentralen Begriffe eindeutig ab und kennzeichnet den Zuschauermarkt und dabei vor allem auch ein integriertes Geschäftsmodell der Anbieter von Rezeptionsleistungen im Sport. Aufbauend auf diesen Überlegungen verdeutlicht der Verfasser den Stellenwert der Analyse von Sportzuschauern und – auf einer Metaebene – den Stand der Zuschauerforschung und differenziert dabei zwischen sozialpsychologischen und soziologischen Studien sowie einer wirtschaftswissenschaftlich ausgerichteten Forschungsströmung, die vornehmlich käuferverhaltenstheoretisch und marketingorientiert ausgerichtet ist.

Der wesentliche Erkenntnisfortschritt der vorliegenden Schrift liefert ein vom Verfasser entworfenes Erklärungsmodell zum rezeptiven Sportkonsum. Dabei geht er sehr differenziert auf drei ausgewählte Modellkonstrukte, nämlich die Erklärungskonstrukte Motive, Identifikation und Involvement ein. Speziell zum Motivkonstrukt werden vielfältige partialanalytische Studien zum Einfluss von Motiven auf den Besuch von Sportveranstaltungen und auf die Nutzung von TV-Angeboten dargestellt und diskutiert. So gelingt es, unterschiedliche Motivtypen zu identifizieren und ihren Stellenwert für die Erklärung des rezeptiven Sportkonsums aufzuarbeiten.

Abschließend entwirft der Verfasser dann sein Modell zur Erklärung des rezeptiven Sportkonsums. Er macht dabei auch deutlich, dass die drei Modellkonstrukte nicht unabhängig voneinander sind, sondern die Motive das Involvement und die Identifikation sowie das Involvement die Identifikation beeinflussen. Schließlich leitet er acht Untersuchungshypothesen für die empirische Untersuchung ab. Diese empirische Untersuchung führt er auf der Grundlage eines Datensatzes durch, den er in enger Zusammenarbeit mit dem FC Hansa Rostock erhoben hat. Die Auswertungen werden mit der anspruchsvollen Analysetechnik des AMOS-Modells durchgeführt. Durch diese Analysen kann der Verfasser seine Untersuchungshypothesen weitgehend bestätigen.

Insgesamt entwickelt die vorliegende Arbeit ein käuferverhaltentheoretisch begründetes Modellkonzept, das geeignet ist, zur Schließung der verhaltenswissenschaftlichen Lücke auf dem Gebiet des Zuschauerverhalten in Sportmärkten beizutragen. Damit liefert der Verfasser für das Marketing-Management von Sportdienstleistern Ansatzpunkte zur Gestaltung ihrer Kundenbeziehungen. Es ist zu wünschen, dass die vorliegende Schrift in Theorie und Praxis eine weite Verbreitung findet.

Prof. Dr. Martin Benkenstein

Vorwort

Das Interesse an der passiven Partizipation an sportlichen Inhalten hat in den letzten Jahren eine bemerkenswerte Entwicklung erfahren. Der zunehmende Anteil der sportinteressierten Bevölkerung eröffnet den Anbietern des Zuschauermarktes erhebliche Umsatz- und Gewinnmöglichkeiten. Gleichzeitig geraten Vereine und Sportveranstalter durch die Vielfalt unterschiedlicher Unterhaltungsangebote sowie die steigenden Aufwendungen für die Aufrechterhaltung des Wettkampfbetriebes verstärkt unter Konkurrenz- und Kostendruck. Die Vermarktung des Sports an den Sportrezipienten hat sich dabei zur wichtigsten Finanzierungsquelle im professionellen Spitzensport entwickelt.

Der Sportzuschauer rückt daher verstärkt in den Mittelpunkt der Unternehmensaktivitäten von Vereinen und Veranstaltern. Demzufolge kommt der umfassenden Analyse des Sportzuschauers, der Erfassung seiner Bedürfnisse, Wünsche und Motive ein hoher Stellenwert zu. Dennoch ist eine kaufverhaltenstheoretische Kennzeichung des Sportzuschauers bislang nur selten Gegenstand wissenschaftlicher Forschung.

Bei näherer Betrachtung des Untersuchungsgegenstands ist festzustellen, dass Sportereignisse grundlegend über zwei unterschiedliche Übertragungswege an den Zuschauer vermittelt werden. Zum einen kann der Sportzuschauer Sportveranstaltungen direkt am Wettkampfort verfolgen (Vor-Ort-Konsum). Zum anderen kann er Sportübertragungen raumversetzt über Medien konsumieren (Medien-Konsum). Bezogen auf Zuschauer- und Umsatzzahlen haben dabei Sportübertragungen via TV eine weitaus höhere ökonomische Bedeutung als die für vor Ort anwesende Zuschauer organisierten Sportveranstaltungen. Dennoch befassen sich Zuschaueranalysen zumeist ausschließlich mit der Untersuchung des Vor-Ort-Konsums. Eine detaillierte vergleichende Analyse beider Konsumformen existiert bisher nicht.

Die dargestellten Forschungsdefizite bilden den Ansatzpunkt für meine Dissertationsschrift. Die Zielstellung der Arbeit besteht dabei in der Identifikation wesentlicher Determinanten der Sportrezeption, die der Entwicklung eines Modells zur Erklärung der grundlegenden Konsumformen Vor-Ort- und Medien-Konsum dienen. Somit liegt der Forschungsschwerpunkt in dem Versuch einer dependenzbezogenen Erklärung beider Sportrezeptionsformen.

Entsprechend der Zielstellung erfolgte zunächst eine grundlegende Betrachtung der verschiedenen Einflussgrößen auf die Rezeptionsnachfrage. Orientiert am S-O-R-Ansatz konnte der Konsumentscheidungsprozess eines Sportzuschauers abgebildet werden. Letztendlich zeigt sich, dass die langfristigen Ursachen der Entscheidung für oder gegen rezeptiven Sportkonsum vor allem auf die nicht direkt beobachtbaren emotionalen und kognitiven Prozesse und Zustände im Innern des Zuschauers zurückzuführen sind.

Unter Berücksichtigung dieser Ergebnisse erfolgte eine Beurteilung vorhandener Erklärungsansätze der Sportrezeption. Im Rahmen der Analysen konnten wesentliche Einflussgrößen sowie die zwischen den Einzelgrößen zu vermutenden Konstruktbeziehungen abgeleitet werden. Aufbauend auf diesen theoretischen Vorüberlegungen wurde ein Sportrezeptionsmodell entwickelt, das erstmalig beide grundlegenden Rezeptionsformen integriert betrachtet.

Der gewählte Operationalisierungsansatz wurde in einem weiteren Schritt zu einem Messansatz verfeinert, wobei für die exogenen und endogenen Modellgrößen geeignete Messindikatoren identifiziert werden konnten. Die empirische Analyse basierte auf einer Befragung der Zuschauer eines Fußballbundesligisten. Aufgrund der Komplexität des Modellsystems wurde dazu der AMOS-Ansatz der Kausalanalyse angewendet. Im Ergebnis der Analyse stellte sich eine gute Approximation der Modellvoraussagen an die empirischen Daten und damit die Relevanz des Rezeptionsmodells heraus.

Die erfolgreiche Erstellung einer Dissertationsschrift ist – wie auch in meinem Fall – immer auf das Zusammenwirken und die Unterstützung einer Vielzahl von Personen zurückzuführen. Ohne sie wäre meine Arbeit nicht möglich gewesen und ich möchte mich daher ganz herzlich bei ihnen allen bedanken.

Hervorheben möchte ich dabei meinen akademischen Lehrer und Doktorvater Herrn Prof. Dr. Martin Benkenstein. Während meiner Zeit am Instiut für Marketing & Dienstleistungsforschung wurde er mir mit der ihm eigenen Professionalität und Souveränität zu einem prägenden Lehrmeister, der mich zudem in allen Phasen des Promotionsvorhabens konstruktiv, kritisch und stets mit großem Vertrauen betreute. Darüber hinaus gilt mein Dank Herrn Prof. Dr. Friedeman W. Nerdinger für die Übernahme des Zweitgutachtens.

Der Vereinsführung des FC Hansa Rostock, insbesondere dem Vorsitzenden des Aufsichtsrates Herrn Prof. Dr. Dr. h.c. (mult.) Horst Klinkmann sowie Herrn Ralf Gawlack und Herrn Stefan Bobzin danke ich für ihre Unterstützung bei den Befragungen im Ostseestadion.

Durch einen stets konstruktiven wissenschafltichen Diskurs, die umfassende Entlastung während der Erstellung der Dissertation und durch viele motivierende Worte trugen meine aktuellen und ehemaligen Kollegen am Institut für Marketing & Dienstleistungsforschung wesentlich zum Erfolg meiner Arbeit bei. Stellvertretend für alle möchte ich mich bei Frau Eva-Marie Schröder, Frau Dipl.-Kffr. Stephanie Steiner und Herrn Dr. Michael Holtz bedanken.

Mein besonderer Dank gilt meinen Eltern. Ihnen widme ich diese Arbeit.

Thomas Beyer

Inhaltsverzeichnis

Abbildungsverzeichnis

Tabellenverzeichnis

Abkürzungsverzeichnis

a.a.O.	am angegebenen Ort
Abb.	Abbildung
AGFI	Adjusted-Goodness-of-Fit-Index
AGG	Aggression
AKT	Aktivität
AMOS	Analysis of Moment Structures
ANS	Anschluss
ATM	Atmosphäre
Aufl.	Auflage
Bd.	Band
ca.	circa
DBW	Die Betriebswirtschaft
d.h.	das heißt
ed.	Edition
ESK	Eskapismus
et al.	et alii, et alia, et alteri
FC	Fußball Club
f., ff.	folgende, fortfolgende
GFI	Goodness-of-Fit-Index
GLS	General-Least-Squares
Hrsg.	Herausgeber
Ident.	Identifikation
i.e.S.	im engeren Sinne
Inv.	Involvement
Jg.	Jahrgang
LISREL	Linear Structural Relations System
MF	Motivfaktor
MK	Medien-Konsum
ML	Maximum-Likelihood

No.	Number
Nr.	Nummer
RMR	Root-Mean-Square-Residual
RMSEA	Root-Mean-Square-Error-of-Approximation
S.	Seite
SEL	Selbstwert
SLS	Scale-Free-Last-Square
S-O-R-Modell	Stimulus-Organismus-Response-Modell
SPA	Spannung
SPSS	Statistical Product and Service Solutions
Tab.	Tabelle
TV	Television
u.a.	und andere, unter anderem
UNT	Unterhaltung
vgl.	vergleiche
VK	Vor-Ort-Konsum
Vol.	Volume
vs.	versus
WIS	Wissen
WiSt	Wirtschaftswissenschaftliches Studium
WISU	Das Wirtschaftsstudium
z.B.	zum Beispiel
ZEI	Zeitvertreib
ZfB	Zeitschrift für Betriebswirtschaft
ZfbF	Zeitschrift für betriebswirtschaftliche Forschung
ZFP	Zeitschrift für Forschung und Praxis

A Zur Bedeutung von Analysen der Sportrezeption

1 Entwicklung und ökonomische Bedeutung der Sportrezeptionsnachfrage

Der Sport besitzt in der Gesellschaft einen hohen Stellenwert und spricht breite Bevölkerungsschichten an.[1] Dies äußert sich zum einen durch den großen Teil der selbst Sport treibenden Bevölkerung[2] und zum anderen durch die zahlenmäßig überlegene Gruppe der Zuschauer bei sportlichen Wettkämpfen.[3] Der Zuschauer als Sportkonsument kann damit als ein wesentlicher und nicht zu vernachlässigender Bestandteil des Gesamtphänomens Sport gekennzeichnet werden. Er definiert sich durch sein Interesse an der passiven Partizipation an sportlichen Inhalten.[4]

Das Interesse der Zuschauer am Sport hat in den letzten Jahren eine bemerkenswerte Entwicklung erfahren. Dies kann für die Bundesrepublik Deutschland sehr eindrucksvoll durch einige Zahlen belegt werden. So sind:

---

1 Diese Aussage bedarf dabei keiner geografischen und historischen Einschränkung. Sportbegeisterung und Sportinteresse sind kein Ausdruck ökonomischen Wohlstandes. Auch in wirtschaftlich gering entwickelten und politisch instabilen Ländern genießt der Sport eine hohe Anerkennung. Dies belegen nicht zuletzt die Teilnahmen und Erfolge von Sportlern aus Entwicklungsländern bei Olympischen Spielen. Ebenso ist die gesellschaft-liche Bedeutung des Sports keine neuzeitliche Entwicklung. Forschungen belegen, dass zu nahezu allen Zeiten und in allen Kulturen sportliche Betätigung sowie das Zuschauen beim Sport – wenn auch in anderen Idealen und Ritualen verhaftet – ein wichtiger Teil des gesellschaftlichen Lebens war. Die historisch eindrucksvollsten Belege für den Stellenwert des Sports finden sich vor allem in der griechischen und römischen Geschichte. Vgl. Guttmann, Allen (1981): Das Verhalten der Zuschauer im Sport, in: Sportwissenschaft, 11. Jg., Heft 3, S. 62 ff.

2 Diese werden häufig auch als aktive Sportler oder nur als Sportler bezeichnet. Ihre Nachfrage nach Sportprodukten und Leistungen kennzeichnet den aktiven Sportkonsum. Gegenstand des aktiven Sportkonsums ist demnach die Nachfrage nach Gütern, die in unmittelbarem Zusammenhang zur eigenen sportlichen Aktivität stehen. Vgl. Hermanns, A., Riedmüller, F. (2001): Die duale Struktur des Sportmarktes: Aufbau, Inhalte, Marktteilnehmer, in: Herrmanns, A., Riedmüller, F. (Hrsg.): Management-Handbuch: Sport-Marketing, München, S. 38; Freyer, W. (2003): Sport-Marketing: Handbuch für marktorientiertes Management im Sport, 3. vollst. überarb. Aufl., Dresden, S. 100; Heinemann, K. (1995): Einführung in die Ökonomie des Sports: Ein Handbuch, Schorndorf, S. 88 f.

3 Vgl. Trosien, G. (2003): Sportökonomie: Ein Lehrbuch in 15 Lektionen, Aachen et al, S.48 ff.; Mullin, B., Hardy, S., Sutton, W. (1993): Sport Marketing, Champaign, S.3 f.; zur Vielfalt der Sportnachfrage siehe Weber, W., Schnieder, C., Kortlüke, N., Horak, B. (1995): Die wirtschaftliche Bedeutung des Sports, Schorndorf, S. 56.

4 Vgl. Shamir, B., Ruskin, H. (1984): Sport Participations vs. Sport Spectatorship: Two Modes of Leisure Behaviour, in: Journal of Leisure Research, 16. Jg., Heft 1, S. 9 ff.; Riedmüller, F. (2003): Dienstleistungsqualität bei professionellen Sportveranstaltungen – Entwicklung und Überprüfung eines Erklärungsmodells, Frankfurt am Main, S. 54.

- ca. 25,7 Millionen Bundesbürger gelegentlich bis regelmäßig als Besucher von Sportveranstaltungen vor Ort[5] und

- etwa 48,9 Millionen Deutsche verfolgen Sportwettkämpfe zumindest gelegentlich via TV-Übertragung.[6]

Der bei Weitem beliebteste Zuschauersport in Deutschland ist der Fußball, dessen Wertigkeit und Bedeutung durch die aktuelle Zuschauerbeteiligung in der Fußballbundesliga belegt werden kann:

- Erstmals besuchten 10,7 Millionen Zuschauer in der Saison 2003/2004 die Stadien der Fußballbundesliga[7] und

- durchschnittlich 5,72 Millionen Fernsehzuschauer verfolgten in der Hinrunde der gleichen Saison die ARD-„Sportschau", in der den Zuschauern eine Zusammenfassung des gesamten Spieltages geboten wird.[8]

Insgesamt kann festgestellt werden: Das Zuschauen beim Sport hat sich zu einem allgegenwärtigen **Massenphänomen** entwickelt.[9]

---

5 Die in der Studie betrachtete Grundgesamtheit umfasste deutsche Bundesbürger ab 14 Jahren (Volumen: 63,7 Millionen). Die Erfassung der Besuchsintensität erfolgte durch Selbsteinschätzung der Befragten.

6 Vgl. UFA (1999): Fußball-Studie: Fußball Bandenwerbung, Hamburg, S. 23. Das Interesse am passiven Sportkonsum zeigt sich vor allem an den Einschaltquoten der deutschen TV-Sender. Bis zu 55 % der bundesdeutschen Fernsehgeräte sind bei wichtigen Sportübertragungen eingeschaltet. Unter den TV-Ausstrahlungen eines Jahres mit den höchsten Einschaltquoten befinden sich vor allem Sportübertragungen. Vgl. Brandmaier, S., Schimany, P. (1998): Die Kommerzialisierung des Sports: Vermarktungsprozesse im Fußball-Profisport, Hamburg, S. 28 f.; Scholz, R. (2001): Die Rolle der Medien im Sport, in: Herrmanns, A., Riedmüller, F. (Hrsg.): Management-Handbuch: Sport-Marketing, München, S. 531 ff.; zu Breite und Umfang des Sportangebots deutscher Fernsehsender im Free-TV vgl. Rühle, A. (2003): Sportprofile deutscher Fernsehsender: Das Sportangebot im deutschen Free-TV, in Media Perspektiven, 7. Jg., Heft 5, S. 216 ff.

7 Damit wurde in der Saison 03/04 der Zuschauerrekord des Vorjahres von 9,7 auf 10,7 Millionen verbessert. Vgl. DFL (2004): Gesamteinnahmen der Bundesliga in der Saison 2003/04, in: DFL-Deutsche Fußball Liga GmbH (Hrsg.): Online-Veröffentlichungen, Frankfurt, www.bundesliga.de.

8 Die ARD-„Sportschau" ist die zeitnaheste TV-Übertragung der Fußballbundesliga im Free-TV und gleichzeitig das nach Marktanteilen beliebteste Fußballformat im deutschen Fernsehen in der Saison 2003/ 04. Vgl. Brannasch, A. (2004): ARD-„Sportschau": Erfolg bei Publikum und Werbetreibenden, in: Media Perspektiven, 8. Jg. Heft 2, S. 90; für weitere aktuelle Zahlenbelege der Bedeutung des Zuschauersports vgl. Gerhards, M., Klingler, W., Neuwöhner, U. (2002): Sportangebote und Nutzung in elektronischen Medien, in: Trosien, G. (Hrsg.): Sport und neue Märkte: Innovation – Expansion – Investition, Butzbach-Griedel, S. 153 ff.

9 Vgl. Hermanns, A., Riedmüller, F. (2003): Der Sportmarkt: Bedeutung, Struktur und Marktteilnehmer (I), in: WISU, 32. Jg., Heft 1, S. 77; Dinkel, M., Holderbach, E. (1999): Fußball WM 1998: Das Medien- und Sponsorenereignis des Jahrhunderts, in: Trosien, G., Dinkel, M. (Hrsg.), Verkaufen Medien die Sportwirklichkeit?: Authentizität – Inszenierung – Märkte, Aachen, S. 151 f.; Riedmüller, F. (2003): Dienstleistungsqualität bei professionellen Sportveranstaltungen, a.a.O., S. 21; Trosien, G. (2002): Aufklärung über Sportkonsum als bedeutsames Anliegen anerkant, in: dvs-informationen, 17. Jg., S. 34 f.; zum Zuschauerinteresse bei TV-Live-Übertragung von Sportveranstaltungen in Deutschland siehe bspw. Parlasca, S. (2000): Eine wettbewerbspolitische Analyse der zentralen Vermarktung von Sportrechten, in: Schellhaaß, H. M. (Hrsg.): Sportveranstaltungen zwischen Liga- und Medieninteresse, Schorndorf, S. 90 f.

Die Gründe für das wachsende Interesse an der Sportrezeption sind vor allem in den **gesellschaftlichen sowie wirtschaftlich-technologischen Entwicklungen** und den daraus resultierenden Änderungen im Konsumentenverhalten zu suchen. Ein erster Bestimmungsgrund liegt in der stetigen Erhöhung des gesamtgesellschaftlichen Wohlstandes in der Bundesrepublik Deutschland durch Erhöhung der Produktivität und Effizienz des Wirtschaftssektors. Mit steigenden Einkommen erhöhen sich die Ausgaben für den privaten Konsum, wobei sich die Konsumstruktur deutlich von den Grundbedarfsgütern hin zu Gütern des gehobenen bzw. freien Bedarfs verschiebt.[10] Diese Entwicklung lässt sich – trotz gelegentlicher Einbrüche im privaten Konsum aufgrund konjunktureller Krisen – seit den 50-er Jahren bis heute fortschreiben.[11] Breite Bevölkerungsteile haben somit erhebliche und weiterhin steigende **finanzielle Ressourcen** zur freien Verfügung.

Die ebenfalls durch Produktivitätssteigerungen und Automatisierung bedingte Abnahme der Tages-, Wochen- und Lebensarbeitszeit erhöht den **Anteil der Freizeit** im Vergleich zur Arbeitszeit und führt – in Verbindung mit frei verfügbaren finanziellen Ressourcen – zu einem Anstieg der Nachfrage nach Freizeitaktivitäten und damit auch zu einem verstärkten sportbezogenen Konsum.[12] Zudem erhöht sich die Freizeitnachfrage durch die Veränderung der Arbeitsbedingungen. Produktentfremdung durch Automatisierung, fehlende körperliche Betätigung durch die vermehrte Arbeit an Sichtgeräten führen zu einem Verlust der Ganzheitlichkeit und damit der Befriedigung durch die geleistete Arbeit. Die Verwirklichung persönlicher Erfolgserlebnisse wird somit weniger im Arbeitsleben als vermehrt in einer Gegenwelt zum Alltag in Freizeit und Urlaub gesucht.[13]

Nicht zuletzt bedingt durch die beschriebene Entwicklung zeigt sich ein **Wertewandel** bezüglich der Bedeutung von Arbeit und Freizeit. Die klassische arbeitsorientierte Lebensauffassung ist einer hedonistisch geprägten, freizeitorientierten Einstellung gewichen. Entsprechend der neuen Wertevorstellung dient Arbeit lediglich der Erreichung und Erhaltung der ökonomischen Sicherheit. Freizeit und die im Freizeitbereich gesuchten Erlebnisse, die persönliche

---

10 Vgl. Barth, K., Theis, H.-J. (1998): Hotel-Marketing: Strategien – Marketing-Mix – Planung – Kontrolle, Wiesbaden, S. 92 f.; Riedmüller, F. (2003): Dienstleistungsqualität bei professionellen Sportveranstaltungen, a.a.O., S. 21 f.

11 Vgl. Freyer, W. (2003): Sport-Marketing: Handbuch für marktorientiertes Management im Sport, a.a.O., S. 127 f.

12 Vgl. Trosien, G. (2003): Sportökonomie: Ein Lehrbuch in 15 Lektionen, Aachen et al., S. 23 f.; Opaschowski, H. (1999): Generation @: Die Medienrevolution entlässt ihre Kinder: Leben im Informationszeitalter, Hamburg, S. 62; für eine umfangreiche Analyse des Freizeitverhaltens und dessen Historie vgl. Prahl, H.-W. (2002): Soziologie der Freizeit, Paderborn et al., S. 85 ff. sowie S. 191 ff.

13 Vgl. Gumbrecht, Hans Ulrich (1988): „Dabei sein ist Alles“: Über die Geschichte von Medien, Sport, Publikum, DFG-Sonderforschungsbereich 240 (Hrsg.): Ästhetik, Pragmatik und Geschichte der Bildschirmmedien: Schwerpunkt Fernsehen in der Bundesrepublik Deutschland, Siegen., S. 16 f.; Freyer, W. (2003): Sport-Marketing: Handbuch für marktorientiertes Management im Sport, a.a.O., S. 132.

Anerkennung und Sinnfindung werden zunehmend zum bestimmenden Lebensziel.[14] Die Befriedigung der steigenden Nachfrage erfolgt dabei durch die expandierende Freizeitwirtschaft, insbesondere durch Tourismusanbieter, Kultur- und Gastronomieunternehmen und nicht zuletzt durch Sportveranstalter und Medienunternehmen als Produzenten von Sportrezeptionsangeboten.[15]

Der Markt, auf dem sich die Nachfrage und das Angebot von Sportprodukten und -leistungen für den Zuschauer gegenüberstehen, ist ein Teilbereich des gesamten Sportmarktes und wird als **Zuschauermarkt** respektive Markt für den rezeptiven Sportkonsum bezeichnet.[16]

Bis vor wenigen Jahren war der Zuschauermarkt anbieterseitig noch vielfach von einer fehlenden wirtschaftlichen Orientierung gekennzeichnet. Die **Anbieterstrukturen** waren weitestgehend durch Vereine und ehrenamtliche Mitarbeit geprägt.[17] Vereinsfunktionäre traten – nicht zuletzt aufgrund eines drohenden Machtverlustes – einer marktorientierten Ausrichtung des Sports am Sportzuschauer nur selten aufgeschlossen gegenüber.[18] Die stetig steigende Nachfrage nach rezeptivem Sportkonsum führte schließlich zu wachsenden Interessen von Wirtschaft und Medien am Sport (z.B. Sponsoren, Werbepartner, TV-Anstalten). Sie forderten aber zunehmend marktorientiertes Handeln von den Vereinen, die damit ihrerseits unter einen zunehmenden Professionalisierungsdruck gerieten.

Im Zuge dieser Entwicklungen wurden und werden Sportvereine zu umsatzstarken Wirtschaftsunternehmen, die sich vor allem aus der Vermarktung des Sports und nur noch zu einem geringen Teil aus Mitgliedsbeiträgen finanzieren. Sportwettkämpfe werden verstärkt zu kommerziellen Events, die hohe Umsätze generieren und sich nur noch durch den Verkauf

---

14 Vgl. Prahl, H.-W. (2002): Soziologie der Freizeit, a.a.O., S. 145 f.; Reisch, L. (1999): Das Freizeit-Paradoxon: Wenn das Arbeitsangebot trotz steigender Löhne sinkt, in: WiSt, 28. Jg., Heft 6, S. 302.

15 Vgl. Freyer, W. (2003): Sport-Marketing: Handbuch für marktorientiertes Management im Sport, a.a.O, S. 127 ff.; Prahl, H.-W. (2002): Soziologie der Freizeit, a.a.O., S. 209 ff.; Riedmüller, F. (2003): Dienstleistungsqualität bei professionellen Sportveranstaltungen – Entwicklung und Überprüfung eines Erklärungsmodells, Frankfurt am Main, S. 21 f.; Woratschek, H., Beier, K. (2001): Sportmarketing, in: Tscheuling, D. K., Helmig, B. (Hrsg.), Branchenspezifisches Marketing: Grundlagen – Besonderheiten – Gemeinsamkeiten, Wiesbaden, S. 209 f.

16 Vgl. Brandmaier, S., Schimany, P. (1998): Die Kommerzialisierung des Sports, a.a.O., S. 26 f. Teilweise sprechen die Autoren auch vom Teilhabermarkt und stellen dabei insbesondere auf die Diskriminierung von blinden „Zuschauern" ab, die zwar am Sportgeschehen teilhaben, aber nicht i.e.S. zuschauen können. Vgl. dazu Welling, M. (2003): Das Produkt Fußball? – Eine leistungstheoretische Grundlegung zur Identifikation von Produktions- und Absatzspezifika, in: Reckenfelderbäumer, M., Welling, M. (Hrsg.): Fußball als Gegenstand der Betriebswirtschaftslehre: Leistungstheoretische und qualitätspolitische Grundlagen, Schriften der Wissenschaftlichen Hochschule Lahr, Nr. 2, Lahr, S. 13.

17 Vgl. Heinemann, K. (1995): Einführung in die Ökonomie des Sports: Ein Handbuch, a.a.O., S. 65 ff.

18 Vgl. Büch, M.-P., Frick, B. (1999): Sportökonomie: Erkenntnisinteresse, Fragestellungen und praktische Relevanz, in: BFuP, 51. Jg., Heft 2, S.109 f.; Trosien, G. (2002): Aufklärung über Sportkonsum als bedeutsames Anliegen anerkannt, in: dvs-informationen, 17. Jg., S. 35; Freyer, W. (2003): Sport-Marketing: Handbuch für marktorientiertes Management im Sport, 3. vollst. überarb. Aufl., Dresden, S. 241 ff.

von Fernseh- und Werberechten finanzieren lassen.[19] Der Zuschauermarkt hat sich dabei zu einem volkswirtschaftlich beachteten und einem der derzeit am schnellsten wachsenden Wirtschaftsbereiche entwickelt. Die steigende Zahl der sportinteressierten Bevölkerung eröffnet den Anbietern des Zuschauermarktes dabei **erhebliche Umsatz- und Gewinnmöglichkeiten**.[20]

Als Beleg für die unternehmerischen Chancen sei hier nur kurz auf die ökonomischen Dimensionen von **sportlichen Großveranstaltungen** hingewiesen. Diese Megaevents des Sports – wie bspw. im Jahr 2004 die „Olympischen Spiele", die „Fußball-Europameisterschaften" oder die „Tour de France" – stoßen auf ein globales Zuschauerinteresse. Sie attrahieren vor Ort mehrere hunderttausend Besucher und bestimmen über Wochen die weltweite Berichterstattung der Medien.[21] Die mediale Reichweite kann dabei via TV, Hörfunk, Internet und Printmedien die Milliardengrenze überschreiten. Die enorme Zuschauerbeteiligung ist dabei ein Beleg für das finanzielle Transaktionsvolumen und die kommerzielle Bedeutung dieser Sportveranstaltungen, die, bezüglich der generierten Umsätze, bereits mit mittelständischen Unternehmen verglichen werden können.[22]

Das **Themengebiet der Sportrezeption** darf daher nicht als Randbereich wirtschaftswissenschaftlicher Forschung betrachtet werden. Das Interesse am Zuschauen beim Sport konzentriert sich nicht auf klar abgegrenzte und weitestgehend homogene Interessengruppen, sondern umfasst das alltägliche Leben einer breiten und durchweg heterogenen Masse, die durch vielschichtige und differenzierte Konsumbedürfnisse gekennzeichnet ist. Die Komplexität des Themengebiets wird durch die stetig zunehmende Zahl an Rezeptionsangeboten in den verschiedensten Sportarten weiter verstärkt. Die wachsende ökonomische Bedeutung des Zuschauermarktes rechtfertigt – vor dem Hintergrund einer bisher weitestgehend vernachläs-

---

19 Vgl. Hermanns, A., Riedmüller, F. (2002): Marketing im Sport: Status Quo und Handlungsrahmen, in: Galli, A. et al. (Hrsg.): Sportmanagement. Grundlagen der unternehmerischen Führung im Sport aus Betriebswirtschaftslehre, Steuern und Recht für den Sportmanager, München, S. 235 f.

20 Vgl. Heinemann, K. (2002): Ökonomie des Sports – eine Problemskizze, in: Hübl, L. (Hrsg.): Ligasport aus ökonomischer Sicht, Aachen, S. 81; Woratschek, H. (1998): Sportdienstleistungen aus ökonomischer Sicht, in: SpW, 28.Jg., Heft 3-4, S. 345, Woratschek, H., Beier, K. (2001): Sportmarketing, in: Tscheuling, D. K., Helmig, B. (Hrsg.), Branchenspezifisches Marketing: Grundlagen – Besonderheiten – Gemeinsamkeiten, Wiesbaden, S. 208 f.

21 Vgl. Riedmüller, F. (2003): Dienstleistungsqualität bei professionellen Sportveranstaltungen, a.a.O., S. 50 ff.; zu Aspekten der Sportveranstaltungswirtschaft vgl. im Überblick Trosien, G. (2003): Sportökonomie: Ein Lehrbuch in 15 Lektionen, a.a.O, S. 81 ff.

22 Vgl. Dinkel, M., Holderbach, E. (1999): Fußball WM 1998: Das Medien- und Sponsorenereignis des Jahrhunderts, in: Trosien, G., Dinkel, M. (Hrsg.), Verkaufen Medien die Sportwirklichkeit?: Authentizität – Inszenierung – Märkte, Aachen, S. 151 ff.; Hermanns, A., Riedmüller, F. (2001): Die duale Struktur des Sportmarktes, a.a.O., S. 41.; Riedmüller, F. (2001): Zur Vermarktung von Sportveranstaltungen, in: Hermanns, A., Riedmüller, F. (Hrsg.): Management-Handbuch Sport-Marketing, München, S. 267.

sigten wissenschaftlichen Analyse in der Sportwirtschaft – zudem die Fokussierung der Aufmerksamkeit auf diesen Teilbereich des Sports.[23]

2 Kennzeichnung des Zuschauermarktes

Der Zuschauermarkt ist durch komplexe Marktstrukturen gekennzeichnet. Einer breiten Basis heterogener Nachfragergruppen mit spezifischen Bedürfnissen stehen unterschiedlichste Anbieter (z.B. TV, Vereine, Sportunterhaltungsbetriebe) gegenüber, die der Zuschauernachfrage mit differenzierten Rezeptionsangeboten (Pay-TV, Free-TV, Bücher, Zeitungen und Zeitschriften, Internet) begegnen. Im Folgenden soll daher zunächst eine genaue Kennzeichnung des Zuschauermarktes hinsichtlich der genannten Marktdeterminanten vorgenommen werden.

Der **Zuschauermarkt** ist ein Teilmarkt des Sportmarktes.[24] Er definiert sich als gedanklicher Ort, an dem alle potenziellen Nachfrager und Anbieter von Leistungen für Sportzuschauer

---

23 Im Jahre 1997 wurde daher der Fachkreis Sportökonomie gegründet, der sich verpflichtet hat, zur Fundierung der Sportökonomie als Wissenschaftsdisziplin beizutragen. Vgl. Hermanns, A., Riedmüller, F. (2002): Marketing im Sport: Status Quo und Handlungsrahmen, a.a.O., S. 231 f.; Freyer, W. (2003): Sport-Marketing: a.a.O, S. 62. Als Grund für die bislang wenig befriedigende Breite an Forschungsarbeiten auf dem Gebiet der Sportökonomie wird auch häufig die weitestgehende Heterogenität des Forschungsfeldes angeführt. Siehe dazu insbesondere Woratschek, H., Beier, K. (2001): Sportmarketing, a.a.O., S. 208.; Büch, M.-P., Frick, B. (1999): Sportökonomie: Erkenntnisinteresse, Fragestellungen und praktische Relevanz, in: BFuP, 51. Jg., Heft 2, S. 109; Trosien, G. (2003): Sport in der wirtschaftlichen Entwicklung: Eine Hinführung, in: Trosien, G. Dinkel, M. (Hrsg.): Grenzen des Sportkonsums, Aachen, S. 10 f.; Heinemann, K. (2002): Ökonomie des Sports – eine Problemskizze, in: Hübl, L. (Hrsg.): Ligasport aus ökonomischer Sicht, Aachen, S. 73 f. sowie S. 81; Heinemann, K. (1995): Einführung in die Ökonomie des Sports: Ein Handbuch, Schorndorf, S. 18.

24 Aufgrund der offensichtlichen Unterschiede zwischen passiven und aktiven Konsumenten auf Sportmärkten wird der Sportmarkt in einen **Sportlermarkt** (den aktiven Sportkonsum betreffend) und einen **Zuschauermarkt** (den rezeptiven Sportkonsum betreffend) unterteilt. Synonym werden teilweise auch die Begriffe Teilnehmermarkt und Teilhabermarkt verwendet. Vgl. Heinemann, K. (1995): Einführung in die Ökonomie des Sports, a.a.O., S.171 f. Davon abzugrenzen sind die Folgemärkte des Sportmarktes. Sie entstehen durch den Handel mit Rechten, die als Folgeprodukte aus der originären Leistungserstellung für Sportler und Zuschauer abgeleitet werden können. Die Rechteinhaber (Sportler, Vereine) erhalten für die Abtretung der Nutzungsrechte Gebühren. Bekannte Gegenstände von Folgemärkten sind bspw. Werbung im und mit Sport, Sport-Sponsoring und Sport-Merchandising. Vgl. dazu im Überblick Hermanns, A., Riedmüller, F. (2001): Die duale Struktur des Sportmarktes: Aufbau, Inhalte, Marktteilnehmer, in: Hermanns, A., Riedmüller, F. (Hrsg.): Management-Handbuch: Sport-Marketing, München, S. 50 f.; Rohlmann, P. (2002): Sportmerchandising in: Galli, A. et al. (Hrsg.): Sportmanagement: Grundlagen der unternehmerischen Führung im Sport aus Betriebswirtschaftslehre, Steuern und Recht für den Sportmanager, München, S. 378 f.; Hermanns, A. (2002): Grundlagen des Sportsponsoring, in: Galli, A. et al. (Hrsg.): Sportmanagement: Grundlagen der unternehmerischen Führung im Sport aus Betriebswirtschaftslehre, Steuern und Recht für den Sportmanager, München, S. 335 ff.

aufeinander treffen.[25] Dementsprechend werden als **Leistungen für den rezeptiven Sportkonsum** jene sportbezogenen Produkte, Dienstleistungsangebote und Rechte bezeichnet, die dem Zuschauer die Teilhabe an sportlichen Aktivitäten Dritter ermöglichen und für deren Konsum er effektive Kosten aufwenden muss.[26] Sie sollen im Folgenden als **Sportdarbietungen** bezeichnet werden. Sportdarbietungen sind per Definition nur dann unter dem obigen Leistungsbegriff zu fassen, wenn ihnen eine konkrete Nachfrage gegenübersteht und sie somit vermarktbar sind.[27]

Kernelemente von Sportdarbietungen sind deren sportliche Inhalte. Erst der sportliche Wettkampf weckt die Nachfrage nach rezeptivem Konsum und schafft somit das Vermarktungspotenzial für den Zuschauermarkt. Die **sportliche Wettkampfleistung** stellt damit die **Ausgangsbasis** für die auf dem Zuschauermarkt erstellten Leistungen dar.[28] Betrachtet man den Terminus des sportlichen Wettkampfes, so ist es zunächst nötig, sich mit einer begrifflichen Abgrenzung des Sports zu beschäftigen. Die wissenschaftliche Diskussion um eine **Definition des Sports** bzw. der sportlichen Aktivität hat aufgrund der Komplexität des Untersuchungsgegenstandes, der Heterogenität einzelner Sportarten und dem im Zeitablauf wechselnden Sportverständnis zu keiner einheitlichen Begriffsauffassung geführt.[29] Dennoch kann der Sportbegriff durch einige allgemein anerkannte, konstituierende Merkmale gekennzeichnet werden. Dies sind vor allem die Merkmale motorische Aktivität des Sporttreibenden, Leistungsprinzip, spielerisches Handeln, Vorhandensein eines Verhaltenskodex (Spielregeln) sowie die Orientierung an ethischen Werten (z.B. Fairness und Chancengleichheit).[30] Diese Eigenschaften des Sports begründen die Basis des Zuschauerinteresses. Der **sportliche Wettkampf** definiert sich ferner als zeitlich und räumlich begrenzte, unmittelbar zusammenhän-

---

25 Ein einheitliches Begriffsverständnis des Zuschauermarktes existiert bisher nicht. Der Verfasser greift daher auf eine sportleistungsbezogene allgemeine Definition des Marktbegriffes zurück. Vgl. dazu auch Hermanns, A., Riedmüller, F. (2003): Der Sportmarkt: Bedeutung, Struktur und Marktteilnehmer (I), in: WISU, 32. Jg., Heft 1, S. 78 sowie Freyer, W. (2003): Sport-Marketing, a.a.O., S. 170; vgl. zum Leistungsumfang des gesamten Sportmarktes bspw. WORATSCHEK/BEIER, die sich dem Problem über die Darstellung der spezifischen Sportleistungsanbieter nähern. Vgl. Woratschek, H., Beier, K. (2001): Sportmarketing, in: Tscheuling, D. K., Helmig, B. (Hrsg.), Branchenspezifisches Marketing: Grundlagen – Besonderheiten Gemeinsamkeiten, Wiesbaden, S. 215 ff.

26 Vgl. dazu Woratschek, H., Beier, K. (2001): Sportmarketing, a.a.O., S. 213.

27 Vgl. Trosien, G., Dinkel, M. (1999): Wechselseitige Beziehungen in den Sport- und Medienentwicklungen, in: Trosien, G., Dinkel, M. (Hrsg.), Verkaufen Medien die Sportwirklichkeit?: Authentizität – Inszenierung – Märkte, Aachen, S. 15; Gabler, H. (1998): Zuschauen im Sport – Sportzuschauer, in: Strauß, B. (Hrsg.): Zuschauer, Göttingen et al., S. 114.

28 Vgl. Kruse, J (1991): Wirtschaftliche Wirkungen einer unentgeltlichen Sport-Kurzberichterstattung im Fernsehen, Baden-Baden, S. 26 ff.; Heinemann, K. (1995): Einführung in die Ökonomie des Sports, a.a.O., S. 177; Hermanns, A., Riedmüller, F. (2001): Die duale Struktur des Sportmarktes, a.a.O., S. 39.

29 Vgl. Riedmüller, F. (2003): Dienstleistungsqualität bei professionellen Sportveranstaltungen, a.a.O., S. 50 f.; Brandmaier, S., Schimany, P. (1998): Die Kommerzialisierung des Sports, a.a.O., S. 13.

30 Vgl. Weber, W., Schnieder, C., Kortlüke, N., Horak, B. (1995): Die wirtschaftliche Bedeutung des Sports, Schorndorf, S. 149 ff.; Woratschek, H. (1998): Sportdienstleistungen aus ökonomischer Sicht, in: SpW, 28.Jg., Heft 3-4, S. 345.

gende und nach den Regeln der jeweiligen Sportart ausgetragene sportliche Aktivität.[31] Dabei kann der Begriff des Wettkampfes durchaus weiter ausgelegt werden. So ist es denkbar, dass bspw. wettkampfnahe Showveranstaltungen (Wrestling-Shows, Benefizspiele oder Eis-Revuen) ebenfalls das Interesse an rezeptivem Sportkonsum wecken. Trotz der Einschränkung durch die weitestgehende Verschiebung der Sportdarbietung hin zur Showveranstaltung[32] besteht in beiden Fällen eine Attraktion der Zuschauer durch das hohe Niveau der sportlichen Leistung und zumindest die Illusion eines „physischen Leistungsvergleichs".[33]

Auf diesen Erkenntnissen aufbauend, können die auf dem Zuschauermarkt angebotenen **Sportdarbietungen** weiter differenziert werden. Hauptbestandteil aller Sportdarbietungen ist die Vermittlung des sportlichen Wettkampfs an den Rezipienten. Dieser Leistungskern kann grundlegend über zwei unterschiedliche Übertragungswege in Form unabhängiger Konsumalternativen vermittelt werden.[34]

Zum einen kann der Sportzuschauer den sportlichen Wettkampf durch physische Anwesenheit am Ort der Leistungserstellung (z.B. in einem Sportstadion) direkt verfolgen. Häufig wird diese originäre Form der Teilhabe am sportlichen Geschehen auch als **Vor-Ort-Konsum** bezeichnet.[35] Die Sportleistung für den Vor-Ort-Konsum wird dabei häufig mit dem Begriff der **Sportveranstaltung** gleichgesetzt.[36] Im Folgenden soll mit dem Begriff der Sportveranstaltung daher ausschließlich das Angebot für Zuschauer vor Ort am sportlichen Geschehen teilzuhaben, verbunden werden.

---

31 HEINEMANN schlägt eine differenzierte Abgrenzung des Wettkampfbegriffs vor. Er unterscheidet zunächst einzelne Sportereignisse als originäre Wettkampfform (z.B. ein einzelnes Tennismatch oder ein 100m-Lauf), die wiederum zu Sportveranstaltungen (Vielzahl von Sportereignissen, zusammengefasst zu einer zeitlichen Einheit) und Sportligen bzw. -serien (zumeist über einen Saison zeitlich verteilte Sportereignisse nach einem bestimmten Modus) zusammengefasst werden können. Vgl. Heinemann, K. (1995): Einführung in die Ökonomie des Sports, a.a.O., S. 177.

32 Zum Begriff des „Showsports" vgl. Gebauer, G., Hortleder, G. (1986): Die Epoche des Showsports, in: Hortleder, G., Gebauer, G. (Hrsg.): Sport -Eros -Tod, Frankfurt am Main, S. 60 ff.

33 Vgl. Hermanns, A., Riedmüller, F. (2001): Die duale Struktur des Sportmarktes, a.a.O., S. 39. Einige Autoren vertreten sogar die Auffassung, dass das Zuschauerinteresse ausschließlich vom Niveau der Sportleistung abhängig ist. Siehe dazu bspw. die Diskussion zur Berechtigung der „Ergebnisunsicherheit" als Ursache der Rezeptionsnachfrage bei Welling, M. (2003): Das Produkt Fußball?, a.a.O., S. 31. Eine Unterscheidung des Niveaus von Sportleistungen (bzw. des sportlichen Leistungsniveaus der Aktiven) wird im Wesentlichen über dessen Ausprägung in Freizeit- oder Breitensport sowie Leistungs- oder Spitzensport vorgenommen. Der Zuschauermarkt beschränkt sich dabei zumeist auf die Weitervermarktung sportlicher Leistungen aus dem Leistungssportbereich. Vgl. Heinemann, K. (1995): Einführung in die Ökonomie des Sports, a.a.O., S. 219.

34 Vgl. Hermanns, A., Riedmüller, F. (2001): Die duale Struktur des Sportmarktes, a.a.O., S. 45 f.; Welling, M. (2003): Das Produkt Fußball?, a.a.O. S. 14 ff.

35 Vgl. Parlasca, S. (1993): Kartelle im Profisport: Die wettbewerbspolitische Problematik der Mannschaftssportligen Major League Baseball, National Football League und Fußball-Bundesliga, Ludwigsburg et al., S. 14 f.; Hermanns, A., Riedmüller, F. (2003): Der Sportmarkt: Bedeutung, Struktur und Marktteilnehmer (II), in: WISU, 32. Jg., Heft 2, S. 207.

36 Vgl. Riedmüller, F. (2003): Dienstleistungsqualität bei professionellen Sportveranstaltungen, a.a.O., S. 50 ff.

Zum anderen kann der Zuschauer eine Sportveranstaltung raumversetzt über Medien indirekt verfolgen. Obgleich er nicht live vor Ort anwesend ist, wird der Zuschauer über die Informationsbereitstellung durch Medien[37] ebenfalls zum Teilhaber am sportlichen Wettkampf. Diese abgeleitete Form des rezeptiven Sportkonsums wird zumeist kurz als **Medien-Konsum** oder medialer Konsum definiert.[38] Die (den Medien-Konsum ermöglichende) mediale Sportleistung für den Zuschauer soll im Folgenden als **Sportübertragung** bezeichnet werden.[39] Sportübertragungen lassen sich nach dem Kriterium des Konsumzeitpunktes weiter differenzieren. So sind neben Live-Übertragungen (bspw. via TV, Rundfunk oder Internet), die einen zeitgleichen Konsum ermöglichen, auch Medienaufzeichnungen, die verschiedene Formen des zeitversetzten Konsums (bspw. via Printmedien) beinhalten, abzugrenzen.[40] Eine zusammenfassende grafische Darstellung der grundlegenden Konsumformen erfolgt in Abbildung 1.

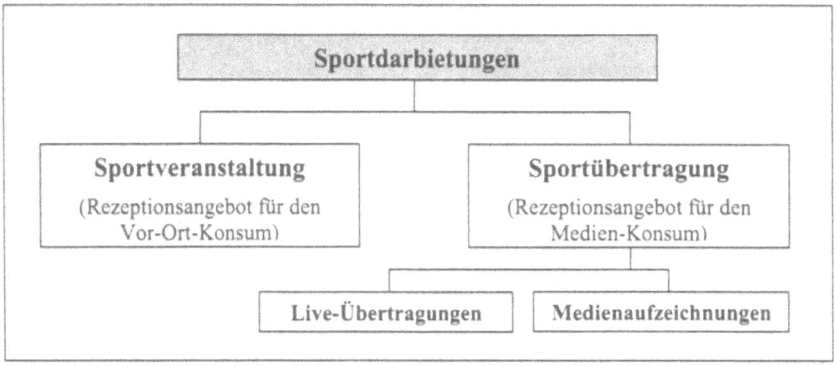

Abb. 1: Die Sportleistungen des Zuschauermarktes

Die Darstellung des Medien-Konsums als alternative Konsumform wurde im Zuge der medientechnischen Entwicklungen der letzten 70 Jahre zunehmend anerkannt. Ursprünglich konnte über Printmedien lediglich das Informationsbedürfnis der Sportzuschauer (z.B. bzgl.

---

37 Medien sind in erster Linie die klassischen Print- und Funkmedien, Zeitungen, Zeitschriften, Bücher, Hör- und Fernsehfunk sowie moderne interaktive Medien. Vgl. Scholz, R. (2001): Die Rolle der Medien im Sport, a.a.O., S. 531 f.; Trosien/Dinkel (1999a): Zum Konzept und zur Konsequenz der Sportbranchenanalyse in Deutschland, a.a.O., S. 18.

38 Vgl. Hermanns, A., Riedmüller, F. (2003): Der Sportmarkt (II), a.a.O., S. 207.

39 Der Begriff der Sportübertragung wird von den meisten Autoren überwiegend zur Bezeichnung von TV-Sendungen genutzt, insgesamt aber nur selten genauer abgegrenzt. Die hier vorgenommene Definition der Sportübertragung umfasst dagegen alle Formen des Sportkonsums über Medien. Vgl. dazu auch Gumbrecht, Hans Ulrich (1988): „Dabei sein ist Alles", a.a.O., S. 15 sowie Scholz, R. (2001): Die Rolle der Medien im Sport, a.a.O. S. 537 f.

40 Auch zeitversetzte Sportberichte in den Printmedien sollen aus Vereinfachungsgründen unter dem – in diesem Fall semantisch nicht vollständig korrekten – Begriff der Sportübertragung subsumiert werden. Zur Differenzierung von Sportdarbietungen nach dem Zeitpunkt ihres Konsums vgl. insbesondere Welling, M. (2003): Das Produkt Fußball?, a.a.O., S. 15 f.

der Wettkampfergebnisse bzw. des allgemeinen Wettkampfverlaufs) befriedigt werden. Die technische Entwicklung von Radio- und Fernsehtechnik erweiterte die Möglichkeiten des Medien-Konsums immens und trug zu einem rasanten Wachstum der Nachfrage nach medial vermittelten Sportereignissen bei. In der zweiten Hälfte des 20. Jahrhunderts wurde das Fernsehen dabei endgültig zum Leitmedium für Sportübertragungen.[41] Der Medien-Konsum ermöglicht heute ein raumversetztes „Erleben des Sportwettkampfs" und hat sich damit zu einer echten Alternative für den Sportzuschauer entwickelt. Die Sportübertragung ist dabei ein eigenständiges Rezeptionsangebot, das sich aus Sicht der Zuschauer wesentlich von einer Sportveranstaltung unterscheidet. Bezogen auf Zuschauer- und Umsatzzahlen haben Sportübertragungen via TV heute zudem eine weitaus höhere ökonomische Bedeutung als die für vor Ort anwesende Zuschauer organisierten Sportveranstaltungen.[42] Insbesondere das Fernsehen hat damit einen großen und weiterhin steigenden Einfluss auf den Sport.[43] Eine Analyse der Rezeptionsangebote des Zuschauermarktes ohne Berücksichtigung des medialen Konsums kann daher nur als unvollständig bezeichnet werden.

Sportveranstaltungen wie auch Sportübertragungen stellen für sich jeweils **Leistungsbündel aus materiellen und immateriellen Einzelleistungen** dar.[44] Immanente Bestandteile dieser Sportleistungen sind Sachleistungen (z.B. Fanartikel, Sitzkissen, Stadionzeitungen bzw. Zeit-

---

41 Dabei konzentrieren sich Fernsehveranstalter nahezu ausschließlich auf die Übertragung des Hochleistungssports in wenigen telegenen, vom Zuschauer nachgefragten Sportarten. Vgl. Schwier, J. (2000): Sport als populäre Kultur: Sport, Medien und Cultural Studies, a.a.O., S. 98; Schellhaaß, H.-M. (2002): Die Medienpräsenz von Schwellensportarten an den Beispielen Radsport und Basketball, in: Büch, M.-P., Maennig, W., Schulke, H.-J. (Hrsg.): Regional- und sportökonomische Aspekte von Sportgroßveranstaltungen: Dokumentation des Hamburger Workshops „Sport und Ökonomie" anlässlich der HEW Cyclassics vom 17.-18.8.2001, Köln, S. 157 ff.

42 Vgl. Real, M. (1998): MediaSport: Technology and the Commodification of Postmodern Sport, in: Wenner, L.A. (Hrsg.): MediaSport, London, New York, S. 14 ff.; Whannel, G. (1998): Reading the Sports Media Audience, in: Wenner, L.A. (Hrsg.): MediaSport, London, New York, S.221 f.; Belamy, R.V. (1998): The Evolving Television Sports Market Place, in: Wenner, L.A. (Hrsg.): MediaSport, London, New York, S. 73 f.

43 Diese Entwicklung wird von vielen Sportfunktionären eher kritisch bewertet. Sie befürchten einen Ausverkauf ihres Sports zugunsten der Interessen der Zuschauer. Im Gegenzug steigt aber auch die Abhängigkeit des Fernsehens vom Sport. So herrscht bspw. bezogen auf die höchsten Einschaltquoten der TV-Sendeanstalten eine deutliche Sportdominanz. Vgl. Trosien, G., Dinkel, M. (1999c): Wechselseitige Beziehungen in den Sport- und Medienentwicklungen, a.a.O., S. 20 f.; Heinemann, K. (1995), Einführung in die Ökonomie des Sports, a.a.O., S. 177. Die Erlöse aus Sportübertragungen belegen den Stellenwert des Geschäfts für die Medien, obgleich eine Refinanzierung der Kosten für die Übertragungsrechte oft nicht möglich ist. So wurden in jüngster Vergangenheit die Vermarktungspotenziale des Sports von einigen Medienunternehmen überschätzt. Angeführt seien hier nur exemplarisch die Insolvenzen von ISL, der KIRCH-Gruppe und der Sportwelt. Vgl. FOCUS (2003): Vermarktung der Fußball-Bundesliga, 10. Jg., Heft 9, S. 149.

44 Die Diskussion um Leistungsbündel als Absatzobjekte wurde von ENGELHARDT/KLEINALTENKAMP/RECKENFELDERBÄUMER in Gang gesetzt, der zu folgenden Ergebnissen gelangte: (1) eine strenge Unterscheidung zwischen Sach- und Dienstleistungen ist aus ökonomischer Sicht unzweckmäßig, (2) marktfähige Absatzobjekte bestehen zumeist aus einem Bündel von Teilleistungen mit materiellen und immateriellen Komponenten, (3) externe Faktoren werden in unterschiedlichem Ausmaß in den Leistungserstellungsprozess integriert. Vgl. Engelhardt, W. H., Kleinaltenkamp, M., Reckenfelderbäumer, M. (1993): Leistungsbündel als Absatzobjekte, in: ZfbF, 45.Jg., S. 404 ff.; Riedmüller, F. (2003): Dienstleistungsqualität bei professionellen Sportveranstaltungen, a.a.O., S. 36 ff.

schriften und Speichermedien, wie Videokassetten, CD-ROMs), Dienstleistungen (z.B. Vermittlung sportlicher Wettkämpfe, Beförderung durch den ÖPNV und Stadionsprecher bzw. Zeitlupen, Kameraführung, Bildschnitt und Kommentare) sowie Rechte (z.B. Eintrittskarte, Fahrkarte für den ÖPNV, Parkberechtigungen bzw. Nutzungsrechte und Aufzeichnungsrechte).[45] Zur Verdeutlichung der Leistungsbündelcharakteristik von Sportdarbietungen kann das aus dem Dienstleistungsmarketing bekannte Molekularmodell von SHOSTAK herangezogen werden.[46] Exemplarisch soll hier das Modell einer Sportveranstaltung dargestellt werden (siehe Abbildung 2).

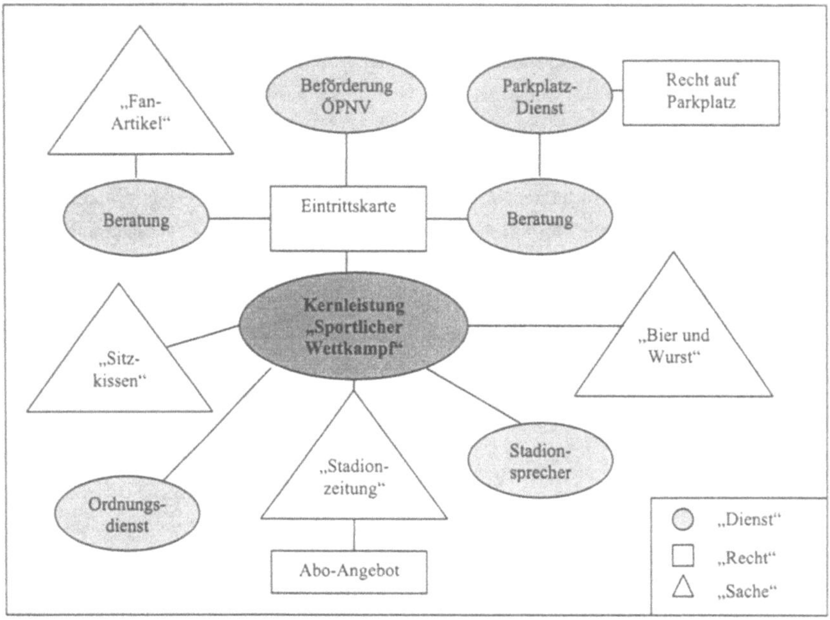

Abb. 2: Molekularmodell einer idealtypischen Sportveranstaltung
Quelle: in Anlehnung an Welling, M. (2003): Das Produkt Fußball?, a.a.O., S. 20.

Im Mittelpunkt des Sportleistungsangebotes steht für den Zuschauer das Erleben der sportlichen Aktivität und damit die Unterhaltungsdienstleistung. Die beschriebenen Leistungsbündel

---

45 Vgl. Welling, M. (2003): Das Produkt Fußball?, a.a.O., S. 19 f. sowie Schwier, J. (2000): Sport als populäre Kultur, a.a.O., S. 98 f.

46 Vgl. Shostack, L. G. (1977): Breaking Free from Product Marketing, in: Journal of Marketing, Vol. 24, S. 76.

Sportveranstaltung und Sportübertragung haben damit in erster Linie Dienstleistungscharakter.[47]

Der Zuschauermarkt ist durch **komplexe Marktstrukturen** gekennzeichnet.[48] Den Anbietern der Sportdarbietungen Sportveranstaltung und Sportübertragung stehen verschiedene Nachfrager- und Anspruchsgruppen gegenüber. Über die Darstellung der wesentlichen Geschäftsbeziehungen können die Marktstrukturen auf dem Zuschauermarkt veranschaulicht werden.

Im Fall des **Vor-Ort-Konsums** treten die Produzenten der Sportveranstaltung als Anbieter in Erscheinung. Sie reichen von Einzelsportlern oder Mannschaften über privatwirtschaftliche Unternehmen, Vereine und Verbände bis hin zu staatlichen Organisationen.[49] Sie werden im Folgenden vereinfachend als Sportveranstalter bezeichnet.[50] Der Sportveranstalter (S) organisiert den Wettbewerb zwischen den aktiven Sportlern (V1, V2)[51] und erzielt Erlöse aus dem Verkauf von Eintrittskarten an Sportzuschauer (N1). Gleichzeitig werden im Rahmen des Sportwettbewerbs Werbeverträge mit Unternehmen (U1) geschlossen, die den Sportwettbewerb als Medium nutzen, um Sportzuschauer mit ihren Werbesignalen zu erreichen. Ein dritter wesentlicher Teil der Erlösgewinnung resultiert schließlich aus der Überlassung der Übertragungsrechte an Fernsehanstalten (M). Der Sportveranstalter richtet seine Angebote damit an vier wesentlichen Anspruchsgruppen: die teilnehmenden Sportler, die an Werbung

47 Eine strenge Abgrenzung von Dienstleistungen, Sachleistungen und Rechten wird innerhalb der Dienstleistungsforschung weitestgehend abgelehnt. Einigkeit herrscht jedoch darüber, dass Leistungen einen vorwiegend materiellen bzw. immateriellen Charakter haben. Somit erscheint auch die Typisierung von Sportveranstaltungen bzw. -übertragungen als Dienstleistungen gerechtfertigt. Vgl. zur Typisierung von Sportveranstaltungen die umfangreichen Ausführungen bei Woratschek, H. (1998): Sportdienstleistungen aus ökonomischer Sicht, a.a.O., S.346 f.; Trosien, G. (1999c): Sportbranche, Markt und Wettbewerb, a.a.O., S. 297 f.; Woratschek, H. (2002): Theoretische Elemente einer ökonomischen Betrachtung von Sportdienstleistungen, in: ZfB, 67. Jg., Ergänzungsheft 4, S. 3.

48 Vgl. Woratschek, H. (2002): Theoretische Elemente einer ökonomischen Betrachtung von Sportdienstleistungen, a.a.O., S. 10 ff.; Hermanns, A., Riedmüller, F. (2003): Der Sportmarkt (II), a.a.O., S. 207 ff. sowie Großhans, G.-T. (1997): Fußball im deutschen Fernsehen, a.a.O., S. 17 f. u. 75 ff. der eine umfassende Darstellung der Markstrukturen und Geschäftsbeziehungen für den Bereich des Fußballs liefert.

49 Vgl. zu den Anbietern auf Sportmärkten z.B. Freyer, W. (2003): Sport-Marketing, a.a.O., S. 201; Woratschek, H., Beier, K. (2001): Sportmarketing, a.a.O., S. 214 f. sowie Heinemann, K. (1995): Einführung in die Ökonomie des Sports, a.a.O., S.127 ff.

50 Für eine detaillierte Definition und Abgrenzung des Veranstalterbegriffs vgl. Stopper, M. (1999): Wer ist der Veranstalter und Rechtsträger im Profifußball?, in: Sport und Recht, 6. Jg., Heft 5, S. 188 ff.

51 Dabei ist es durchaus denkbar, dass der Veranstalter ein externer Sportunterhaltungsbetrieb ist und somit die sportliche Leistung (als Ausgangsleistungen des Zuschauerangebots) von den Aktiven einkauft. Ebenso kann ein Verein gleichzeitig als Veranstalter von Angeboten für Zuschauer und – über die eigenen Aktiven – als „Hersteller" der sportlichen Leistungen auftreten.

interessierten Unternehmen (Werbepartner und Sponsoren), die Käufer der Übertragungs- und Verwertungsrechte und schließlich die Sportzuschauer selbst.[52]

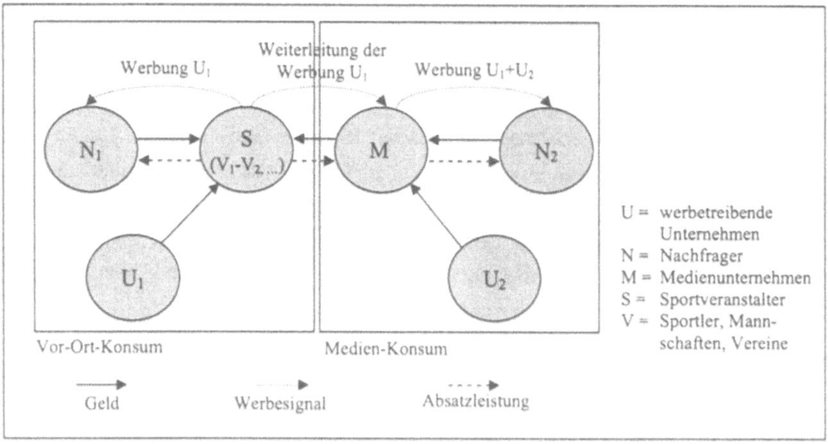

Abb. 3: Integriertes Geschäftsmodell der Anbieter von Rezeptionsleistungen im Sport
Quelle: in Anlehnung an Woratschek, H. (2002): Theoretische Elemente einer ökonomischen Betrachtung von Sportdienstleistungen, a.a.O., S. 14.

Ausgangspunkt des Geschäftsmodells **Medien-Konsum** sind die Übertragungsrechte an der Sportveranstaltung, die vom originären Sportveranstalter erworben werden müssen.[53] Die Medienunternehmen (M) sind in diesem Sinne Nachfrager der Sportleistung und vermarkten sie auf eigene Rechnung. Zum einen vertreiben sie die Rechte direkt an den Endkonsumenten (N2), der dafür ein Entgelt entrichten muss (z.B. öffentlich rechtliche Rundfunk- und Fernsehanstalten, Pay-TV). Zum anderen refinanzieren Medienunternehmen die Ausgaben für Übertragungsrechte über die werbetreibende Wirtschaft (U2). Die Unternehmen versuchen dabei, den Sportzuschauer durch die zeitgleiche bzw. -nahe Platzierung ihrer Werbebotschaften im Rahmen der Sportübertragung zu erreichen.[54] Demnach werden Medienunternehmen, die sowohl Zuschauer als auch werbetreibende Unternehmen als ihre Kunden begreifen, ihr

---

52 Eine ähnliche Vorgehensweise zur Kennzeichnung des Vor-Ort-Konsums wählt WORATSCHEK. Er nutzt für die Darstellung der Geschäftsbeziehungen eines Sportveranstalters die von ihm eingeführten grundlegenden Geschäftsmodelle „Vertriebsübernahme", „Vertragsvermittlung" und „Kontaktanbahnung" von Dienstleistungsbetrieben im Sport, auf die hier nicht näher eingegangen werden soll. Vgl. Woratschek, H. (2002): Theoretische Elemente einer ökonomischen Betrachtung von Sportdienstleistungen, a.a.O., S.10 ff. Ein weiteres „ökonomisches Modell des Profisports", das die Geschäftsprozesse auf dem Zuschauermarkt kennzeichnet, entwickeln auch BRANDMAIER/SCHIMANY, Vgl. Brandmaier, S., Schimany, P. (1998): Die Kommerzialisierung des Sports: Vermarktungsprozesse im Fußball-Profisport, Hamburg, S. 37.

53 Zunehmend wird auch die Möglichkeit der Eigennutzung der Medienrechte durch den Veranstalter diskutiert, der somit selbst zum Anbieter von Sportübertragungen wird (z.B. eigener TV-Sender, Stadionzeitungen usw.). Vgl. dazu Brinkmann, Tomas (2000): Sport und Medien: Die Auflösung einer ursprünglichen Interessengemeinschaft, in: Media Perspektiven, 4. Jg., Heft 11, S. 495 f.

54 Dies gilt für private Fernsehsender aber auch öffentlich rechtliche Rundfunk- und Fernsehanstalten sowie das Pay-TV.

Angebot an beiden Zielgruppen ausrichten.[55] Das hier in erster Linie für Fernsehanstalten als Anbieter von Sportübertragungen dargestellte Geschäftsmodell lässt sich generell auch auf alle weiteren Medien übertragen[56]

Die Ausführungen kennzeichnen Medienunternehmen im engeren Sinn als Intermediäre zwischen Sportveranstaltern und Sportzuschauern. Aus Sicht der medialen Zuschauer bieten sie aber gleichwohl eine eigenständige Sportleistung (Sportübertragung) an und können daher ebenfalls als Anbieter auf dem Zuschauermarkt bezeichnet werden.[57] Ein Gesamtmodell des Zuschauermarktes, das die Geschäftsbeziehungen von Sportveranstaltern und Medienunternehmen mit ihren jeweiligen vor- und nachgelagerten Marktpartnern im Zusammenhang darstellt, ergibt sich durch Integration der beschriebenen Teilmodelle. Eine Visualisierung der dargestellten Geschäftsbeziehungen wurde in Abbildung 3 vorgenommen.

---

55 Vgl. Woratschek, H. (2002): Theoretische Elemente einer ökonomischen Betrachtung von Sportdienstleistungen, a.a.O., S. 14.

56 Printmedien, sowie das zunehmend zur aktuellen Information über Sport genutzte Medium Internet, sind in dieser Darstellung nicht explizit enthalten. Prinzipiell ist es Printmedien in Deutschland jederzeit gestattet, unentgeltlich über Sportveranstaltung zu berichten. Dabei gibt es neben den klassischen Tageszeitungen und Mehrthemenzeitschriften, die lediglich in kurzer Form über Sportereignisse informieren, auch z.T. sehr spezifische Sportzeitschriften, die detaillierte Statistiken und Hintergrundberichte anbieten. Zwischen Printmedienunternehmung und Sportveranstalter werden keine entgeltpflichtigen Verträge geschlossen. Der Absatz an den Sportzuschauer erfolgt aber dennoch, wie im dargestellten Geschäftsmodell Medien-Konsum. Die Printmedienunternehmen finanzieren ihre Berichterstattung direkt über den Verkauf des Printerzeugnisses an den Sportkonsumenten und indirekt über Werbeanzeigen im redaktionellen Umfeld des Mediums. Analog gilt dies auch für Fernsehanstalten, die – in Form der Kurzberichterstattung – neben der Bekanntgabe von Ergebnissen und Platzierungen Sportzuschauer auch mittels bewegter Fernsehbilder informieren. Vgl. Scholz, R. (2001): Die Rolle der Medien im Sport, a.a.O., S. 532 ff.; zur Akzeptanz und Bedeutung der Sportangebote des Internets vgl. bspw. Noffke, A., Schumann, F. (1999): Sportkommunikation im Internet, in: Trosien, G., Dinkel, M. (Hrsg.), Verkaufen Medien die Sportwirklichkeit?: Authentizität – Inszenierung – Märkte, Aachen, S. 197 f. sowie Medau, T. (2002): Sport in Internet – ein nachgefragtes Gut, in: Trosien, G. (Hrsg.): Sport und neue Märkte: Innovation – Expansion – Investition, Butzbach-Griedel, S. 168 ff. Bei der Kurzberichterstattung handelt es sich um eine nachträgliche Berichterstattung eines Fernsehsenders von einem Sportereignis. Jedem Fernsehsender steht nach § 5 RStV (Rundfunkstaatsvertrag) das unentgeltliche Recht zur Kurzberichterstattung bis zu 90 Sekunden zu. Dieses Recht ist unabhängig von den TV-Nutzungsverträgen der Sportveranstalter mit den Hauptrechteinhabern zu gewähren. Vgl. dazu Kruse, J. (2000): Sportveranstaltungen als Fernsehware, in: Schellhaaß, H. M. (Hrsg.): Sportveranstaltungen zwischen Liga- und Medieninteresse, Schorndorf, S. 31 ff.

57 Die werbetreibenden Unternehmen sind dagegen ausschließlich Anbieter auf dem Markt für Werberechte. Sie nutzen die Öffentlichkeitswirkung des Sports, um mit ihren – im Umfeld des Sports platzierten – kommunikativen Botschaften den Sportzuschauer als Konsumenten ihrer Absatzleistungen zu gewinnen. Vgl. Brandmaier, S., Schimany, P. (1998): Die Kommerzialisierung des Sports, a.a.O., S. 49 ff.; zum eng verwandten Begriff des Sportsponsoring sowie zur Abgrenzung von Werbung und Sponsoring vgl. Hermanns, A. (2002): Grundlagen des Sportsponsoring, a.a.O., S. 336.

3 Bedeutung der Analyse des Sportzuschauers und Stand der Zuschauerforschung

Die Ausführungen zum Zuschauermarkt machen deutlich, dass sich die Vermarktung des Sports an den Sportrezipienten zu einer wichtigen **Finanzierungsquelle** für Sportler, Vereine und Sportveranstalter auf der einen und Medienunternehmen auf der anderen Seite entwickelt hat.[58] Aufgrund der enorm gestiegenen Aufwendungen für Transfersummen, Sportler- und Trainergehälter, Trainingssysteme, Wettkampfformen usw. geraten Vereine und Verbände zunehmend unter Kostendruck. Internationale Höchstleistungen sind mit Mitgliedsbeiträgen und ehrenamtlichen Mitarbeitern nicht mehr finanzierbar.[59] Ohne den Sportzuschauer ist die Finanzierung von Sportlern, Mannschaften aber auch Vereinen und Verbänden im Spitzensportbereich heute nicht mehr zu realisieren.[60] Gleiches gilt für Medienunternehmen, die wirtschaftlich in hohem Maße von Auflagen und Einschaltquoten abhängig sind. Sinkt die Zuschauerbeteiligung bei Sportübertragungen, verringert sich gleichzeitig die Zahlungsbereitschaft der werbetreibenden Unternehmen für Werbesendungen im gesamten Programmumfeld des Fernsehsenders.[61] Sportübertragungsrechte haben damit als sichere Zuschauermagneten einen besonderen strategischen Wert für den langfristigen Erfolg und das Image von Fernsehsendern.[62] Ohne attraktive Sportangebote für Zuschauer lassen sich weder hohe Umsätze im privaten „Pay-TV“[63] noch im Bereich der Printmedien erzielen. So ist bspw. die Sportberichterstattung in der größten deutschen Tageszeitung „BILD“ ein wichtiger Auflagenmultiplikator und hat damit eine hohe Umsatzbedeutung.[64]

Die Nachfrage nach Sportdarbietungen und damit der durch die Zuschauer generierte Umsatz von Sportveranstaltern und Medien sind ständig durch die **zunehmende Wettbewerbsinten-**

58 Vgl. Trosien, G, Preuß, H. (1999e): Sport – Fernsehen – Ökonomie, a.a.O., S. 220 und 223. Hermanns, A., Riedmüller, F. (2003): Der Sportmarkt (II), a.a.O., S. 206 f.

59 Vgl. Brandmaier, S., Schimany, P. (1998): Die Kommerzialisierung des Sports, a.a.O., S. 61 ff.

60 Vgl. Meyer, B., Ahlert, G. (2000) Die ökonomische Perspektive des Sports: eine empirische Analyse für die Bundesrepublik Deutschland, Schorndorf, S. 125 ff., zu den Einnahmen und Ausgaben deutscher Sportvereine und somit zur Umsatzbedeutung des Zuschauers siehe Emrich, E. (2002): Zur wirtschaftlichen Lage der Sportvereine in Deutschland, in: Deutscher Sportbund (Hrsg.): 7. Bundeskonferenz Breitensport 12./13. Oktober 2001, Karlsruhe, Frankfurt am Main, S. 63.

61 Dies hätte insbesondere für Private Fernsehsender, die sich ausschließlich aus Werbung finanzieren, enorme wirtschaftliche Konsequenzen.

62 Vgl. Kipker, I. (2000): Die Beziehungen von Sport- und Medienkonzernen – eine ökonomische Analyse der deutschen Fußball-Bundesliga, in: Schellhaaß, H. M. (Hrsg.): Sportveranstaltungen zwischen Liga- und Medieninteresse, Schorndorf, S. 41 f.; Schwier, J. (2000): Sport als populäre Kultur, a.a.O., S. 100; Brandmaier, S., Schimany, P. (1998): Die Kommerzialisierung des Sports, a.a.O., S. 69 f.

63 Man bedenke in diesem Zusammenhang bspw. die Bedeutung des Bundesligaengagements des deutschen Pay-TV Senders Premiere zur Akquisition von Neukunden. Kruse, J. (2000): Sportveranstaltungen als Fernsehware, a.a.O., S. 15; Hackforth, J., Schaffrath, M. (2001): Übertragungsrechte im Sport zwischen Pay-TV und Free-TV, in: Herrmanns, A., Riedmüller, F. (Hrsg.): Management-Handbuch: Sport-Marketing, München, S. 359 ff.

64 Vgl. Scholz, R. (2001): Die Rolle der Medien im Sport, a.a.O., S. 535.

sität auf Zuschauermärkten bedroht. Die nicht beliebige Erweiterbarkeit der zeitlichen und finanziellen Ressourcen von Konsumenten sowie die Verschärfung der Konkurrenzsituation – bedingt durch den Markteintritt weiterer Anbieter von Sportdarbietungen bzw. substitutiver Dienstleistungen anderer Bereiche der wachsenden Freizeitindustrie – führen zu einem steigenden Wettbewerbsdruck. Gegen den durch diese Entwicklungen bedingten Verdrängungswettbewerb können sich Anbieter im Wettbewerbsumfeld nur mit konsequenter Kundenorientierung behaupten.[65]

Der Sportzuschauer rückt daher verstärkt in den Mittelpunkt der Unternehmensaktivitäten von Veranstaltern und Medienunternehmen und wird zunehmend zur bestimmenden Marktdeterminante. Demzufolge kommt der umfassenden Analyse des Sportzuschauers, der Erfassung seiner Bedürfnisse, Wünsche und Motive im Rahmen der nachfrageorientierten Angebotserstellung ein hoher Stellenwert zu. Die im Rahmen der Publikumsforschung gewonnenen Erkenntnisse ermöglichen eine konsequente Ausrichtung aller Unternehmensaktivitäten am Konsumenten. Gehen die Erkenntnisgewinne in die Angebotserstellung über, stellen sie einen wichtigen Wettbewerbsvorteil für die Anbieter dar.[66]

Für eine Analyse der Sportrezeption erscheint es zunächst notwendig, den **Zuschauer als Forschungsobjekt** genauer zu determinieren. Der Begriff des Zuschauens als Handlung respektive des Zuschauers als handelnder Person basiert auf den übergeordneten Begriffen Wahrnehmung und Beobachtung. Der Terminus der Beobachtung definiert sich als „absichtliche, aufmerksam-selektive Art des Wahrnehmens, die ganz bestimmte Aspekte auf Kosten der Bestimmtheit von anderen beachtet“[67]. Gegenüber der allgemeinen Wahrnehmung ist sie demnach ein planvolles, selektives Verhalten, das von einer Suchhaltung bestimmt wird und dessen übergeordnete Absicht die Auswertung des Beobachteten ist. Basierend auf diesen Vorüberlegungen lässt sich der Zuschauerbegriff als Einschränkung des Beobachterbegriffs definieren. Zuschauer sind danach Beobachter, die **nicht immanenter Bestandteil** des beobachteten Geschehens sind und demnach inaktiv bleiben[68], im Wesentlichen aus **perso-**

---

65 Vgl. Hermanns, A., Riedmüller, F. (2003): Der Sportmarkt (II), a.a.O., S. 210.

66 In diesem Zusammenhang wird häufig betont, dass der Prozess der Leistungserstellung nicht losgelöst von den Sportspezifika sowie den Besonderheiten von Dienstleistungen als bestimmender Determinante rezeptiver Sportangebote betrachtet werden darf. Vgl. Woratschek, H., Beier, K. (2001): Sportmarketing, a.a.O., S. 223 f. u. 227; Heinemann (1995): Einführung in die Ökonomie des Sports, a.a.O., S. 177 ff.

67 Graumann, C. F. (1966): Grundzüge der Verhaltensbeobachtung, in: Meyer, E. (Hrsg.): Fernsehen in der Lehrerbildung, München, Mainz, S. 86.

68 Unter dem Aspekt der Inaktivität ist zu verstehen, dass Zuschauer sich nicht direkt am beobachteten Geschehen beteiligen. Ein Sportler, der sich im Wettkampf mit einem Konkurrenten befindet, ist zwar koagierender bzw. interagierender Beobachter seines Konkurrenten, aber kein Zuschauer, weil er sich direkt am Geschehen beteiligt.

neninternen Gründen[69] beobachten und **relevante Kosten**[70] für das Beobachten aufwenden müssen.[71]

Erste Ansätze zur Analyse des Sportzuschauers finden sich in der **sozialpsychologischen und soziologischen Forschung**. Empirische Untersuchungen befassten sich in den 70er Jahren zumeist grundlegend mit der Demografie sowie mit dem Versuch der Typisierung von Sportzuschauern.[72] Die Mehrzahl der soziologischen Forschungsarbeiten zur Sportrezeption reduzierte sich dabei auf Untersuchungen für den Bereich des Fußballs und hier – bedingt durch den öffentlichen Problemdruck – vor allem auf den gewalttätigen, jugendlichen Fußballfan.[73] Umfassende wissenschaftliche Auseinandersetzungen mit Merkmalen, Beweggründen und Verhaltensweisen des Sportzuschauers wurden demgegenüber in den **Wirtschaftswissenschaften** bislang nur selten angestrengt. Auch die ökonomische Bedeutung der Sportrezeption forcierte diesbezüglich die Forschungsbestrebungen in Wissenschaft und Praxis nur bedingt.[74] Lediglich an nordamerikanischen Universitäten und Forschungseinrichtungen wurde der Problemdruck erkannt und verstärkt dazu beigetragen, die wissenschaftliche Basis der sportorientierten Publikumsforschung zu verbreitern.[75]

---

69 Personeninterne Gründe für das Beobachten liegen überwiegend im Bobachter selbst. Das Beobachten findet demnach aus intra- bzw. interpersonalen Bestimmungsgründen statt. Dies ist abzugrenzen von personenexternen Gründen (z.B. berufliche Gründe). In diesem Fall handelt es sich nicht um Zuschauer. So sind bspw. Journalisten, Schiedsrichter, Wissenschaftler keine Zuschauer sondern Beobachter.

70 Unter relevanten Kosten ist der Einsatz materieller und immaterieller Güter zu verstehen, die für die passive Teilhabe am beobachteten Geschehen zu entrichten sind. Dies sind bspw. der Eintritt bei einer Sportveranstaltung, die Scham eines Voyeurs oder die Schuldgefühle des „Nicht-Helfers" bei einem Unglück. Kosten sind nur dann relevant, wenn sie vom Beobachter als solche bemerkt werden.

71 Vgl. Strauß, B., Jürgensen, S. (1998): Facetten des Zuschauers, in: Strauß, B. (Hrsg.): Zuschauer, Göttingen et al., S. 16 f.

72 Aber selbst in diesem Wissenschaftsbereich wird der Zuschauer zumeist nur als Teilaspekt eines größeren Theorie- und Themenkomplexes randständig analysiert. Angeführt sei hier nur kurz die Psychologie der Massen bzw. allgemeine Theorien des kollektiven Verhaltens. Vgl. Stollenwerk, H.-J. (1996): Sport – Zuschauer – Medien, Aachen S. 15 ff.; Friederici, M. R. (1998): Sportbegeisterung und Zuschauergewalt: Eine empirische Studie über Alltagstheorien von Sportlerinnen und Sportlern, Münster, S. 92 ff.

73 Vgl. Herrmann, H. U. (1977): Die Fußballfans: Untersuchungen zum Zuschauersport, Schorndorf, S. 5 ff.; Guttmann, Allen (1981): Das Verhalten der Zuschauer im Sport, in: Sportwissenschaft, 11. Jg., S. 70 f.; Heitmeyer, W., Peter, J.-I. (1992): Jugendliche Fußballfans: Soziale und Politische Orientierungen, Gesellungsformen, Gewalt, 2. Aufl., Weinheim, S. 52 ff.

74 Vgl. Trosien, G. (2003): Sport in der wirtschaftlichen Entwicklung, a.a.O., S.10 f.; Heinemann, K. (2002): Ökonomie des Sports a.a.O., S. 73 ff.; Freyer, W. (2003): Sport-Marketing, a.a.O., S. 62.

75 Vgl. Riedmüller, F. (2003): Dienstleistungsqualität bei professionellen Sportveranstaltungen, a.a.O., S. 26 f.; Wann, D. L. et al (2001): Sport Fans: The Psychology and Social Impact of Spectators, New York, London, S. 2 ff., S. 25 ff. und S. 51 ff. Für eine Zusammenfassung der Arbeiten zum Phänomen des Sportzuschauers bzw. -fans siehe Sloan, L. R. (1989): The Motives of Sport Fans, in: Goldstein, F. H. (Hrsg.): Sports, Games and Play: Social and Psychological Viewpionts, 2. Aufl., S. 176 ff. In den USA gibt es an den 600 Universitäten mit Sportinstituten ca. 170 Studiengänge, die sich mit dem Themengebiet des Sportmanagements bzw. der Sportökonomie befassen. Vgl. Krüger, A. (1996): Marketing im Sport: Non Profit oder Profit, in Olympische Jugend, Heft 6, 1996, S. 8.

Aufgrund des Fehlens sportspezifischer Ansätze erscheint es sinnvoll, sich dem Untersuchungsgegenstand auf einer eher allgemeinen, betriebswirtschaftlichen Ebene zu nähern. Begreift man den Zuschauer als Konsumenten, so lässt sich die Zuschauerforschung als **Teilbereich der Konsumentenforschung** fassen. Unter Konsumentenforschung versteht man eine Forschungsrichtung, die sich auf das Verhalten von Konsumenten beim Kauf wirtschaftlicher Güter bezieht. Der Erkenntnisgewinn aus der Untersuchung des Konsumentenverhaltens zielt primär auf eine effiziente und effektive Beeinflussung des Kaufverhaltens im Rahmen des Marketing.[76] Aufgabe der Käuferverhaltensforschung ist es dabei, die zentralen Bestimmungsfaktoren des Konsums zu identifizieren und leistungsfähige Erklärungsmodelle des Nachfrage- und Konsumverhaltens zu liefern.[77] Die in diesem Zusammenhang relevanten Fragestellungen werden in der Literatur unter dem Begriff des „Paradigma des Kaufverhaltens“ zusammengefasst.[78] (siehe Abbildung 4)

Wer kauft?	→	Merkmale der Sportzuschauer, Demografie
Was?	→	präsentierte Sportart, Art der Darbietung
Warum?	→	Motive der Sportrezeption
Wie?	→	Konsumentscheidungsprozesse u. -praktiken
Wie viel?	→	Umfang der Sportrezeption
Wann?	→	Zeitpunkt und Häufigkeit der Sportrezeption
Wo beziehungsweise bei wem?	→	Zuschauen vor Ort bzw. über Medien

Abb. 4: Paradigma des Kaufverhaltens bezogen auf die Sportrezeptionsnachfrage
Quelle: Freyer, W. (2003): Sport-Marketing, a.a.O., S. 185.

Im Sinne einer **marketingorientierten Zuschauerforschung** geht es im Kern kaufverhaltenstheoretischer Untersuchungen somit um die Identifikation von Möglichkeiten der Verhaltensbeeinflussung von Sportzuschauern zur Erhöhung der Nachfrage nach Sportdarbietungen. Die Beantwortung der durch das Kaufverhaltensparadigma aufgeworfenen Fragestellungen liefert dazu die notwendige Informationsbasis.[79] Neben der eingehenden sozio-

[76] Die Konsumentenforschung wird daher häufig mit dem Begriff der Käuferverhaltensforschung gleichgesetzt. Vgl. Kroeber-Riel, W., Weinberg, P. (2002): Konsumentenverhalten, 8. Auflage, München, S. 3; Trommsdorff, V. (2003): Konsumentenverhalten, 5. Aufl., Stuttgart, Berlin, Köln, S. 18 ff.

[77] Vgl. Meffert, H. (2000): Marketing: Grundlagen der Marktorientierten Unternehmensführung, 9. Aufl., Wiesbaden., S. 93 f.

[78] Teilweise werden die Grundfragen des Kaufverhaltens auch als „7 W's“ bzw. als „7 K's“ bezeichnet, vgl. Kotler, P., Bliemel, F. (2001): Marketing Management, 10. Aufl., Stuttgart, S. 278 f.; Freyer, W. (2003): Sport-Marketing, a.a.O., S. 180 f. sowie Meffert, H. (2000): Marketing, a.a.O., S. 98.

[79] Vgl. Freyer, W. (2003): Sport-Marketing, a.a.O., S. 184 f.

demografischen Beschreibung und Typisierung von Sportzuschauern geht es dabei vor allem um die Frage nach dem „Warum?“ des Zuschauens. Aus welchem Grund nutzen Millionen von mehr oder weniger sportinteressierten Menschen die verschiedenen Rezeptionsangebote des Zuschauermarktes? Warum sind sie bereit, für den Besuch einer Sportveranstaltung bzw. für den medialen Konsum einer Sportübertragung hohe Aufwendungen auf sich zu nehmen?

4 Zielstellung und Gang der Untersuchungen

Die Nachfrage nach Sportdarbietung steigt stetig. Das wachsende ökonomische Potenzial der passiv am Sportgeschehen teilhabenden Zuschauer für Sportveranstalter und Medienunternehmen als Anbieter der Dienstleistungen des Zuschauermarktes ist dabei unumstritten. Als grundlegende Rezeptionsangebote lassen sich diesbezüglich Sportveranstaltungen (als Angebot für den Vor-Ort-Konsum) und Sportübertragungen (als Angebot für den Medien-Konsum) abgrenzen.

Aufgrund zunehmender Marktsättigungstendenzen und der dadurch bedingten Erhöhung der Wettbewerbsintensität verstärkt sich die Notwendigkeit der Orientierung aller marktgerichteten Unternehmensaktivitäten am Sportzuschauer als Konsumenten der Rezeptionsangebote. Dennoch sind kaufverhaltenstheoretische Erkenntnisse über den Sportzuschauer bislang nur in geringem Umfang vorhanden und lediglich durch eine unzureichende Anzahl an empirischen Forschungsarbeiten gestützt. Vor diesem Hintergrund erscheint es gerechtfertigt, sich weiterführend mit dieser Problematik auseinander zu setzen.

In diesem Zusammenhang erscheint insbesondere die stetig steigende Bedeutung der Medien als Anbieter von Sportübertragungen auffallend. Dennoch befassen sich die vorhandenen Untersuchungen zumeist ausschließlich mit der Analyse des Vor-Ort-Konsums. Auf die Möglichkeit der Teilhabe am Sportgeschehen über Medien wird dabei lediglich am Rande verwiesen. Eine detaillierte **vergleichende Analyse der Konsumformen existiert bisher nicht.**[80] Konzentriert man sich auf diesen Teilaspekt, so stellt sich für Sportveranstalter und Medienunternehmen vor allem eine Frage: Warum scheuen einige Zuschauer keine Kosten und Mühen, um Besucher einer Sportveranstaltung zu sein und warum nutzen andere Zuschauer die vielfältigen Angebote der Medien, um an sportlichen Wettkämpfen teilzuhaben? Welche Gründe gibt es somit für die Nutzung der alternativen Sportrezeptionsformen?

---

80 Vgl. Gleich, U. (1998): Sport, Medien und Publikum, in: Media Perspektiven, 2. Jg. Heft 3, S. 144; Stollenwerk, H.-J. (1996): Sport – Zuschauer – Medien, a.a.O., S. 21; Brandmaier, S., Schimany, P. (1998): Die Kommerzialisierung des Sports, a.a.O., S. 69; Kruse, J (1991): Wirtschaftliche Wirkungen einer unentgeltlichen Sport-Kurzberichterstattung im Fernsehen, a.a.O., S. 53 f.; Schwier, J. (2000): Sport als populäre Kultur, a.a.O., S. 119; Schwier, J., Schauerte, T. (2002): Sport und Massenmedien, in: Strauß, B., Kolb, M., Lames, M. (Hrsg.): Sport und Massenmedien, in: sport-goes-media.de: Zur Medialisierung des Sports, S. 43 f.

Vor diesem Hintergrund besteht die generelle Zielstellung der vorliegenden Arbeit darin, einen **Beitrag zur Erklärung des Konsumverhaltens von Sportzuschauern** zu leisten. Dazu sind literaturgestützt wesentliche Bestimmungsgründe zu identifizieren und sie in Bezug zum tatsächlich gezeigten Kaufverhalten zu setzen. Kern der Analyse ist dabei der Versuch, die identifizierten Bestimmungsgründe hinsichtlich ihres Beitrages zur Erklärung des Konsums von Sportveranstaltungen vor Ort bzw. von medialen Sportübertragungen zu determinieren. Es ist zu überprüfen, ob differenzierte Ausprägungen der Bestimmungsfaktoren die Wahl der Konsumalternativen erklären können. Damit liegt der **Forschungsschwerpunkt der Arbeit** auf einer integrierten Betrachtung beider grundlegenden Formen der Sportrezeption.

Mit der dargestellten Zielstellung sind folgende **Teilziele** verbunden:

- Einordnung der Untersuchung in den Rahmen der Kaufverhaltensforschung. Diesbezüglich ist der grundlegende Prozess der Konsumentscheidung eines Sportzuschauers abzubilden, um daraus abgeleitet einen umfassenden Überblick über die generellen Determinanten der Nachfrage nach Rezeptionsangeboten zu erhalten. Darauf auf-bauend, ist eine Eingrenzung der generellen Determinanten auf die für die Untersuchung relevanten Theoriebausteine eines Erklärungsmodells der Sportrezeption vorzunehmen. Damit wird die Untersuchung auf eine partielle Analyse des rezeptiven Sportkonsums orientiert.

- Kennzeichnung und Abgrenzung der grundlegenden Formen der Sportrezeption Vor-Ort-Konsum und Medien-Konsum als eigenständige Optionen der Teilhabe an Sportwettkämpfen. Mit Hilfe einer detaillierten Darstellung der entsprechenden Rezeptionsangebote: Sportveranstaltung und Sportübertragung sind die Unterschiede in den spezifischen Gratifikationen der Konsumformen zu identifizieren und darzustellen.

- Herausarbeitung und Spezifizierung von Anforderungen, die an wesentliche und zeitlich stabile Bestimmungsgrößen der Sportrezeption zu stellen sind. Der Fokus liegt dabei auf der Berücksichtigung der Erklärungsfähigkeit der Konstrukte für beide grundlegende Rezeptionsformen.

- Darstellung der in der Literatur vorhandenen Erklärungsansätze des rezeptiven Sportkonsums, Bewertung der Ansätze im Hinblick auf ihre Eignung zur integrierten Betrachtung der grundlegenden Rezeptionsformen sowie Auswahl anforderungskonformer, wesentlicher Bestimmungsgrößen der Sportrezeption, die im Rahmen der weiteren Untersuchungen zu betrachten sind.

- Begriffliche Abgrenzung der identifizierten Untersuchungsgrößen und Kennzeichnung der Konstrukte als relevante Bestimmungsgrößen der Sportrezeption.

- Entwicklung eines anforderungskonformen Hypothesenmodells zur Bestimmung des rezeptiven Sportkonsums und empirische Überprüfung am Beispiels der Zuschauer eines Fußballbundesligisten.

Die Aufschlüsselung der generellen Zielsetzung in Teilziele skizziert im Wesentlichen bereits den **Gang der Untersuchung**.

Im **Kapitel B** werden zunächst eine allgemeine Kennzeichnung der Einflussgrößen auf das Kaufverhalten von Sportzuschauern und eine Eingrenzung der zu betrachtenden Theoriebausteine vorgenommen. Darauf aufbauend befasst sich der zweite Abschnitt des Kapitels mit der Kennzeichnung und Abgrenzung der zu untersuchenden Verhaltensparameter der Sportrezeption. Gegenstand des dritten Unterkapitels ist die Identifikation wesentlicher Bestimmungsgrößen des Konsumverhaltens von Sportrezipienten, die eine vergleichende Analyse der grundlegenden Rezeptionsformen ermöglichen. Dazu erfolgt zunächst die Herleitung von Anforderungen, die an Bestimmungsgrößen der Sportrezeption zu stellen sind. Daran anschließend werden konsumorientierte Erklärungsansätze beschrieben und anhand der zuvor abgeleiteten Anforderungskriterien bewertet. Im Ergebnis der Untersuchungen lassen sich anforderungskonforme Bestimmungskonstrukte identifizieren, die im Unterkapitel vier begrifflich definiert und hinsichtlich ihres Einflusses auf das Rezeptionsverhalten sowie die weiteren Untersuchungskonstrukte determiniert werden. Anschließend werden Hypothesen über die Konstruktzusammenhänge abgeleitet und darauf aufbauend ein Erklärungsmodell des rezeptiven Sportkonsums entwickelt, das beide Grundformen der Rezeption Vor-Ort-Konsum und Medien-Konsums integriert betrachtet.

Im **Kapitel C** der Arbeit werden die theoretisch hergeleiteten Wirkungsbeziehungen anhand eines Beispiels aus dem Bereich des Fußballsports einer empirischen Prüfung unterzogen. Nach der Beschreibung des Untersuchungsvorgehens erfolgen die Operationalisierung der Modellkonstrukte sowie die Spezifizierung des zuvor konzeptionell entwickelten Erklärungsmodells, welches daran anschließend mit Hilfe des AMOS-Ansatzes der Kausalanalyse überprüft wird. Den Abschluss des Kapitels bildet die kritische Interpretation der Analyseergebnisse in Bezug zu den theoretisch hergeleiteten Modellhypothesen.

Das abschließende **Kapitel D** der Arbeit fasst die wesentlichen Forschungsergebnisse zusammen und gibt einen kurzen Ausblick mit Implikationen für die Praxis und Anregungen für die weitere wissenschaftliche Forschung.

B Bestimmung der Determinanten der rezeptiven Sportkonsums und Integration zu einem Gesamtmodell

1 Der Prozess der Konsumentscheidung von Sportrezipienten

Um sich dem Untersuchungsgegenstand, den Ursachen der Zuschauernachfrage hinsichtlich ihres Beitrags zur Erklärung des Medien- und Vor-Ort-Konsums von Sportdarbietungen zu nähern, ist es notwendig, sich zunächst einen Überblick über den Gesamtprozess des Konsumverhaltens von Sportzuschauern zu verschaffen. Für einen solchen allgemeinen Überblick ist es sinnvoll, auf die generellen Forschungsansätze des Käuferverhaltens zurückzugreifen. Sie bieten auf einem hoch aggregierten Niveau die Möglichkeit einer systematischen Betrachtung der relevanten Aspekte und Einflussgrößen des Konsumverhaltens von Sportzuschauern. Die folgenden Ausführungen beschränken sich dabei auf theoretische Modelle, die in der Lage sind, den Prozess des Zuschauerverhaltens abzubilden und einen Rückschluss auf dessen Ursachen ermöglichen.

1.1 Modelle des Konsumentenverhaltens von Zuschauern

Zur Erklärung des Konsumentenverhaltens existieren eine Fülle von Modellen und Theorien. Einige dieser Theorien haben sich weitestgehend als Forschungsparadigmen etabliert.[81] Dazu zählen vor allem behavioristische, neo-behavioristische und kognitive Forschungsansätze. Die Struktur der Forschungsparadigmen verdeutlicht Abbildung 5.

---

[81] Unter dem Begriff des Forschungsparadigma versteht man wissenschaftliche Problemlösungsmuster, die von Vertretern eines wissenschaftlichen Fachgebietes weitestgehend geteilt werden. Forschungsparadigmen werden bei unbefriedigender Problemlösung abgelehnt und durch konkurrierende Paradigmen ersetzt. Der Widerstreit unterschiedlicher Paradigmen und ihrer Anhänger ist dabei der Motor für den Wandel und die Dynamik der Wissenschaften. Vgl. Kroeber-Riel, W., Weinberg, P. (2002): Konsumentenverhalten, a.a.O., S. 21 ff.

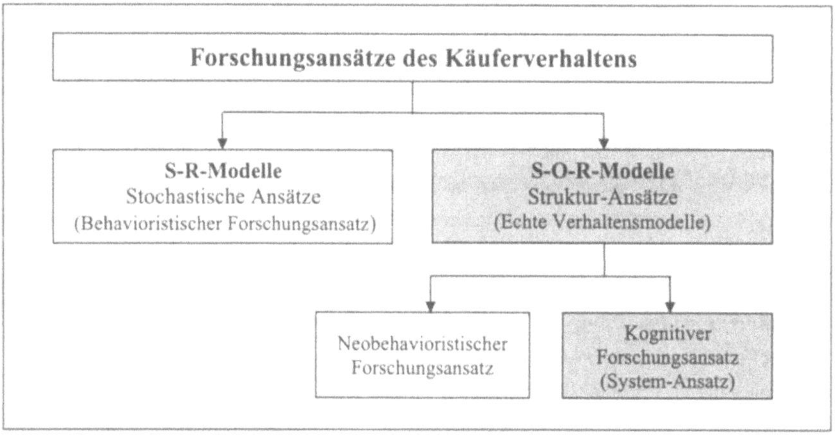

Abb. 5: Kennzeichnung der Forschungsansätze des Käuferverhaltens
Quelle: Meffert, H. (2000): Marketing: Grundlagen der Marktorientierten Unternehmensführung, 9. Aufl., a.a.O., S. 100.

Behavioristische Forschungsansätze konzentrieren sich ausschließlich auf die Analyse der beobachtbaren und messbaren Variablen des Käuferverhaltens. Nicht beobachtbare Vorgänge, vor allem die im Innern des Konsumenten ablaufenden psychischen Prozesse, werden von den Vertretern dieser Forschungsrichtung als „Black-Box“ betrachtet und nicht untersucht. Das Verhalten der Individuen wird lediglich auf die Reaktion (Response) auf beobachtbare Reize (Stimuli) reduziert. Diese Forschungsansätze werden daher als S-R- bzw. Black-Box-Modelle bezeichnet. Sie prüfen den direkten Zusammenhang zwischen Input- und Outputvariablen des Konsumentenverhaltens.[82] Bezogen auf die sportbezogene Publikumsforschung werden somit die Reaktionen der Zuschauer auf beobachtbare Anreize (z.B. die Marketingaktivitäten der Sportveranstalter, wie Werbung, Preissetzung usw.) untersucht.[83]

Neobehavioristische und kognitive Forschungsansätze werden als echte Verhaltensmodelle bezeichnet. Neben der Analyse der direkt beobachtbaren Variablen wird hier der Versuch unternommen, die im Organismus (O) des Konsumenten ablaufenden, nicht beobachtbaren Vorgänge zur Erklärung des Verhaltens mit einzubeziehen. Diese nicht beobachtbaren Vorgänge werden in Form theoretischer Hilfskonstrukte („latenter Variablen“) in die Modelle integriert. Sie basieren auf theoretischen Vorüberlegungen und können nur indirekt über Indikatoren gemessen werden. Es werden somit die drei Parameter des Konsumentenverhaltens: Stimulus (S), Organismus (O) und Response (R) eingehend untersucht. Diese Forschungs-

82 Vgl. Meffert, H. (1992): Marketingforschung und Käuferverhalten, a.a.O., S. 28 f., Kroeber-Riel, W., Weinberg, P. (2002): Konsumentenverhalten, a.a.O., S. 373 f.

83 Vgl. Gärtner, M., Pommerehne, W. W. (1984): Der Fußballzuschauer – Ein homo oeconomicus?, in: Heinemann, K. (Hrsg.): Texte zur Ökonomie des Sports, Schorndorf, S. 151 ff.

ansätze werden daher als S-O-R-Modelle oder Strukturmodelle bezeichnet.[84] In neobehavioristischen Ansätzen wird davon ausgegangen, dass die intervenierenden Variablen die eingehenden Stimuli wie statische Schaltelemente in bestimmter Weise verändern.[85] Als intervenierende Variablen werden dazu aktivierende Prozesse wie bspw. Emotionen, Motive und Einstellung betrachtet.[86] Den differenzierten Informationsverarbeitungsprozesses des Konsumenten werden diese Annahmen aber nur bedingt gerecht. Kognitive Forschungsansätze beziehen daher zusätzlich zu den aktivierenden Konstrukten auch die Informationsverarbeitungsprozesse im Lang- und Kurzzeitgedächtnis, und damit vor allem die Prozesse Wahrnehmung und Lernen, mit ein.[87] Kognitive Forschungsansätze lassen sich weiter in den System-Ansatz und den Entscheidungsnetz-Ansatz unterscheiden. Zielstellung des System-Ansatzes ist die umfassende Strukturierung der im Organismus ablaufenden Entscheidungsprozesse mit Hilfe der beschriebenen Konstrukte auf der aktivierenden und kognitiven Ebene des Organismus.[88] Demgegenüber wird eine Strukturierung der Kaufverhaltensprozesse im Entscheidungsnetz-Ansatz mittels „Protokollen des latenten Denkens" angestrebt.[89] Für die hier verfolgte Zielstellung einer umfassenden Darstellung der am Kaufentscheidungsprozess eines Sportzuschauers beteiligten Konstrukte und Prozesse erscheint eine Orientierung am Vor-gehen des System-Ansatzes besonders geeignet.

Die grundlegenden Parameter und Aussagen des System-Ansatzes lassen sich in ein Strukturmodell des Käuferverhaltens für den rezeptiven Sportkonsum übertragen. Das Totalmodell kennzeichnet die wesentlichen externen und interpersonellen Einflussfaktoren (Stimuli), ebenso wie die intrapsychischen Komponenten, die den in der Person des Zuschauers ablaufenden Entscheidungsprozess bestimmen (Organismus), sowie die daraus resultierenden Konsumreaktionen (Reaktion). Abbildung 6 gibt die Komponenten des Kaufverhaltens, dargestellt am kognitiven S-O-R-Modell, im Überblick wieder.

---

84 Vgl. Bänsch, A. (2002): Käuferverhalten, a.a.O., S. 3 f., Vgl. Kuß, A., Tomczak, T. (2000): Käuferverhalten: Eine marketingorientierte Einführung, 2. vollst. neu bearb. Aufl., Stuttgart, S. 2 f.

85 Vgl. Behrens, G. (1991): Konsumentenverhalten, 2. Aufl., Heidelberg, S. 18.

86 Vgl. Kroeber-Riel, W, Weinberg, P. (2002): Konsumentenverhalten, a.a.O., S. 53 ff.

87 Vgl. Meffert, H. (1992): Marketingforschung und Käuferverhalten, a.a.O., S. 28.

88 Vgl. Bänsch, A. (2002): Käuferverhalten, a.a.O., S. 5.

89 Entscheidungsnetz-Modelle basieren auf der empirischen Erfassung von Kaufprotokollen des Konsumenten, die den Entscheidungsprozess der Nachfrager abbilden sollen. Mit Hilfe dieser Prozessprotokolle wird der Versuch unternommen, die Struktur der Vorgänge innerhalb des Organismus (Black-Box) zu identifizieren. Vgl. Topritzhofer, E. (1974): Absatzwirtschaftliche Modelle des Kaufentscheidungsprozesses unter besonderer Berücksichtigung des Markenwahlaspektes, Wien., S. 29; zur Kritik am Vorgehen des Entscheidungsnetz-Ansatzes vgl. Bänsch, A. (2002): Käuferverhalten, a.a.O., S. 138 f.

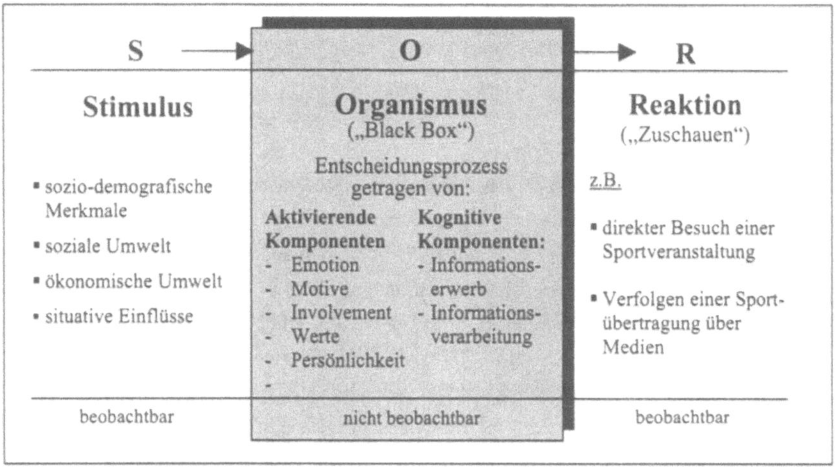

Abb. 6: S-O-R-Modell des Käuferverhaltens für den rezeptiven Sportkonsum
Quelle: in Anlehnung an Freyer, W. (2003): Sport-Marketing, a.a.O., S. 188; Meffert, H, Steffenhagen, H., Freter, H. (Hrsg.) (1979): Konsumentenverhalten und Information, Wiesbaden, S. 25.

Im Folgenden sollen die das Zuschauerverhalten bestimmenden Parameter des S-O-R-Ansatzes gekennzeichnet werden. Eine erschöpfende und komplexe theoretische Darstellung dieser generellen Einflussfaktoren kann im Rahmen dieser Arbeit unter Berücksichtigung der Maßgabe einer stringenten Zielorientierung aber nicht erfolgen. Vielmehr sollen die einzelnen Aspekte des Zuschauerverhaltens möglichst vollständig und sinnvoll strukturiert im Überblick dargestellt werden.

1.2 Der Parameter Stimulus

Der Bereich der Stimuli umfasst die externen Einflussfaktoren. Eine Typologisierung der Stimuli wird in der verhaltenswissenschaftlichen Literatur nicht einheitlich und überschneidungsfrei vorgenommen.[90] Die hier gewählte Strukturierung gibt die am häufigsten verwendeten Typen von Stimuli wieder. Ohne Anspruch auf Vollständigkeit lassen sich danach die Kategorien:

- **Sozio-demografische Merkmale**
- **Soziale Umwelt (interpersonale Faktoren)**

---

[90] Vgl. Freyer, W. (2003): Sport-Marketing, a.a.O., S.188 f.; Bänsch, A. (2002): Käuferverhalten, a.a.O., S. 4; Meffert, H. (1992): Marketingforschung und Käuferverhalten, a.a.O., S. 27.

- **Ökonomische Umwelt sowie**
- **Situative Faktoren**

unterscheiden.

Sozio-demografische Merkmale beschreiben die Bevölkerung nach leicht erfassbaren, zumeist amtlich-statistisch erhobenen Eigenschaften der Person. Sie lassen sich in demografische Merkmale, wie z.B. Geschlecht, Alter, Familienstand und sozioökonomische Kriterien, wie Bildungsstand, Beruf oder Einkommen untergliedern.[91] In der praktischen Marktforschung werden sozio-demografische Merkmale häufig erhoben und zur „Erklärung" des Konsumentenverhaltens herangezogen. Streng genommen sind sie aber keine Konstrukte einer Theorie, die Verhalten erklären, sondern vielmehr Einflussfaktoren auf den organismusseitigen Entscheidungsprozess. So kann bspw. das Alter als ein Stimulus verstanden werden, der über das Anregen von Motiven (wie z.B. der körperlichen Gesunderhaltung) zur Motivation für aktives Sporttreiben führt. Ebenso stellt bspw. der Wohnort eines Sportzuschauers und damit die räumliche Entfernung zum Sportgeschehen bzw. das verfügbare Einkommen, einen wichtigen Anreiz auf die Entscheidung für bzw. gegen den Kauf einer Eintrittskarte für eine Sportveranstaltung dar.[92]

Als weitere Gruppe von Einflussfaktoren können die Determinanten der Sozialen Umwelt abgegrenzt werden. Sie lassen sich in Stimuli der näheren und weiteren sozialen Umwelt differenzieren. Die **nähere soziale Umwelt** des Zuschauers umfasst Personen und Gruppen, mit denen er in regelmäßigem persönlichem Kontakt steht (z.B. Freunde, Berufskollegen, Familienangehörige).[93] Das Konsumentenverhalten wird entscheidend durch die Bezugsgruppen des näheren Umfelds beeinflusst. Ein wesentlicher Einflussfaktor ist dabei die Familie, da von der Familie wichtige Sozialisationswirkungen ausgehen.[94] So wird für den Bereich der Sportrezeption häufig angeführt, dass im Rahmen der Sozialisation Einstellungen zum Sport und zu Sportlern sowie Normen und Werte der Elterngeneration auf Kinder übertragen werden.[95]

---

91 Vgl. Trommsdorff, V. (2003): Konsumentenverhalten, a.a.O., S. 40.

92 Vgl. Freyer, W. (2003): Sport-Marketing, a.a.O., S. 188.

93 Vgl. Kroeber-Riel, W., Weinberg, P. (2002): Konsumentenverhalten, a.a.O., S. 440.

94 Vgl. Bänsch, A. (2002): Käuferverhalten, a.a.O, S. 96.

95 Anerkannte Untersuchungen zur Sozialisation von Sportzuschauern gehen dabei auf McPherson zurück, der im Rahmen seiner Studien vier Sozialisationsfaktoren identifiziert: Freunde und Familie (nähere soziale Umwelt) sowie Schule und Gesellschaft (weitere soziale Umwelt). Vgl. dazu McPherson, B. (1976): Sozialization into the Role of Sport Consumer, in: Canadian Review of Sociology and Anthropology (CRSA), Vol. 13, No. 2, S. 165 ff.

Neben der Familie beeinflussen weitere primäre bzw. sekundäre Bezugsgruppen[96] das Verhalten des Konsumenten. Der Umfang der Beeinflussung reicht dabei von Verhaltensempfehlungen bis hin zu negativen sozialen Sanktionen bei Nichteinhaltung der Gruppennormen.[97] Generell kann die primäre und sekundäre Sozialisation als wichtiger Reiz bzw. Moderator[98] zur Erklärung des Sportrezeptionsverhaltens gekennzeichnet werden. So ist bspw. davon auszugehen, dass Kinder sportbegeisterter Eltern ebenfalls Interesse am Sport sowie der Sportrezeption zeigen werden.[99]

Die **weitere soziale Umwelt** umfasst Personen und soziale Gruppen, mit denen keine regelmäßigen persönlichen Beziehungen unterhalten werden und damit insbesondere die sozialen Hintergrundsysteme Kultur[100], Subkultur[101] und soziale Schicht[102]. Die Beeinflussungswirkung der Stimuli der weiteren sozialen Umwelt ist insgesamt sehr komplex und wird dem Konsumenten nur selten bewusst. So wird bspw. das kollektive Wertesystem einer Kultur häufig als gegeben hingenommen. Kulturelle Werte bestimmen somit nahezu unbewusst den Kaufentscheidungsprozess. Vor diesem Hintergrund erschließt sich die Bedeutung der kulturellen Verankerung des Sports und der Akzeptanz des Sportkonsums in der Gesellschaft bzw. der jeweiligen sozialen Schicht. So ist anzunehmen, dass ein Anreiz besteht, vor allem

---

96 Eine Strukturierung und Typisierung von Bezugsgruppen ist aufgrund der Vielfalt der Ausprägungen sinnvoll. Die Einteilung in primäre (informelle Gruppen mit direkter Interaktion, z.B. Freundeskreis) und sekundäre (formale Gruppen mit eher distanziertem Verhältnis, z.B. großstädtische Gemeinde) stellt auf eine mögliche weitere Unterteilung nach der sozialen Nähe der Gruppenmitglieder ab. Vgl. Kroeber-Riel, W., Weinberg, P. (2002): Konsumentenverhalten, a.a.O., S. 444 f.

97 Vgl. Kuß, A., Tomczak, T. (2000): Käuferverhalten, a.a.O., S. 200 ff.; Kroeber-Riel, W., Weinberg, P. (2002): Konsumentenverhalten, a.a.O., S. 478 f.

98 Die Autoren verwenden die Begriffe Stimulus und Moderator in diesem Zusammenhang häufig synonym. Im engeren Sinne definieren sich Stimuli allerdings als Auslöser von Prozessen des Kaufverhaltens. Moderatoren werden dagegen lediglich als den Kaufverhaltensprozess beeinflussende Größen gekennzeichnet. Vgl. Trail, G. T., Anderson, D. F., Fink, J. (2000): A Theoretical Model of Sport Spectator Consumption Behavior, in: International Journal of Sport Management, Vol. 1, S. 173 f.

99 Vgl. Wann, D. L. (1997): Sport Psychology, Upper Saddle River, S. 328 f.

100 Eine Kultur definiert sich aus expliziten und impliziten Denk- und Verhaltensmustern, die von vielen Individuen geteilt werden und damit aus den übereinstimmenden Verhaltensweisen einer Gesellschaft. Sie ist bestimmt durch ethische Grundsätze und Werte sowie die Objekte, die sie herstellt und mit denen sie sich umgibt. Vgl. Kroeber, A. L., Kluckhohn, C. (1952): Culture: A Critical Review of Concepts and Definitions, in: Harvard University Peabody Museum of American Archeology and Ethnology Papers, Bd. 47, Heft 1, Cambridge, S. 181; Solomon, M. R. (1994): Consumer Behavior; Buying, Having and Being, 2. Aufl., Boston et al., S. 574.

101 Der Begriff der Subkultur entspricht inhaltlich dem Kulturbegriff, bezieht sich aber nur auf bestimmte Teilgruppen einer Gesellschaft. Kultur ist damit ein intergesellschaftlicher und Subkultur ein intragesellschaftlicher Begriff. Vgl. Kuß, A., Tomczak, T. (2000): Käuferverhalten, a.a.O., S. 189.

102 Die Soziale Schicht kennzeichnet – orientiert an den Merkmalen Status und Prestige – die Stellung eines Individuums bzw. einer Familie in der Gesellschaft. Sie wird teilweise als Ausprägung des Subkulturbegriffes bezeichnet. Vgl. Meffert, H. (1992): Marketingforschung und Käuferverhalten, a.a.O., S. 82.

jene Sportarten zu verfolgen, die für das jeweilige Hintergrundsystem als sozial akzeptiert gelten.[103]

Die Stimuli der **ökonomischen Umwelt** lassen sich im Wesentlichen in von Unternehmen beeinflussbare und von Unternehmen nicht beeinflussbare Faktoren unterscheiden.[104] Die durch das Unternehmen beeinflussbaren Faktoren sind dabei von besonderer Bedeutung. Den wohl stärksten ökonomischen Einflussfaktor auf die Kaufentscheidung stellt der Einsatz der Instrumente des Marketing (Marktkommunikation, Preispolitik etc.) dar.[105] Unternehmen versuchen dabei durch den gezielten Einsatz des Marketing-Mix Stimuli zu setzen, die den Kauf der von ihnen angebotenen Produkte anregen. Je besser der Gesamtprozess des Konsumentenverhaltens und dabei insbesondere der im Organismus ablaufende Entscheidungsprozess erklärbar ist, um so zielgerichteter lassen sich die Marketing-Anreize auf die Bedürfnisse des Nachfragers ausrichten. Für den Bereich des Sports wurde in Studien zu den ‚Determinanten der Zuschauernachfrage' vor allem die Bedeutung der Stimuli Höhe der Wettkampfklasse, relative Position im Wettbewerb/ in der Liga (bzw. sportliche Leistungsstärke), Starstatus eines Einzelsportlers bzw. Anzahl und Güte der Starspieler innerhalb einer Mannschaft – die mittelbar über produktpolitische Aktivitäten des Sportveranstaltern zu steuern sind – sowie Stimuli wie Preise, Spieltaktik, Sportstättenkomfort und Qualität des Rahmenprogramms – die direkt den Marketingaktivitäten des Veranstalters zugerechnet werden können – herausgehoben.[106] Zu den vom Unternehmen nicht zu beeinflussenden Stimuli zählen demgegenüber vor allem die wirtschaftspolitischen und ökonomischen Rahmenbedingungen.[107] Führt man sich vor Augen, dass freizeitbezogener Konsum bei verschlechtertem Konsumklima verstärkt

---

103 In diesem Zusammenhang wird bspw. der Fußball häufig als Sport der einfachen Leute sowie Pferdesport oder Golf als Sport der „oberen Klassen" bezeichnet. Diese relativ einfachen Vorstellungen standesgemäßen Sportinteresses wirken allerdings veraltet, dennoch ist die Existenz (sub)kultureller Einflüsse generell nicht abzulehnen. Vgl. bspw. Messing, M., Lames, M. (1996): Golf: Soziale Selektivität und schichtspezifische Verhaltensstandards, in: Messing, M., Lames, M. (Hrsg.): Zur Sozialfigur des Sportzuschauers, Niedernhausen, S. 166 ff.; Gabler, H. (1998): Zuschauen im Sport, a.a.O., S. 115.

104 Eine solche Typisierung der Stimuli des Kaufverhaltensprozesses wurde ursprünglich von MEFFERT/STEFFENHAGEN vorgeschlagen. Vgl. Meffert, H, Steffenhagen, H., Freter, H. (Hrsg.) (1979): Konsumentenverhalten und Information, a.a.O., S. 25.

105 Vgl. Meffert, H. (1992): Marketingforschung und Käuferverhalten, a.a.O., S. 26 f.

106 Vgl. Gärtner, M., Pommerehne, W. W. (1984): Der Fußballzuschauer – Ein homo oeconomicus?, a.a.O., S. 151 ff.; Parlasca, S. (1993): Kartelle im Profisport: Die wettbewerbspolitische Problematik der Mannschaftssportligen Major League Baseball, National Football League und Fußball-Bundesliga, Ludwigsburg et al., S. 50 f; Brandmaier, S., Schimany, P. (1998): Die Kommerzialisierung des Sports, a.a.O., S. 65 ff.

107 Wesentliche politische Rahmenbedingungen werden vor allem durch die Wirtschafts- und Verbraucherpolitik geschaffen. Maßnahmen der Wirtschaftspolitik beeinflussen über Einkommens- und Zinseffekte das verfügbare Budget der Haushalte und haben damit direkte Auswirkungen auf deren Freizeitkonsum. Die Verbraucherpolitik beeinflusst das Konsumentenverhalten vor allem durch verbesserte Informationen (z.B. in Form von Warentests) und Schutzmaßnahmen für Verbraucher. Ökonomische Rahmenbedingungen werden vor allem durch die konjunkturelle Lage bestimmt. Generell bestimmen ökonomische und politische Rahmenbedingungen aus gesamtwirtschaftlicher Sicht das Konsumklima und damit die Konsumneigung der Verbraucher. Vgl. Kuß, A., Tomczak, T. (2000): Käuferverhalten, a.a.O., S. 164 f. sowie S. 182 f.

eingeschränkt wird, bestätigt sich der Einfluss der politischen und ökonomischen Umweltbedingungen auf die Nachfrage nach Sportdarbietungen.[108]

Unter dem Begriff der **situativen Stimuli** werden Umweltreize subsumiert, die die zeit- und ortsgebundenen Gegebenheiten beim Kauf bzw. Konsum eines Gutes widerspiegeln.[109] Nach BELK lassen sich diesbezüglich fünf Arten situativer Stimuli unterscheiden, die im Folgenden aus der Perspektive des rezeptiven Sportkonsums analysiert werden:

- Physische Umgebung (z.B. Licht, Klima, räumliche Entfernung zum Sportgeschehen, Stadioninfrastruktur)
- Soziale Umgebung (z.B. Gegenwart und/ bzw. Interaktion mit anderen Zuschauern),
- Zeitbezogene Merkmale (z.B. Tageszeit, Zeitabstand zu bestimmten Ereignissen),
- Art der Aufgabe (z.B. Konsumzweck (Eigeninteresse oder soziale Verpflichtung), Rezeptionsaufwand (Ticketpreise bzw. Kosten des medialen Konsums)) sowie
- Vorhergehender Zustand: z.B. Stimmung, Müdigkeit, mitgeführter Geldbetrag.[110]

Die Berücksichtigung situativer Faktoren in der Konsumentenforschung begründet sich aus dem empirisch bestätigten starken Einfluss dieser Reize auf das tatsächliche Kaufverhalten. Ein umfassendes Verständnis des Verhaltens auf Märkten sowie die genaue Prognose von Konsumreaktionen benötigt eine situative Betrachtungsweise.[111] So ist es bspw. offensichtlich, dass die Nachfrage nach Eintrittskarten für eine Freiluft-Sportveranstaltung bzw. nach Sportübertragungen via Fernsehen in besonderer Weise von situativen Stimuli der physischen Umgebung (z.B. Temperatur, Niederschlag) abhängig sind. Die Relevanz situativer Stimuli zur Bestimmung des kurzfristigen Zuschauerpotenzials einer Sportveranstaltung wurde im Rahmen einiger Studien zur Publikumsforschung herausgehoben und dokumentiert. Als weitere wichtige Anreize konnten dabei insbesondere die Gegenwart anderer Menschen, die Tageszeit der Sportdarbietung aber auch die physischen und psychischen Zustände der Person identifiziert werden.[112]

---

108 Vgl. Freyer, W. (2003): Sport-Marketing, a.a.O., S. 127.

109 Vgl. Kuß, A., Tomczak, T. (2000): Käuferverhalten, a.a.O., S. 211 f.

110 Vgl. Belk, R. (1975): Situational Variables and Consumer Behavior, in: Journal of Consumer Research, Vol. 2, S. 157 ff.

111 Vgl. Kakkar, P., Lutz, R (1981): Situational Influence on Consumer Behavior – A Review, in: Kassarjian, H., Robertson, T. (Hrsg.): Perspectives in Consumer Behavior, 3. Aufl., Glenview (Illinois), S. 204; Belk, R. (1975): Situational Variables and Consumer Behavior, in: Journal of Consumer Research, Vol. 2, S. 157; Kuß, A., Tomczak, T. (2000): Käuferverhalten, a.a.O., S. 210 ff.

112 Vgl. Gärtner, M., Pommerehne, W.W. (1984): Der Fußballzuschauer – Ein homo oeconomicus?, a.a.O., S. 155; zur Bedeutung der Gegenwart Anderer und damit zur sozialen Komponente des TV-Sport-Konsums vgl. Whannel, G. (1998): Reading the Sports Media Audience, a.a.O., S. 228.

1.3 Der Parameter Organismus

Der Organismus (O) kennzeichnet im Modell die nicht beobachtbaren im Individuum ablaufenden Vorgänge. „Das ‚Wie' der Stimulusverarbeitung und das ‚Warum' der Reaktionen entziehen sich der Beobachtung. Der ‚eigentliche' Entscheidungsprozess erscheint dunkel, der Organismus präsentiert sich als nicht einsehbarer schwarzer Kasten (Black-Box).“[113] Um letztlich das Verhalten der Konsumenten erklären zu können, ist es demnach notwendig, die Zustände und Prozesse im Innern des Organismus zu beschreiben, um den Entscheidungsprozess des Konsumenten der Realität entsprechend nachzeichnen zu können. Die Erklärung der Konsumentenreaktion beruht in der Kaufverhaltensforschung damit auf der totalen bzw. partiellen Erhellung der „Black-Box“.[114]

Die intrapsychischen Vorgänge können über die Einführung hypothetischer Konstrukte[115] auf der aktivierenden und kognitiven Ebene des Organismus beschrieben werden. Dementsprechend werden sie grundsätzlich in aktivierende und kognitive Konstrukte bzw. Prozesse unterteilt. [116]

Die **aktivierenden Determinanten** beschreiben Zustände innerer Erregung, die „den Organismus mit Energie versorgen und in einen Zustand der Leistungsbereitschaft und Leistungsfähigkeit versetzen“[117]. Sie können als menschliche Antriebskräfte verstanden werden. Aktivierende Konstrukte und Prozesse sind damit dafür verantwortlich, dass es überhaupt zum Verhalten kommt.[118] Zu den aktivierenden Komponenten zählen primär Emotionen, Motive, und Einstellungen, die in der verhaltenswissenschaftlichen Literatur häufig um komplexere, ganzheitliche Konstrukte wie Werte und Persönlichkeit erweitert werden.[119]

Die **kognitiven Komponenten** lassen sich als gedanklich rationale Vorgänge kennzeichnen. Sie dienen dazu, das durch aktivierende Prozesse angetriebene Verhalten gedanklich zu kontrollieren und willentlich zu steuern. „Während die Aktivierung dafür sorgt, dass Verhalten überhaupt stattfindet, wird bei der kognitiven Steuerung der Frage nachgegangen, welches

---

113 Bänsch, A. (2002): Käuferverhalten, a.a.O., S. 4.

114 Vgl Topritzhofer, E. (1974): Absatzwirtschaftliche Modelle des Kaufentscheidungsprozesses unter besonderer Berücksichtigung des Markenwahlaspektes, a.a.O., S. 15 ff.

115 Der Begriff eines hypothetischen Konstrukts kennzeichnet statische Erklärungsgrößen (Hilfsgrößen) für nicht beobachtbare Sachverhalte, die innerhalb einer Person wirksam werden. Ihre Existenz und Bedeutung für das Kaufverhalten kann nicht direkt gemessen sondern nur indirekt über Indikatoren nachgewiesen werden. Vgl. Trommsdorff, V. (2003): Konsumentenverhalten, a.a.O., S. 26 f.

116 Vgl. Kroeber-Riel, W., Weinberg, P. (2002): Konsumentenverhalten, a.a.O., S. 49 f.

117 Meffert, H. (1992): Marketingforschung und Käuferverhalten, a.a.O., S. 47.

118 Vgl. Freyer, W. (2003): Sport-Marketing, a.a.O., S. 189.

119 Vgl. Meffert, H. (1992): Marketingforschung und Käuferverhalten, a.a.O., S. 48; Trommsdorff, V. (2003): Konsumentenverhalten, a.a.O., S. 34 f.

Verhalten stattfinden soll."[120] Kognitive Komponenten werden grundsätzlich in die Prozesse Informationserwerb und Informationsverarbeitung unterschieden. Der Informationserwerb ist definiert als Prozess der Aufnahme und Speicherung (Lernen) von Wissens- und Gefühlseinheiten. Der Prozess der Informationsverarbeitung bezieht sich ferner auf die Verknüpfung neu aufgenommener und gespeicherter Wissens- und Gefühlseinheiten über die Vorgänge Erinnern, Assoziieren, Vergleichen, Ursachenzuschreibung, Bewerten und Entscheiden.[121]

Aus der gedanklichen Zerlegung des Entscheidungsprozesses darf aber nicht geschlossen werden, dass sich klare Grenzen zwischen aktivierenden und kognitiven Komponenten ziehen lassen. Es ist vielmehr davon auszugehen, dass **aktivierende und kognitive Prozesse sich untereinander und gegenseitig bedingen und aufeinander aufbauen.**[122] Grundsätzliche Zusammenhänge der grundlegenden aktivierenden und kognitiven Konstrukte des Kaufverhaltens verdeutlicht Abbildung 7.

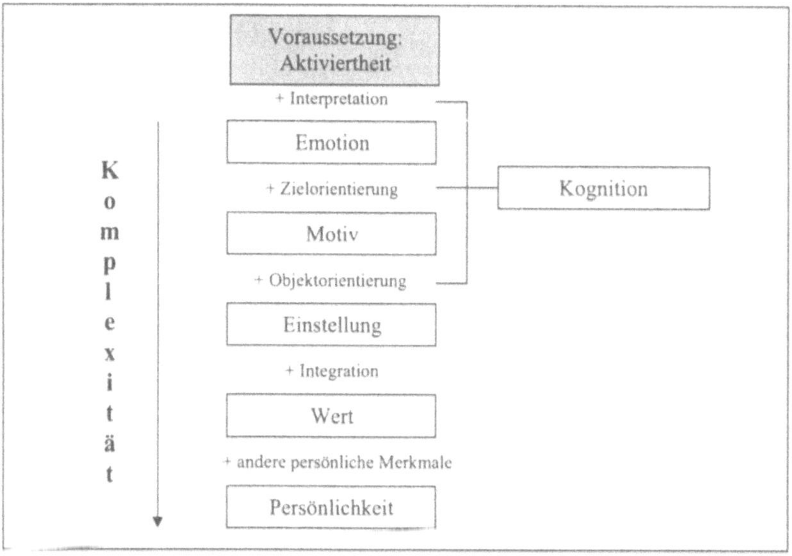

Abb. 7: Beziehungen zwischen aktivierenden und kognitiven Konstrukten
Quelle: in Anlehnung an Trommsdorff, V. (2003): Konsumentenverhalten, a.a.O., S. 35.

Grundsätzlich erscheinen die hier genannten intrapsychischen Zustände und Prozesse des Kaufverhaltens zur Erklärung der Sportrezeption geeignet. Dabei konzentriert sich das

120 Meffert, H. (1992): Marketingforschung und Käuferverhalten, a.a.O., S. 60.

121 Vgl. Trommsdorff, V. (2003): Konsumentenverhalten, a.a.O., S. 37 f.

122 Vgl. Heckhausen, H. (1980): Motivation und Handeln, Berlin et al., S. 606 f.; Trommsdorff, V. (2003): Konsumentenverhalten, a.a.O., S. 33 f.

Interesse der sportbezogenen Publikumsforschung vor allem auf den Bereich der Rezeptionsmotive.[123] Inwieweit einzelne Konstrukte in ein Modell des rezeptiven Sportkonsums zu integrieren sind, ist im Verlauf der weiteren Untersuchungen zu klären.

1.4 Der Parameter Reaktion

Die auf den Konsum gerichtete Reaktion eines Individuums wird als Kaufverhalten bezeichnet. Der Parameter Reaktion kennzeichnet damit im S-O-R-Modell die beobachtbaren Auswirkungen der Kaufentscheidung.[124] Der rezeptive Sportkonsum lässt sich in zwei grundlegende Konsumformen differenzieren. Zum einen kann der Sportzuschauer das Sportgeschehen am Wettkampfort verfolgen. Als zweite Option bietet sich ihm die Möglichkeit, über Medien Teilhaber des Sportereignisses zu sein.

Der **Vor-Ort-Konsum** ist damit eine klar operationalisierbare Variable des Sportrezeptionsverhaltens. Nur Konsumenten, die zum Zeitpunkt des Sportgeschehens am Wettkampfort anwesend und damit in der Lage sind, die Aktionen der Sportler in einem spezifischen Wettkampf mitzuverfolgen, werden als direkte Sportzuschauer oder Vor-Ort-Konsumenten bezeichnet.[125]

Der **Medien-Konsum** umfasst alle Optionen der Teilhabe an sportlichen Wettkämpfen über Angebote der Medien. Dabei lassen sich im Wesentlichen Fernsehen, Hörfunk, Printmedien und Internet als Medien zur Sportpräsentation identifizieren. Je nach technischem Potenzial des Mediums ergeben sich differenzierte Optionen und Fokussierungen bei der Sportpräsentation. Medialer Konsum ist dabei sowohl zeitgleich (TV, Hörfunk) als auch zeitversetzt (Printmedien) möglich.[126]

Beide Formen des Konsums sind über eigenständige Sportrezeptionsangebote zu verwirklichen. Von den verschiedenen Gruppen von Sportzuschauern werden sowohl ausschließlich mediale Angebote bzw. Vor-Ort-Angebote als auch beide Konsumoptionen genutzt.

---

123 Vgl. Wann, D. L. et al (2001): Sport Fans, a.a.O., S. 28 ff.; Riedmüller, F. (2003): Dienstleistungsqualität bei professionellen Sportveranstaltungen a.a.O., S. 171 f.

124 Vgl. Freyer, W. (2003): Sport-Marketing, a.a.O., S. 192.

125 Siehe dazu die ausführlichen Betrachtungen in Abschnitt B 2.1.

126 Siehe dazu die ausführlichen Betrachtungen in Abschnitt B 2.2.

1.5 Festlegung der Determinanten des Untersuchungsmodells

Generell sind Analysen zum Konsumentenverhalten in Form von Total- und Partialmodellen möglich. Totalmodelle versuchen, das Konsumentenverhalten unter Einbezug aller relevanten Variablen und Konstrukte für alle denkbaren Konsumsituationen zu erklären. Dieses Vorgehen führt zwangsläufig zu hochkomplexen Aussagesystemen, die aufgrund fehlender Operationalisierungsmöglichkeiten nur sehr begrenzt empirisch überprüfbar und damit zur Ableitung konkreter Maßnahmen nur bedingt geeignet sind.[127] Ein Totalmodell des Zuschauerverhaltens müsste somit alle verhaltensrelevanten Einflussfaktoren, d.h. sämtliche äußere Stimuli sowie die im Innern des Konsumenten ablaufenden Vorgänge strukturieren und mit einander in Beziehung setzen, um die Verhaltensreaktion zu erklären. Partialmodelle bilden demgegenüber nur einzelne Aspekte des Konsumentenverhaltens ab, ermöglichen damit aber die Aufstellung gehaltvoller wissenschaftlicher Aussagen, die empirisch überprüfbar sind und gleichzeitig die Ableitung konkreter Beeinflussungsmaßnahmen durch das Marketing ermöglichen.

Es bleibt zu klären, in welcher Form wissenschaftliche Aussagen bzw. Hypothesen im Rahmen partieller Theorien des Verhaltens von Sportzuschauern abgeleitet werden. Als **Theoriebausteine** können dabei immer **WENN-DANN-Aussagen** als Verknüpfung zwischen bedingenden und bedingten Sachverhalten herangezogen werden.[128] Diese Sachverhalte sind entweder direkt (Stimulus bzw. Response) oder als theoretische Konstrukte (Organismus) nur indirekt über Indikatoren erfassbar. WENN-Elemente einer Theorie des Zuschauerverhaltens sind grundsätzlich äußere Stimuli (S) oder theoretische Konstrukte, die Prozesse über innere Zustandsvariablen (O) beschreiben. DANN-Elemente sind Bedingungen innerer Zustände (O) oder zu erklärende Verhaltensreaktionen (R). Daraus abgeleitet lassen sich spezifische Aussagetypen unterscheiden. Abbildung 8 gibt die einzelnen Typen im Überblick wieder.

Typ	Erklärung eines	... aus einem	Beispiel
S → O	... Konstrukts	... Reiz	Aktivierung
O → O	... Konstrukts	... Konstrukt	Bewertung
O → R	... Verhaltens	... Konstrukt	Rationalkauf
S → R	... Verhaltens	... Reiz	Impulskauf
R → R	... Verhaltens	... Verhalten	Wiederholungskauf

Abb. 8: Aussagetypen bei der Analyse des Konsumentenverhaltens
Quelle: Trommsdorff, V. (2003): Konsumentenverhalten, a.a.O., S. 26.

127 Vgl. bspw. Nerdinger, F. W. (2001): Psychologie des persönlichen Verkaufs, München u.a., S. 20.

128 Vgl. Trommsdorff, V. (2003): Konsumentenverhalten, a.a.O., S. 26 f.

Betrachtet man die möglichen Aussagetypen in Bezug auf das zu entwickelnde Partialmodell des Zuschauerverhaltens, so lassen sich konkrete Einschränkungen bezüglich der zu integrierenden Aussagetypen und damit der zu betrachtenden Konstrukte des Rezeptionsmodells vornehmen.

Die direkte **Erklärung des Konsums aus den äußeren Reizen („S → R")** entspricht nicht den theoretischen Überlegungen des S-O-R-Ansatzes. Vielmehr geht man dabei davon aus, dass keine kaufverhaltensrelevanten aktivierenden und kognitiven Prozesse im Organismus Sportrezipient ablaufen und das Konsumverhalten direkt aus den äußeren Stimuli resultiert. Eine Orientierung am Reiz-Reaktions-Schema wird im Rahmen der Konsumentenforschung vor allem zur Erklärung des impulsiven und habitualisierten Kaufverhaltens herangezogen. Impulsives und habitualisiertes Kaufverhalten sind gekennzeichnet durch das Fehlen einer kognitiven Informationsverarbeitung. Das impulsive Kaufverhalten wird dabei quasi automatisch durch bestimmte Stimuli, z.B. Werbemaßnahmen am Verkaufsort, ausgelöst.[129] Demgegenüber bezeichnet habituelles Kaufverhalten den aufgrund verfestigter Verhaltensmuster ausgelösten konsistenten Wiederholungskauf.[130] Beide Formen kennzeichnen den Kauf von Gütern, der für den Konsumenten mit einem sehr geringen inneren Engagement und Involvement verbunden ist. Der rezeptive Sportkonsum ist dagegen durch einen spezifischen Grad der Involvierung der Sportinteressenten geprägt und geht mit z.T. umfangreichen kognitiven Informationsaufnahme- und -verarbeitungsprozessen einher. In diesem Sinne ist der Konsum von Sportveranstaltungen, aber auch die Nutzung von Sportangeboten der Medien als ziel- und zweckorientiertes Verhalten zu verstehen. Dabei ist vor allem beim medialen Konsum immer von einer absichtsvollen Aktivität der Mediennutzung auszugehen.[131] Der Konsum von Sportdarbietungen entspricht dabei eher dem limitierten Kaufverhalten, das mit Hilfe des S-O-R-Ansatzes des Käuferverhaltens erklärt werden kann.[132]

Zudem lassen sich Stimuli als kurzfristig wirkende Einflussgrößen kennzeichnen. Sie stellen relativ veränderliche Determinanten einer speziellen Konsumsituation dar. Dies zeigt sich insbesondere bei situativen Stimuli und Reizen der ökonomischen Umwelt, wie bspw. der Wetterlage bzw. operativer Marketing-Maßnahmen, die zwar einen Einfluss auf die konkret zu treffende Entscheidung haben, aber nicht in der Lage sind, zu einer langfristigen über alle Konsumsituationen gültigen Erklärung des Sportrezeptionsverhaltens beizutragen. Am Reiz-Reaktions-Schema orientierte Aussagen sind somit zur Erklärung des Zuschauerverhaltens im Sport eher nicht geeignet.

---

129 Vgl. Trommsdorff, V. (2003): Konsumentenverhalten, a.a.O., S. 307.

130 Vgl. Kroeber-Riel, W., Weinberg, P. (2002): Konsumentenverhalten, a.a.O., S. 176.

131 Vgl. Drabczynski, M. (1982): Motivationale Ansätze in der Kommunikationswissenschaft: Theorien, Methoden, Ergebnisse, Berlin, S. 20.

132 Vgl. Vgl. Kuß, A., Tomczak, T. (2000): Käuferverhalten, a.a.O., S. 107 ff.; Bänsch, A. (2002): Käuferverhalten, a.a.O., S. 42 ff.

Aufgrund der fehlenden Eignung von Stimuli zur langfristigen Vorhersage des Konsumverhaltens sind **Aussagen des Typs „S → O“** ebenfalls keine zweckmäßigen Bausteine eines Erklärungsmodells der Sportrezeption. Umweltreize bestimmen den Grad der Aktivierung eines Sportrezipienten, der – je nach Ausprägung – zu intensiven Informationsaufnahme- und -verarbeitungsprozessen führt, die wiederum das tatsächliche Konsumverhaltens bedingen. Die Möglichkeit zur Erklärung des Rezeptionsverhaltens liegt damit im Verständnis des durch hypothetische Zustände bzw. Konstrukte bestimmten organismusseitigen Entscheidungsprozesses.

Aus den bisherigen Ausführungen kann daher geschlussfolgert werden, dass insbesondere die **Aussagen des Typs „O → R“** zur Erklärung der Sportrezeption geeignet sind. Dabei werden die organismusseitigen, intrapsychischen Konstrukte als die Konsumentscheidung bestimmenden Größen betrachtet. Sie lassen sich als langfristige Konstrukte des Kaufverhaltens beschreiben, die – unabhängig von wechselnden Anreizfaktoren – geeignet sind, das Rezeptionsverhalten von Sportzuschauern über unterschiedlichste Konsumsituationen hinweg weitestgehend konsistent zu bestimmen.

Hypothesen des Typs **„Konstrukt erklärt sich aus einem Konstrukt“** (**O → O**) verdeutlichen die Struktur, d.h. die Beziehungen zwischen den intrapsychischen Zuständen und Prozessen des Individuums. Sie tragen damit dazu bei, den Konsumentscheidungsprozess des Sportrezipienten genauer zu spezifizieren und realitätsnah abzubilden.[133] Zur Entwicklung eines relevanten und erklärungsfähigen Rezeptionsmodells ist es daher notwendig, die Beziehungen der intrapsychischen Konstrukte untereinander zu betrachten und über Hypothesen in das Modell zu integrieren.

Hypothesen im Sinne der **Erklärung eines Verhaltens aus bereits beobachtetem Verhalten** (**R → R**) sind ebenfalls nur bedingt geeignet, das Interesse an der Sportrezeption zu begründen. Die Ursache für das Zuschauen beim Sport bestimmt sich danach aus der Zufriedenheit mit vorangegangenen Rezeptionserlebnissen. Aufgrund der relativ geringen Opportunitätskosten des medialen Konsums erscheint es dennoch denkbar, dass Zuschauer ihre Konsumentscheidung ohne erneute, umfangreiche Informationsaufnahme- und Verarbeitungsprozesse treffen. Ebenso zeigt die Praxis, dass Vor-Ort-Zuschauer häufig an einer Nachbereitung des Stadionerlebnisses über zusätzliche mediale Rezeptionsangebote interessiert sind.[134] Demnach scheinen direkte Beziehungen zwischen den beiden grundlegenden Rezeptionsformen zu bestehen, die damit ebenfalls einen Teil des Entscheidungsprozesses abbilden. Diesbezügliche Aussagen sind daher zur Erklärung des rezeptiven Sportkonsums nicht abzulehnen und bei ausreichender theoretischer Fundierung in ein entsprechendes Modell aufzunehmen.

[133] Vgl. Trommsdorff, V. (2003): Konsumentenverhalten, a.a.O., S. 34 f.

[134] Vgl. Großhans, G.-T. (1997): Fußball im deutschen Fernsehen, Frankfurt am Main, S. 60.

Die Ausführungen zeigen, dass zur Erklärung der Verhaltensvariablen ausschließlich intrapsychische Konstrukte des Konsumentenverhaltens heranzuziehen sind. Bei der Entwicklung eines Modells der Sportrezeption sind daher vor allem Aussagen des Typs O → R zu betrachten. Zur Spezifizierung einer möglichst realitätsnahen Rezeptionstheorie sind des Weiteren Hypothesen der Form O → O bzw. R → R bei der Modellkonstruktion mit einzubeziehen. Gegenstand der folgenden Kapitel zwei und drei ist daher die Identifikation und umfassende Kennzeichnung der Verhaltensparameter (R) sowie der intrapsychischen Erklärungsgrößen (O) eines Sportrezeptionsmodells zur Analyse der Konsumformenwahl. Darauf aufbauend ist schließlich im Kapitel vier ein zur Bearbeitung der Zielstellung geeignetes Rezeptionsmodell zu konstruieren.

2 Identifikation und Spezifikation der Verhaltensparameter des Erklärungsmodells

Wie bereits in Abschnitt A 2 der Arbeit dargestellt wurde, können Sportdarbietungen direkt am Ort ihrer Erstellung bzw. indirekt über Medien konsumiert werden. Diese grundlegenden Konsumoptionen lassen sich auf verschiedene Weise verwirklichen. Jede spezifische Sportdarbietung ist mit unterschiedlichen Aufwendungen verbunden und bietet dem Zuschauer jeweils differenzierte Gratifikationen zur Befriedigung seiner Bedürfnisse. Dabei lassen sich aus den Unterschieden in Aufwand und Gratifikation erste Hinweise zur Erklärung der individuellen Wahl der Rezeptionsform ableiten. Gegenstand des folgenden Kapitels ist daher die detaillierte Kennzeichnung und Abgrenzung der spezifischen Formen von Sportdarbietungen.

2.1 Vor-Ort-Konsum – Die Sportveranstaltung

Für die Kennzeichnung und Abgrenzung der Formen des Vor-Ort-Konsums ist es notwendig, die Leistungsbestandteile der Dienstleistung Sportveranstaltung im Einzelnen darzustellen. Das Rezeptionsangebot Sportveranstaltung ist heute nicht mehr ausschließlich durch die Präsentation des sportlichen Wettkampfs gekennzeichnet. Sportliche Abläufe sind vielmehr häufig in ein Unterhaltungspaket eingebettet, das vor, nach sowie teilweise auch während des Wettkampfes als Bestandteil der Sportveranstaltung dargeboten wird. Des Weiteren kann der Zuschauer zumeist ein umfangreiches Rahmenprogramm nutzen (gastronomische Angebote, Besuch von Merchandising-Shops usw.). Unterhaltungs- und Rahmenprogramme umgeben damit die sportlichen Wettbewerbe und werden individuell als mehr oder weniger wichtige

Inhalte des Rezeptionsangebots wahrgenommen.[135] Eine erschöpfende Darstellung der Leistungsbestandteile über alle Sportarten ist aufgrund der Vielfalt möglicher Gestaltungsoptionen von Sportveranstaltungen nicht möglich. Daher beschränkt sich die im Folgenden vorgenommene Strukturierung der Veranstaltungsleistung auf die im Rahmen wissenschaftlicher Untersuchungen als wesentlich und beurteilungsrelevant identifizierten Leistungskomplexe.[136] Das Aggregationsniveau ist dabei so gewählt, dass eine generelle Abbildung aller Ausprägungen von Sportveranstaltungen ermöglicht wird.

Um eine weitestgehend überschneidungsfreie Operationalisierung sicherzustellen, sollen die Leistungskomplexe anhand der für den Zuschauer sicht- und erlebbaren Veranstaltungsphasen dargestellt werden. Das dazu entwickelte idealtypische Phasenmodell einer Sportveranstaltung veranschaulicht Abbildung 9.

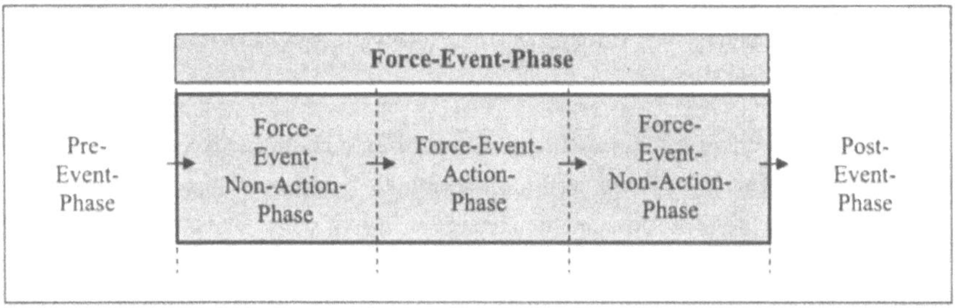

Abb. 9: Phasenmodell einer Sportveranstaltung
Quelle: vereinfachend nach Riedmüller, F. (2001): Zur Vermarktung von Sportveranstaltungen, a.a.O., S. 163.

Die Force-Event-Phase stellt die eigentliche Sportveranstaltung dar und gliedert sich in die Force-Event-Action-Phase, in deren Mittelpunkt das Verfolgen sportlicher Abläufe steht und die Force-Event-Non-Action-Phasen, in denen das Unterhaltungs- und Rahmenprogramm vermittelt wird.[137] Die Pre-Event-Phase kennzeichnet den Zeitraum zwischen dem Entschluss zum Besuch einer bestimmten Sportveranstaltung und dem Eintreffen an der Veranstaltungsstätte. Die Post-Event-Phase beginnt mit dem Abschluss der Sportveranstaltung und umfasst

135 Vgl. Meyer, A., Blümelhuber, C. (1998): Quality: not just a trend, but a strategic necessity in professional sports, in: European Journal for Sport management, 5. Jg., Heft 4, S. 62.

136 Dabei ist davon auszugehen, dass Zuschauer aufgrund der Komplexität des Sportangebots keine einzelnen Merkmale wahrnehmen und separat beurteilen. Vielmehr werden sie zur Komplexitätsreduktion subjektiv zusammengehörige Teilleistungen im Verbund wahrnehmen und bewerten. Leistungskomplexe definieren sich damit als durch das Individuum im Zusammenhang wahrgenommene Einzelmerkmale einer Leistung. Vgl. Benkenstein, M. (1993): Dienstleistungsqualität: Ansätze zur Messung und Implikationen für die Steuerung, in: Zeitschrift für Betriebswirtschaft, 70. Jg., Heft 11, S. 1099.

137 Die „Non-Action-Phasen" umfassen damit alle Zeitabschnitte, in denen der Zuschauer nicht unmittelbar mit dem Verfolgen des Sportgeschehens beschäftigt ist. Sie beschränken sich zwangsläufig nicht ausschließlich auf die Zeitabschnitte vor und nach einem Wettkampf. So wird z.B. in nahezu allen Ballsportarten die eigentliche „Event-Action"-Phase häufig durch Pausen unterbrochen, die vom Veranstalter durch Unterhaltungsangebote gefüllt werden und damit der „Non-Action"-Phase zuzurechnen sind.

vor allem die Rückreise vom Veranstaltungsgelände nach Hause.[138] Beide Phasen sind nicht unmittelbar der Sportveranstaltung zuzurechnen, haben aber dennoch einen nicht unerheblichen Einfluss auf die Wahl des Rezeptionsangebots und sind daher mit zu betrachten.

Orientiert am idealtypischen Phasenmodell kann nun die Darstellung der wesentlichen Leistungskomplexe einer Sportveranstaltung vorgenommen werden. In der **Pre-Event-Phase** ist die Sportveranstaltung wesentlich durch die Teilleistungen kommunikativer Auftritt, Ticketverkauf, Verkehrsanbindung sowie die Einlasskontrolle bestimmt. Im Rahmen der Kommunikation des Veranstalters werden die Zuschauer durch Plakate, Anzeigen und vor allem die Pressearbeit auf das Veranstaltungsangebot aufmerksam gemacht. Der kommunikative Auftritt hat neben dieser Signalwirkung auch die Aufgabe der Information des potenziellen Zuschauers[139] und der Schaffung von Vertrauen in das Veranstaltungsangebot. Letzteres ist durch die ausführliche Informations- und Berichterstattung im Vorfeld der Veranstaltung und damit einer Reduzierung der Unsicherheit über die vom Zuschauer getroffene Besuchsentscheidung möglich.[140]

Ein weiterer im Vorfeld der Veranstaltung relevanter Leistungsbestandteil ist der möglichst einfache und reibungslose Erwerb der Eintrittskarten als Zutrittsberechtigung zur Veranstaltungsstätte. Dazu werden den Sportinteressierten häufig eine Reihe unterschiedlicher Optionen des vorzeitigen Ticketerwerbs im Rahmen des Vorverkaufs sowie die Möglichkeit des Kaufs von Eintrittskarten vor Ort geboten.[141]

Verfolgt man den Weg des Zuschauers von der Absichtsentstehung bis zum Veranstaltungsort in der Pre-Event-Phase weiter, so zeigt sich insbesondere die Bedeutung des Leistungskomplexes Verkehrsanbindung.[142] Das Problem der Verkehrsanbindung bestimmt sich für den Großteil der Besucher aus der Anzahl der Parkplätze sowie der Anbindung dieser an das

---

138 Vgl. Riedmüller, F. (2003): Dienstleistungsqualität bei professionellen Sportveranstaltungen, a.a.O., S. 164. Die Phaseneinteilung kann durch eine Studie von CHILDRESS/CROMPTON empirisch gestützt werden. In der Untersuchung wurden Besucher eines Straßenfestes in Texas zu Erwartungen und Wahrnehmungen verschiedener Aspekte des Festes befragt. Im Ergebnis ließ sich die hier verwendete Vier-Phasen-Struktur bestätigen. Vgl. Childress, R., Crompton, J. (1997): A Comparison of Alternative Direct an Indirect Discrepancy Approaches to Measuring Quality of Performance at a Festival, in: Journal of Travel Research, 27. Jg., Heft 3, S. 45 ff.

139 Bspw. über den Veranstaltungsort und -zeitpunkt, Eintrittspreise, teilnehmende Sportler, Elemente des Unterhaltungs- und Rahmenprogramms.

140 Vgl. Enderle, G. (2000): Vermarktung von Fernsehübertragungsrechten im professionellen Ligasport, Berlin, S. 50; Jäkel, M. (1997): Warum Erlebnisgesellschaft? Erlebnisvermittlung als Werbeziel, in: Jäckel, M. (Hrsg.): Die umworbene Gesellschaft, Opladen, S. 265.

141 Der Vorverkauf kann bspw. über stationäre Vorverkaufsstellen, telefonische und postalische Bestelloptionen bzw. elektronische Bestellsysteme des Veranstalters oder aber über unabhängige Vorverkaufsstellen abgewickelt werden. Vgl. Riedmüller, F. (2003): Dienstleistungsqualität bei professionellen Sportveranstaltungen, a.a.O., S. 190 f.

142 Vgl. Opaschowski, H. (2000): Kathedralen des 21. Jahrhunderts – Erlebniswelten im Zeitalter der Eventkultur, Hamburg, S. 45.

Straßennetz und den öffentlichen Nahverkehr.[143] Die Bedeutung der Verkehrsanbindung als Leistungskomponente einer Sportveranstaltung begründet sich aus dem teilweise hohen Zeitaufwand für die An- und Abreise. Besucher sind diesbezüglich nur selten bereit, eine lange An- bzw. Abfahrtsdauer zu akzeptieren.[144]

Betrachtet man die **Force-Event-Non-Action-Phasen** einer Sportveranstaltung, lassen sich vor allem die Leistungsbestandteile Infrastruktur, Unterhaltungsprogramm, Gastronomieangebot und Personalkontakte identifizieren.

Vor Veranstaltungsbeginn richtet sich die Aufmerksamkeit des Zuschauers zunächst auf die Infrastruktur der Veranstaltungsstätte. Dabei orientiert sich der Zuschauer vor allem an der Funktionalität der Ausgestaltung aller mobilen und immobilen Objekte auf dem Veranstaltungsgelände (z.B. Ausschilderung, Anzahl der Toiletten, Ausgestaltung der Gastronomiebereiche) sowie dem Zustand und dem ästhetischen Eindruck der Infrastruktur.[145]

Das Unterhaltungsangebot besteht zumeist aus Show-Darbietungen sowie interaktiven Spielen mit Zuschauern (z.B. Sportquiz, Torwandschießen) und wird ergänzt um informationsorientierte Elemente wie Interviews mit aktuellen und ehemaligen Sportlern, Trainern bzw. Vereinsfunktionären.[146] In diesem Zusammenhang kommen empirische Studien zu dem Ergebnis, dass Unterhaltungs- und Rahmenangebote nur angenommen werden, wenn sie eine hohe Affinität zum dargebotenen sportlichen Wettkampf und damit zum Image der betriebenen Sportart aufweisen.[147]

Neben der Funktionalität und dem Zustand der gastronomischen Infrastruktur ist auch das gastronomische Angebot ein aus Sicht der Zuschauer wichtiger Bestandteil einer Sportveranstaltung. Ziel des Veranstaltungsmanagement ist es, ein vielfältiges Angebot über möglichst

---

143 Bei der Verwirklichung des Stadionprojektes „Arena auf Schalke“ wurde daher neben dem Bau von 14.000 Parkplätzen ein direkter Autobahnanschluss hergestellt und ein elektronisches Verkehrsleitsystem installiert. Vgl. Steininger, A. (2000): Das Konzept „Arena auf Schalke“, in: Trosien, G., Dinkel, M. (Hrsg.): Ökonomische Dimensionen von Sport-Events, Butzbach-Griedel, S. 117.

144 Ähnliches gilt auch für die Einlasskontrollen am Veranstaltungsort. Verzögerungen am Einlass gehören zu den von den Besuchern von Sportveranstaltungen am meisten bemängelten Missständen. Vgl. Erber, S. (2000): Eventmarketing: Erlebnisstrategien für Marken, Landsberg am Lech, S. 168.

145 Vgl. Baker, J., Cameron, M. (1996): The Effects of the Service Environment an Affect and Consumer Perception of Waiting Time: An Integrative Review and Research Propositions, in: Journal of the Academy of Marketing Science, 15.. Jg., Heft 4, S. 340; Mulrooney , A. Farmer, P. (2001): Managing the Facility, in: Parkhouse, B. (Hrsg.): The Management of Sport: Its Foundations and Applications, 3. Aufl., Boston, S. 281.

146 Vgl. Engels, K., Erdmann, M. (2001): Die Vermarktung von Sport und Entertainment: Das Beispiel Rhein Fire, in: Hermanns, A., Riedmüller, F. (Hrsg.): Management-Handbuch Sport-Marketing, München, S. 221 f.

147 Vgl. Messing, M., Lames, M. (1996): Triathlon: Zuschauermobilität und Einbindung in ein Volksfest, in: Messing, M., Lames, M. (Hrsg.): Empirische Untersuchungen zur Sozialfigur des Sportzuschauers, Niedernhausen, S. 92.

unterschiedliche Gastronomieformen zu offerieren, um eine zielgruppenadäquate Bewirtung der Zuschauergruppen zu ermöglichen.[148]

Sportveranstaltungen beinhalten zudem eine Vielzahl von Situationen, in denen der Besucher in direkten Kontakt mit Mitarbeitern des Veranstalters tritt (z.B. Kauf von Merchandising-artikeln, Platzeinweisung durch Stadionordner). Sie sind für den Zuschauer vor allem durch die Verfügbarkeit und Freundlichkeit des Personals geprägt.[149] Interaktionen der Zuschauer mit dem Veranstaltungspersonal werden der Force-Event-Non-Action-Phase zugeordnet, da solche Kontakte viel häufiger in dieser Veranstaltungsphase stattfinden.[150]

Die **Force-Event-Action-Phase**, die mit der Präsentation des Sportgeschehens den eigentlichen Kern der Sportveranstaltung darstellt[151], ist vor allem durch die Teilleistungen technische Darbietung des Wettkampfgeschehens, teilnehmende Sportler, Sicht auf das Sportgeschehen und durch die Atmosphäre der Veranstaltung gekennzeichnet.

Wichtige Voraussetzung für den Erfolg einer Sportveranstaltung ist der technisch-organisatorisch einwandfreie und regelkonforme Ablauf des Sportereignisses. Dies wird teilweise unterstützt durch Schiedsrichter, Betreuer, Stadionsprecher bzw. Einblendungen auf Videowänden.[152]

Generell ist davon auszugehen, dass das Zuschauerinteresse im Wesentlichen durch das Niveau der im Wettkampf gezeigten sportlichen Leistungen bestimmt wird. Bezogen auf die teilnehmenden Sportler sind damit vor allem die Leistungsfähigkeit und die Ausstrahlung der Athleten bzw. Mannschaften von Interesse. „Stars" kommt in diesem Zusammenhang eine besondere Stellung zu. Präsentiert der Veranstalter im Rahmen seiner Sportveranstaltung Topstars, so kann er im Regelfall eine hohe Zuschauerresonanz erwarten.[153]

Ein weiterer wichtiger Bestandteil einer Sportveranstaltung ist der dem Zuschauer zugewiesene Sitz- bzw. Stehplatz im Stadion. Dabei bemisst sich die Qualität des Platzes für den

---

148 So gibt es z.B. in der Fußballbundesliga Bestrebungen, die Breite des gastronomischen Angebots zu erweitern (z.B. Fast-Food-Restaurant in der Leverkusener „BayArena", gastronomische Betreuungsangebote für VIP-Gäste), dennoch muss festgehalten werden, dass sich das Speisenangebot in der Mehrzahl der Stadien zumeist auf eine Bratwurst mit Senf beschränkt. Vgl. Lemke, W. (1992): Vereinsalltag zwischen Spenden und Sponsoring: Ein Erfahrungsbericht eines Vereinsmanagers, in: Zimmer, A. (Hrsg.): Vereine heute – zwischen Tradition und Innovation, Basel, S. 85.

149 Vgl. Erber, S. (2000): Eventmarketing, a.a.O., S. 168.

150 Dies bedeutet gleichzeitig, dass Interaktionsprozesse zwischen Mitarbeitern und Zuschauern über den gesamten Veranstaltungsprozess hinweg immanenter Bestandteil des Sportangebots sind und damit Einfluss auf die Konsumentscheidung eines Sportzuschauers haben.

151 Vgl. Daubitzer, Jörg (2000): Von der Liga zum Show-Event Fußball-Bundesliga?, in: Trosien, G., Dinkel, M. (Hrsg.): Ökonomische Dimensionen von Sport-Events, Butzbach-Griedel, S. 110 f.

152 Vgl. Heinemann, K. (1995): Einführung in die Ökonomie des Sports, a.a.O., S. 177.

153 Vgl. Gärtner, M., Pommerehne, W.W. (1984): Der Fußballzuschauer – Ein homo oeconomicus?, a.a.O., S. 155; Parlasca, S. (1993): Kartelle im Profisport, a.a.O., S. 50 f.

Zuschauer vor allem durch die Nähe zu den Sportlern, die Möglichkeit, das gesamte Wettkampfgeschehen zu überblicken sowie durch Umfang und Zusammensetzung des umgebenden Publikums. Diese Qualitätsanforderungen begründen sich vor allem aus dem Wunsch des Stadionbesuchers, als Teil des Publikums direkt mit den Aktiven zu interagieren.[154]

Schließlich kennzeichnet sich die Force-Event-Action-Phase einer Sportveranstaltung durch die spezifische Wettkampfatmosphäre. Die Atmosphäre wird von den Besuchern als wichtiges Element der Sportveranstaltung empfunden. Sie ergibt sich für den Zuschauer aus der Anzahl emotional positiv wahrgenommener Umweltreize.[155] Dabei ist das emotionale Erleben um so intensiver, je eher Reize möglichst viele Sinneskanäle erreichen.[156] Da die Zuschauer die beschriebenen emotionalen Reize nicht nur aufnehmen, sondern gleichzeitig auch aussenden, tragen sie zum Entstehen der Atmosphäre der Sportveranstaltung in erheblichem Maße bei.[157]

Die **Post-Event-Phase** einer Sportveranstaltung umfasst alle Aktivitäten des Zuschauers, den Veranstaltungsort zu verlassen. Ebenso wie in der Pre-Event-Phase ist dazu vor allem eine gute Verkehrsanbindung notwendig, um Wartezeiten für die Besucher zu vermeiden.[158] Die vom Zuschauer als relevant wahrgenommenen, typischen Leistungskomplexe einer Sportveranstaltung werden in der folgenden Abbildung 10 im Überblick dargestellt.

---

154 Da sich aufgrund der begrenzten Stadionkapazität Teile des Publikums auch mit weiter entfernten Plätzen begnügen müssen, wird ihnen das Verfolgen des Sportgeschehens teilweise durch Videowände erleichtert. Dabei vermischen sich Elemente von Sportübertragung und Sportveranstaltung.

155 Vgl. Kotler, P. (1974): Atmospherics as a marketing tool, in: Journal of Retailing, 77. Jg., Heft 4, S. 50.

156 Beim Besuch von Sportveranstaltungen können durch visuelle Reize (z.B. Aussehen der Sportler), auditive Reize (z.B. Jubel), haptische Reize (z.B. Klatschen), olfaktorische Reize (z.B. Schweiß) und thermale Reize (z.B. Wärme) fünf von sechs Sinneskanäle der Zuschauer multisensual angesprochen werden. Vgl. Riedmüller, F. (2003): Dienstleistungsqualität bei professionellen Sportveranstaltungen, a.a.O., S. 204.

157 Vgl. Erber, S. (2000): Eventmarketing, a.a.O., S. 135 und S. 145.

158 RIEDMÜLLER bezieht in die „Post-Event-Phase" weiterhin das Nacherleben der Sportveranstaltung durch Medienangebote insbesondere durch die Rezeption von Zeitungs- und Zeitschriftenberichten bzw. TV-Berichten mit ein. Diese Auffassung kann nicht geteilt werden. Vielmehr stellt das Verfolgen des Sportgeschehens über Medien eine eigenständige Form der Sportrezeption dar. Der Zuschauer wird damit zum Konsumenten einer Sportübertragung. Vgl. Riedmüller, F. (2001): Zur Vermarktung von Sportveranstaltungen, a.a.O., S. 279.

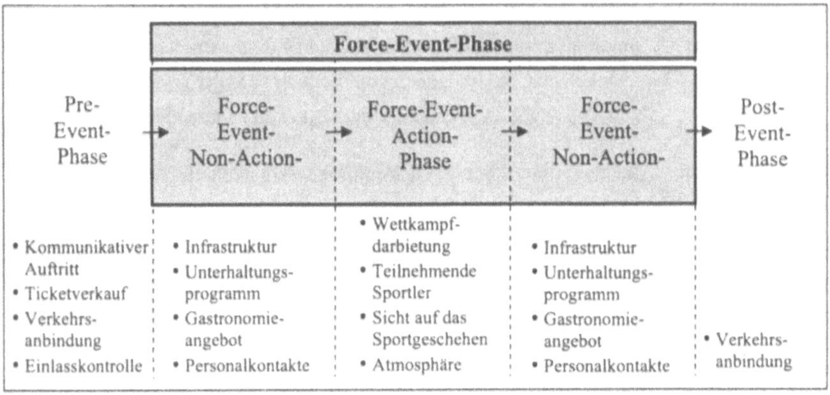

Abb. 10: Idealtypische Leistungskomplexe einer Sportveranstaltung
Quelle: in Anlehnung an Riedmüller, F. (2003): Dienstleistungsqualität bei professionellen Sportveranstaltungen, a.a.O., S. 194, 199, 205 u. 207.

2.2 Medien-Konsum – Die Sportübertragung

Zuschauer können Sportwettkämpfe über eine Vielzahl medialer Angebote verfolgen.[159] Sie reichen von Fernseh- und Hörfunkübertragungen über verschiedene Formen der Berichterstattung in Printmedien bis zu modernen webbasierten Rezeptionsangeboten.[160]

Sportübertragungen des Fernsehens finden – im Vergleich zu anderen Programmangeboten – einen überproportionalen Zuschauerzuspruch.[161] Die Angebotspalette an Sportformaten des Fernsehens ist dabei sehr umfangreich. Als bedeutendste Sportübertragung gilt die TV-Live-Übertragung, bei der eine zeitgleiche mediale Übertragung des realen Wettkampfes erfolgt.[162] Ist dem Medienunternehmen vertraglich nur eine zeitversetzte Nutzung der Übertragungsrechte eingeräumt, werden im Wesentlichen zusammenfassende TV-Berichte nach Beendigung des Sportevents angeboten.[163] Zeitgleiche und zeitversetzte Wettkampfübertragungen

159 Es sei an dieser Stelle erneut darauf verwiesen, dass die hier untersuchten Sportdarbietungen ausschließlich Präsentationen des Leistungssports darstellen. Der Breiten- und Freizeitsport findet in der hier dargestellten Form nicht in den Medien statt. Rezeptionsangebote für diesen Bereich des Sports bieten zumeist nur Printmedien, bspw. im Lokalteil der Tagespresse bzw. in Vereins- und Verbandszeitschriften . Vgl. zur Beschränkung des Untersuchungsgegenstandes auf professionelle Sportdarbietungen in Abschnitt A 2.

160 Vgl. Schwier, J., Schauerte, T. (2002): Sport und Massenmedien, a.a.O., S. 34 ff.

161 Vgl. Gleich, U. (1998): Sport, Medien und Publikum, a.a.O., S. 144.

162 Vgl. Scholz, R. (2001): Die Rolle der Medien im Sport, a.a.O., S. 537.

163 Vgl. Welling, M. (2003): Das Produkt Fußball?, a.a.O., S. 16.

werden häufig um weitere Sendeformate ergänzt, die vor allem Vorberichte, Nachlesen, Hintergrundberichte sowie Interviews mit Aktiven und Trainern beinhalten.[164]

Für den Bereich des **Hörfunks** haben Sportübertragungen eher untergeordnete Bedeutung. Zwar finden sich bei fast 85 % der privaten und öffentlich-rechtlichen Hörfunksender regelmäßig Sportformate im Programm, dennoch ist ihr Programmanteil vergleichsweise gering.[165]

Innerhalb der **Tagespresse** wird die Sportberichterstattung als wichtiges Verkaufsargument betrachtet und daher je nach Ereignislage im Umfang angepasst. Besonderen Stellenwert genießt der Sport in diesem Printmedium daher bei sportlichen Großevents (Weltmeisterschaften, Olympische Spiele usw.).[166] Der Markt für **Sportzeitschriften** ist aufgrund der Vielzahl der vorhandenen thematisch und inhaltlich eng begrenzten Titel sehr unübersichtlich. Zeitschriften in kleiner Auflage bedienen die spezifischen Bedürfnisse der Interessenten (bspw. in Form von Verbandszeitschriften sowie Vereins- und Stadionheften). Sie dienen dabei – ebenso wie die Tagespresse – vor allem zur ausführlichen Vor- und Nachberichterstattung von Sportevents sowie der wettkampfübergreifenden Information der Nachfrager.[167]

Ein weitaus breiteres Spektrum an sportlichen Angeboten bietet dagegen das **Internet**. Neben bereits etablierten klassischen Angeboten, wie z.B. Ergebnisdiensten (z.B. Live-Ticker) und Archiven sowie interaktiven Angeboten, wie Gesprächsplattformen, Sportspielen und Simulationen, forcieren Vereine sowie Medienunternehmen ihre Anstrengungen zur Etablierung von „Pay-Per-View-Angeboten" via Web-TV und Web-Radio.[168]

---

164 Zu den Inhalten unterschiedlicher Sendeformate im öffentlich-rechtlichen und privaten Fernsehen vgl. Großhans, G.-T. (1997): Fußball im deutschen Fernsehen, a.a.O., S. 75 ff.; Path, T., Trosien, G. (1999): Fußball als Fernsehprodukt, in: Trosien, G., Dinkel, M. (Hrsg.), Verkaufen Medien die Sportwirklichkeit?: Authentizität – Inszenierung – Märkte, Aachen, S. 137 ff.

165 Etwa 11 % der Bevölkerung aus den alten und 16 % aus den neuen Bundesländern verfolgen regelmäßig die Sportberichterstattung im Radio. Vgl. Gruber, T., Wied, H. (2000): Sport im Hörfunk, in Herrmanns, A., Riedmüller, F. (Hrsg.): Management-Handbuch: Sport-Marketing, München, S. 560.

166 Vgl. Scholz, R. (2001): Die Rolle der Medien im Sport, a.a.O., S. 535, Vgl. Schwier, J., Schauerte, T. (2002): Sport und Massenmedien, a.a.O., S. 35 u. S. 41.

167 Vgl. Kleinjohann, M. (1988): Funktion und Wirkung von Sportzeitschriften: Erfahrungen, Ergebnisse und Erkenntnisse, in: Hackforth, J. (Hrsg.): Sportmedien und Mediensport, Berlin, S. 127 ff.

168 Hinter dem Begriff „Pay-Per-View" verbirgt sich eine Weiterentwicklung des Pay-TV, das eine stärkere Individualisierung von Rezeptionsangeboten zulässt. Der Kunde zahlt dabei kein komplettes Programmpaket, sondern nur die von ihm individuell ausgewählten Sendungen, in diesem Fall Sportübertragungen. Dabei wird zur Abwicklung von Bestellung und Abrechnung sowie zur Übertragung der Sendungen bereits häufig das Internet genutzt. Notwendige technische Voraussetzung zur Nutzung von Web-TV-Angeboten ist dabei ein Breitband-Internetzugang. Vgl. Hackforth, J., Schaffrath, M. (2001): Übertragungsrechte im Sport zwischen Pay-TV und Free-TV, a.a.O., S. 366; Ewald, K., Gescheidle, C., Schröter, C. (1998): Professionalisierung und Spezialisierung im Onlinemedium, in: Media Perspektiven, 2. Jg., Heft 10, S. 512.

Generell ist festzustellen, dass das Fernsehen als Leitmedium für Sportübertragungen und die TV-Live-Übertragung als wichtigstes Programmformat angesehen werden können.[169] Dementsprechend lassen sich die weiteren Medien bzw. Medienformate als Ergänzungsmedien bzw. -angebote bezeichnen. Ergänzungsmedien bieten den Zuschauern nur ein begrenztes Leistungsspektrum und werden häufig – aufgrund ihres zeitversetzten Angebots – nach dem Besuch einer Sportveranstaltung bzw. dem zeitgleichen Konsum einer TV-Live-Übertragung nachgefragt. Dabei werden Ergänzungsmedien häufig zusätzlich genutzt. So gestaltet sich die „Medien-Nachlese" eines Live-Zuschauers (Vor Ort oder via TV) häufig aus dem Verfolgen von Rundfunkberichten und TV-Nachberichterstattungen am Tag des Sportereignisses sowie der Rezeption von Sportberichten in der Tagespresse an den Folgetagen.[170] Prinzipiell stellen auch diese ergänzenden Medienangebote eigenständige Sportübertragungen dar. Eine zusammenfassende Darstellung der für den Bereich des Sports relevanten Medien und Programmformate ist aus Abbildung 11 ersichtlich.

	Medien	Programmformate
Leitmedium	Fernsehen	▪ TV-Live-Übertragung ▪ TV-Wettkampfberichte ▪ TV-Hintergrundberichte ▪ ...
Ergänzungs-medien	Hörfunk	▪ Live-Übertragungen ▪ Wettkampfberichte ▪ Hintergrundberichte ▪ ...
	Printmedien	▪ Wettkampfberichte ▪ Ergebnistabellen ▪ Interviews ▪ ...
	Internet	▪ Web-TV, Web-Radio ▪ Interaktive Angebote ▪ Informative Angebote ▪ ...

Abb. 11: Sportmedien und sportbezogene Programmformate

Aufgrund der Vielfalt medialer Rezeptionsangebote ist eine vollständige und erschöpfende Darstellung der Leistungskomplexe aller Formen von Sportübertragungen an dieser Stelle

169 Vgl. Kruse, J (1991): Wirtschaftliche Wirkungen einer unentgeltlichen Sport-Kurzberichterstattung im Fernsehen, a.a.O., S. 70 f.; Brandmaier, S., Schimany, P. (1998): Die Kommerzialisierung des Sports, a.a.O., S. 44; Schwier, J., Schauerte, T. (2002): Sport und Massenmedien a.a.O., S. 45.

170 Vgl. Großhans, G.-T. (1997): Fußball im deutschen Fernsehen, a.a.O., S. 60 f.

nicht anzustreben. Vielmehr sollen zur Kennzeichnung der Sportübertragung ausschließlich deren typische Bestandteile anhand eines bedeutenden medialen Sportformats, der TV-Live-Übertragung[171] betrachtet werden. Die Darstellung der Leistungskomplexe wird dabei an dem bereits bekannten ‚Phasenmodell einer Sportveranstaltung' nach RIEDMÜLLER orientiert.[172]

Die „**Pre-Event-Phase**" einer TV-Live-Übertragung ist vor allem durch die Suche nach Informationen über mediale Rezeptionsangebote gekennzeichnet. Hierbei handelt es sich in erster Linie um Informationen über den übertragenden TV-Sender, die Anfangzeit der Übertragung, sowie über Moderatoren und Experten. Die bei Sportveranstaltungen unumgänglichen Wartezeiten treten bei einer Sportübertragung nicht auf. Der Zuschauer wird lediglich bei Verzögerungen der Übertragung Wartezeiten in Kauf nehmen müssen.[173]

Hauptelement der TV-Live-Übertragungen in der „**Force-Event-Non-Action-Phase**" ist das zumeist umfangreiche Rahmenprogramm. Es lässt sich vereinfachend in die Bestandteile sportliche Information, Unterhaltung und Werbung strukturieren.[174] Die Bedeutung des Rahmenprogramms für die Wahrnehmung einer Live-Übertragung durch die Zuschauer wird deutlich, betrachtet man die Diskrepanz zwischen Realzeit des Sportereignisses und Gesamtsendezeit seiner Übertragung. Hier zeigt sich, dass das Rahmenprogramm teilweise mehr Sendezeit umfasst als die Übertragung des Sportereignisses selbst.[175]

Der Leistungskomplex **sportliche Information** setzt sich aus den Elementen Moderation, Berichte und Interviews sowie Zusatzinformationen zusammen. Die Moderation führt durch die gesamte Sendung und schafft Überleitungen zwischen den einzelnen Teilen des Rahmen-

---

171 Die TV-Live-Übertragung ist im Bereich des Sports das am stärksten nachgefragte mediale Rezeptionsangebot, was sich vor allem in den Kosten für die Verwertungsrechte niederschlägt. Sie bietet zudem das umfangreichste Leistungsspektrum aller medialen Rezeptionsangebote. Vgl. Schwier, J., Schauerte, T. (2002): Sport und Massenmedien, a.a.O., S. 45 f.

172 Generell sind – in Anlehnung an die Struktur einer Sportveranstaltung – die Phasen Pre-Event, Force-Event-Non-Action, Force-Event-Action und Post-Event zu unterscheiden. Die Post-Event-Phase soll im Folgenden nicht weiter betrachtet werden. Sie definiert sich durch die Nutzung weiterer zeitversetzter Medienangebote zur wiederholten Information über das Sportgeschehen. Da es sich in diesem Fall aber wiederum um einen eigenständigen Konsum von Sportdarbietungen handelt, wird diese Phase hier nicht betrachtet. Vgl. Wenner, L. A., Gantz, W. (2000): Watching Sports on Television, a.a.O., S. 238 f.

173 Vgl. Wenner, L. A., Gantz, W. (2000): Watching Sports on Television, a.a.O., S. 237 f. Betrachtet man die Notwendigkeit des Erwerbs eines Decoders bzw. die Vorab-Bezahlung von „Pay-Per-View"-Angeboten, so ergibt sich – ähnlich dem Ticketerwerb beim Veranstaltungsbesuch – ein weiterer Leistungskomplex in der Pre-Event-Phase. Dieser ist dennoch nicht als typisch anzusehen und wird daher nicht aufgeführt.

174 Vgl. Digel, H., Burk, V. (1999): Zur Entwicklung des Fernsehsports in Deutschland, in: Sportwissenschaft, 29. Jg., S. 34 ff.

175 Bei der Fußball-Weltmeisterschaft 1998 galt bspw. nur etwa 55 % der Sendezeit der eigentlichen Übertragung der Spiele. Vgl. Schwier, J., Schauerte, T. (2002): Sport und Massenmedien a.a.O., S. 40. Mit der umfassenden Analyse des Umfangs und der Inhalte der Wettkampf- und Rahmenprogramm-Übertragungen der Fußball-Weltmeisterschaft 1998 setzen sich DINKEL/HOLDERBACH auseinander. Vgl. Dinkel, M., Holderbach, E. (1999): Fußball-WM 98 – Das Medien- und Sponsorenereignis des Jahrhunderts, in: Trosien, G., Dinkel, M. (Hrsg.), Verkaufen Medien die Sportwirklichkeit?: Authentizität – Inszenierung – Märkte, Aachen, S. 152 ff.

programms und der Wettkampfübertragung. Häufig werden den Moderatoren Experten zur Seite gestellt, die den Wettkampf, aber auch das aktuelle Sportgeschehen kommentieren. Sie sollen den Zuschauern zudem Hintergrundinformationen über Athleten, Vereine und Funktionäre liefern und somit die aktuelle Sportübertragung in einen Gesamtzusammenhang von vergangenem und künftigem Sportgeschehen setzen. Ein wesentlicher Teil des sportbezogenen Rahmenprogramms sind auch Berichte und Interviews von bzw. mit den am Wettkampf beteiligten Sportlern und Trainern. Sie ermöglichen dem Zuschauer eine besondere Nähe zu den sportlichen Akteuren über die Teilhabe an deren Emotionen und Kognitionen. Ein weiterer Bestandteil des Informationsblocks ist die Vermittlung audiovisuell aufbereiteter Zusatzinformationen über den aktuellen Wettkampf, wie bspw. Spieleraufstellungen, Statistiken oder Spielszenen.[176]

Das Rahmenprogramm einer Sportübertragung enthält weiterhin eine Reihe von **Unterhaltungsleistungen**. So werden die sportlichen Informationen häufig um Showelemente, wie Musikdarbietungen, Auftritte von bekannten Schauspielern, Politikern und sonstigen Persönlichkeiten sowie diversen Gewinnspielen, die eine Interaktion mit dem TV-Zuschauer ermöglichen, erweitert.[177]

Ein weiterer typischer Bestandteil von Sportübertragungen sind **Werbeblöcke**.[178] Während sich bei Sportveranstaltungen die Werbebestandteile vor allem auf Bandenwerbung, Werbeeinblendungen auf Anzeigentafeln bzw. von Werbepartnern präsentierte Ergebnisdienste oder Zuschauerspiele beschränken, sind TV-Sender zwingend auf die Refinanzierung der Übertragungsrechte durch die Ausstrahlung von Produktwerbung angewiesen. Dabei sind hinsichtlich der Bereitschaft der Fernsehzuschauer Unterbrechungen der Sportübertragung zu akzeptieren, vor allem die Frequenz und der Umfang der Werbepausen kritisch zu hinterfragen.[179].

Die „**Force-Event-Action-Phase**" ist primär durch die Präsentation des sportlichen Wettkampfes geprägt. Während der Zuschauer bei einer Sportveranstaltung im Wesentlichen selbst darüber bestimmt, welchem Teil des gesamten Sportgeschehens er zu welchem Zeitpunkt seine Aufmerksamkeit widmet, präsentieren Sportübertragungen zumeist nur Teile des Gesamtgeschehens. Die Aufmerksamkeit des Zuschauers wird damit auf Teilaspekte fokussiert und gelenkt. Im Rahmen einer TV-Sportübertragung interpretieren die unsichtbare Bildregie (bspw. über Bildausschnitte und Vergrößerungen, Einspielungen und Zeitlupen) sowie

---

176 Vgl. Schwier, J. (2000): Sport als populäre Kultur, a.a.O., S. 103 f.

177 Vgl. Großhans, G.-T. (1997): Fußball im deutschen Fernsehen, a.a.O., S. 92.

178 Werbesendungen werden von allen deutschen Fernsehsendern im Rahmen von Sportübertragungen geschaltet. Dabei ist die Rechtsform des Fernsehsenders weitestgehend unerheblich. Aufgrund der hohen Kosten für Übertragungsrechte im Profisportbereich sind auch öffentlich-rechtliche Fernsehanstalten sowie private Pay-TV-Sender auf die Refinanzierung der Ausgaben über Werbung angewiesen.

179 Vgl. Großhans, G.-T. (1997): Fußball im deutschen Fernsehen, a.a.O., S. 89.

die Kommentatoren das sportliche Geschehen.[180] Sportübertragungen sind damit auch immer Medieninszenierungen, die von zwei gegensätzlichen zentralen Organisationsprinzipien – Realismus und Unterhaltung – geprägt sind.[181] Das Zuschauerinteresse an sportlichen Abläufen zwingt zu einer realistischen und transparenten Bildsprache, die das „wirkliche" Sportgeschehen wiedergibt. Unterhaltung setzt demgegenüber auf das Interesse der Zuschauer nach Aufbereitung der Wirklichkeit und Inszenierung des Sports nach dramaturgischen Gesichtspunkten. Beide Prinzipien sind dabei nur bedingt vereinbar.[182]

Ein wichtiges Ziel der Präsentation des Wettkampfes in der „Event-Action-Phase" ist die Schaffung einer Live-Atmosphäre. In diesem Zusammenhang vermitteln vor allem die Bilder der vor Ort anwesenden Zuschauer sowie die von ihnen geschaffene Geräuschkulisse eine Live-Atmosphäre, die für den TV-Zuschauer erlebbar wird.[183] Neben dieser indirekten Vermittlung der Wettkampfatmosphäre soll an dieser Stelle auch auf die verstärkte Entwicklung hin zum gemeinsamen TV-Erleben von Sportübertragungen hingewiesen werden. Demnach verfolgen viele Sportzuschauer Live-Übertragungen gemeinsam mit Freunden zu Hause bzw. nutzen die vielfältigen Sportübertragungsangebote außer Haus (z.B. Premiere Sports Bars, Angebote der Gastronomie, Aufführungen auf Großbildleinwänden im öffentlichen Raum).[184] Die spezifische Atmosphäre der Sportdarbietung wird somit nicht nur indirekt per TV-Übertragung sondern auch direkt durch die Interaktionen der Zuschauer am Ort der Aufführung geschaffen.

Die typischen Leistungskomplexe einer TV-Live-Übertragung werden in der Abbildung 12 zusammenfassend dargestellt.

180 Vgl. Fiske, J. (1995): Television culture: popular pleasure and politics, 8. Aufl., London, New York, S. 62 ff.; Schwier, J. (2000): Sport als populäre Kultur, a.a.O., S. 97; Großhans, G.-T. (1997): Fußball im deutschen Fernsehen, a.a.O., S. 92 (Musik und Zeitlupen), S. 93 (Zuschauereinblendungen), S. 62 f. (Archivmaterial); Schwier, J., Schauerte, T. (2002): Sport und Massenmedien, a.a.O., S. 39.

181 Vgl. Kolb, M. (2002): Zur „Medialisierung" des Sports, in: Strauß, B., Kolb, M., Lames, M. (Hrsg.): Sport und Massenmedien, in: sport-goes-media.de: Zur Medialisierung des Sports, S. 13 f.

182 Vgl. Belamy, R.V. (1998): The Evolving Television Sports Market Place, a.a.O., S. 35 f.; Whannel, G. (1992): Fields in vision: a.a.O., S. 94 ff.

183 Viele Autoren verweisen in diesem Zusammenhang auf die Bedeutung der vor Ort anwesenden Zuschauer für den Erfolg von TV-Übertragungen. Vgl. Path, T., Trosien, G. (1999): Fußball als Fernsehprodukt, a.a.O., S. 135 f.

184 Vgl. Whannel, G. (1998): Reading the Sports Media Audience, a.a.O., S. 228; Wenner, L. A., Gantz, W. (2000): Watching Sports on Television, a.a.O., S. 238.

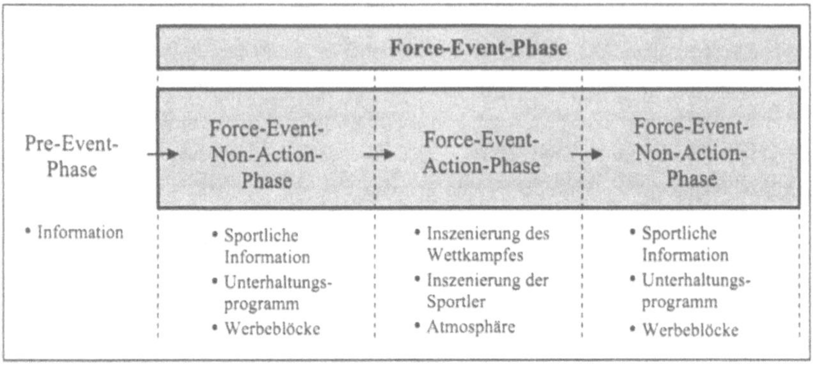

Abb. 12: Idealtypische Leistungskomplexe einer TV-Live-Übertragung

Bezogen auf andere Sendeformate lassen sich Verschiebungen bezüglich der Bedeutung einzelner Leistungsinhalte feststellen. Auch die idealtypische Phaseneinteilung findet sich vor allem bei TV- bzw. Hörfunk-Live-Übertragungen. Bei TV- bzw. Hörfunk-Berichten, die eine Zusammenfassung der Sportveranstaltung bezwecken, wird eine Trennung zwischen Non-Action- und Action-Event-Phase häufig nicht vorgenommen, da der eigentliche Sportwettkampf bereits vor Übertragungsbeginn beendet ist. In diesem Fall werden Rahmenprogramm und Sportberichte nach redaktionellen Überlegungen vermischt dargeboten.[185] Die Möglichkeiten der medialen Vermittlung von Sport über Printmedien sind dagegen deutlich eingeschränkt. Aufgrund der zwangsläufigen zeitlichen Differenz zwischen Sportgeschehen und Rezeption der Printangebote ist zudem eine Phaseneinteilung nicht sinnvoll. Kern der Sportberichterstattung in Printmedien ist im Wesentlichen die zusammenfassende Information über den Wettkampfverlauf sowie dessen Ergebnisse.

2.3 Gegenüberstellung von Sportveranstaltungen und Sportübertragungen

Sportübertragungen können über unterschiedliche Medien in einer Vielzahl von Formaten vermittelt werden. Das Leitmedium für Sportübertragungen ist das Fernsehen. Die TV-Live-Übertragungen bieten dem Zuschauer im Vergleich zum realen Besuch einer Sportveranstaltung das kompletteste Leistungsangebot. Beide Sportdarbietungen sind nicht identisch und werden auch von Seiten der Sportzuschauer nicht als vollständig substituierbare Dienstleistungen wahrgenommen, was sich in der Nachfrage nach TV-Übertragungen auf der einen Seite und nach dem Besuch von Sportveranstaltungen auf der anderen Seite ausdrückt.

185 Vgl. Path, T., Trosien, G. (1999): Fußball als Fernsehprodukt, a.a.O., S. 139.

Die Frage nach den wesentlichen Unterscheidungsmerkmalen der Rezeptionsangebote kann einen Beitrag zum Verständnis der Nachfrage nach Vor-Ort- bzw. Medien-Angeboten leisten. Den Ausgangspunkt der Gegenüberstellung liefert die vorangegangene detaillierte Beschreibung der Sportdarbietungen TV-Live-Übertragung und Sportveranstaltung. Die Untersuchung konzentriert sich dabei auf die Kernbestandteile des Angebots, d.h. auf die Leistungskomplexe der Force-Event-Non-Action -und der Force-Event-Action-Phase.

So lassen sich zusammenfassend folgende Unterscheidungsmerkmale identifizieren:

(1) Vermittlung des Sportgeschehens,

(2) Informationsangebote,

(3) Zusätzliche Angebote am Veranstaltungsort,

(4) Interaktion mit den Aktiven und

(5) Kontakt zum Publikum.

Ein wesentliches Unterscheidungsmerkmal der betrachteten typischen Rezeptionsangebote liegt in der **Vermittlung des Sportgeschehens**. Der Stadion-Besucher nimmt das Sportgeschehen und die Atmosphäre vor Ort unmittelbar und ungefiltert wahr. Demgegenüber kann der TV-Zuschauer nicht das gesamte Sportgeschehen erfassen. Er ist vielmehr beschränkt durch die inszenierte Bildführung des Fernsehens. Der TV-Zuschauer rezipiert den Sportwettkampf somit gefiltert und in aufbereiteter Form.

Die **Informationsangebote** für den Besucher von Sportveranstaltungen sind im Wesentlichen auf den Stadionsprecher sowie gelegentliche Einblendungen auf Anzeigetafeln beschränkt und damit bei weitem nicht so umfangreich wie bei Sportübertragungen. Im Rahmen von Live-Übertragungen werden dem TV-Zuschauer über Kommentare, Zeitlupen, Wiederholungen usw. ergänzende Informationen geboten. Der Zuschauer ist damit umfassender über das Wettkampfgeschehen informiert. Im Rahmenprogramm der Übertragung werden zudem Hintergrundinformationen bspw. über Sportart, Sportler oder Trainer vermittelt. Neben diesen Informationsangeboten bieten Fernsehsender z.B. über das Videotextangebot weitere Zusatzinformationen (Tabellenstände, Statistiken), die jederzeit abrufbar sind.

Ein weiterer Unterschied zwischen TV-Übertragung und Sportveranstaltung bezieht sich auf die **zusätzlichen Angebote am Veranstaltungsort**. Der Vor-Ort-Konsument ist Besucher eines Veranstaltungsgeländes respektive Stadions. Die Sportveranstaltung ist damit neben der direkten Vermittlung des sportlichen Geschehens auch gleichzeitig mit zusätzlichen Rahmenangeboten für die Besucher verbunden. Dies bezieht sich auf alle ergänzenden Angebote (z.B., Spielangebote für Kinder, Gastronomie, Ausstellungen zur Vereinsgeschichte usw.) an der Wettkampfstätte. Einige Autoren sprechen in diesem Zusammenhang auch von der „Erlebniswelt Stadion".[186] Im Rahmen von TV-Übertragungen werden dem Zuschauer dem gegenüber keine physisch erlebbaren Zusatzleistungen geboten.

Bedingt durch die räumliche Nähe zu den Aktiven haben Besucher von Sportveranstaltungen die Möglichkeit, direkt mit den Sportlern zu interagieren. Dies bedeutet zum einen den **direkten Kontakt zu den Aktiven** vor bzw. nach dem Sportereignis (z.B. Gespräch mit Sportlern, Autogrammwünsche) aber auch die tatsächliche **Einflussnahme auf das Wettkampfgeschehen**.[187] Im Gegensatz dazu ist bei TV-Übertragungen eine direkte Interaktion mit und Einflussnahme auf die Sportler unmöglich.

Der Besucher vor Ort erlebt den Sport als **Mitglied einer Gruppe von Zuschauern**, tritt mit ihnen in Interaktion und ist damit gleichzeitig verantwortlich für die spezifische Veranstaltungsatmosphäre. Verfolgt der Zuschauer eine TV-Übertragung, erlebt er die Atmosphäre der Veranstaltung nur mittelbar. Er wird sich nur bedingt als Teil des Vor-Ort-Publikums empfinden. Dies ändert sich, verfolgt er das Sportgeschehen im Rahmen öffentlicher Aufführungen. In diesem Fall tritt der TV-Zuschauer mit dem anwesenden Publikum in Interaktion. Es kommt damit, ausgelöst durch die mediale Vermittlung des Sportwettkampfs, ebenfalls zur Ausbildung einer spezifischen Atmosphäre am Aufführungsort.

Nach der umfassenden Kennzeichnung der Verhaltensparameter des rezeptiven Sportkonsums gilt es nun im folgenden Kapitel die Bestimmungsgrößen der Rezeptionsformen Vor-Ort-Konsum sowie Medien-Konsum zu identifizieren.

---

186 Vgl. Daubitzer, Jörg (2000): Von der Liga zum Show-Event Fußball-Bundesliga, a.a.O., S. 112.

187 Zum Zuschauereinfluss auf aktive Sportler vgl. Gabler, H. (1998): Zuschauen im Sport, a.a.O., S. 134 ff. sowie die dort zitierte Literatur.

3 Identifikation der intrapsychischen Bestimmungsgrößen des Erklärungsmodells

Die Untersuchung der Ursachen des rezeptiven Sportkonsums ist ein Kernbereich der sportbezogenen Publikumsforschung. Das Wissen um die Bestimmungsgrößen der Sportrezeption ermöglicht es, den Zuschauer hinsichtlich seiner Wünsche und Bedürfnisse näher zu beschreiben. Erst die Erkenntnisse dieser Marktforschungsbestrebungen ermöglichen den Anbietern des Zuschauermarktes eine gezielte Planung und Durchführung konkreter absatzpolitischer Maßnahmen. Für ein effizientes Marketing ist es daher notwendig, die Ursachen des Zuschauerinteresses und die dahinter stehenden Prozesse umfassend abzubilden und zu beschreiben.

Das Konsumverhalten von Sportrezipienten stellt sich als komplexer Prozess dar. Eine grundlegende Darstellung der Komponenten des Entscheidungsprozesses ermöglichen kognitive Ansätze des Käuferverhaltens. Die Ursachen der Konsumentscheidung und damit die Wahl der Konsumform liegen danach vor allem in den organismusseitigen, intrapsychischen Komponenten.[188]

Betrachtet man die Komplexität vorhandener kaufverhaltenswissenschaftlichen Theorien wird deutlich, dass sich eine Vielzahl intrapsychischer Konstrukte identifizieren lassen, die zumindest theoretisch Einfluss auf das Interesse an der Sportrezeption haben. Da diesbezüglich eine erschöpfende Darstellung und Integration aller Determinanten in ein Erklärungsmodell unmöglich erscheint, soll im Rahmen dieser Arbeit eine Einschränkung hinsichtlich der wesentlichen und typischen Bestimmungsfaktoren vorgenommen werden. Dazu werden im Folgenden vorhandene sportbezogene Ansätze des Konsumentenverhaltens auf ihre Eignung zur Erklärung der Sportrezeption untersucht. Sie sollen Hinweise auf Forschungsschwerpunkte geben und damit die zielstellungsorientierte Auswahl geeigneter Bestimmungsfaktoren ermöglichen.

3.1 Anforderungen an Bestimmungsfaktoren zur Analyse des rezeptiven Sportkonsums

Aufgrund der durch unterschiedliche Aufgaben- und Zielstellungen bedingten Heterogenität vorhandener Erklärungsansätze des rezeptiven Sportkonsums erscheint es notwendig, im Vorfeld der Analysen eine Reihe von Anforderungen zu definieren, denen ein Erklärungs-

[188] Siehe Abschnitt B 1.5.

modell[189] bzw. einzelne Modellparameter genügen müssen, damit eine an der Zielstellung der Arbeit orientierte Untersuchung möglich wird.[190]

Dabei sollen zunächst allgemeine **konzeptionelle** und **empirische** Anforderungen betrachtet werden.[191] Darüber hinaus sind vor allem Kriterien relevant, die aus dem **spezifischen Untersuchungsproblem** resultieren. Die Anforderungskomplexe bilden die Grundlage für die Bewertung der nachfolgend untersuchten Erklärungsmodelle des rezeptiven Sportkonsums.[192] Dabei sind die Kriterien sowohl als Anforderungen an das Modell als auch an die einzelnen Modellparameter zu begreifen. Abbildung 13 gibt einen Überblick über das aus der Gesamtheit der Kriterien bestehende Anforderungsprofil.

---

189 Teilweise werden in der wissenschaftlichen Literatur die Begriffe Theorie und Modell synonym verwendet. Im Gegensatz zu Theorien werden an Modelle allerdings geringere wissenschaftliche Anforderungen, bspw. hinsichtlich des Geltungsbereichs und ihres normativen Anspruchs gestellt. Vgl. dazu Zimmermann, H.-J. (1981): Zum Nutzen empirischer Untersuchungen, in: Witte (Hrsg.): Der praktische Nutzen empirischer Forschung, Tübingen, S. 277 ff.

190 Vgl. dazu weiterführend bspw. Opp, K.-D. (1970): Methodologie der Sozialwissenschaften: Einführung in Probleme ihrer Theorienbildung, Reinbeck, 235 ff.; Lück, H. E. (1976): Testen und Messen von Eigenschaften und Einstellungen, in: Koolwijk, J., Wieken-Mayser, M. (Hrsg.): Techniken der empirischen Sozialforschung, Bd. 5: Testen und Messen, München, S. 81 ff.; Andritzky, K. (1977): Die Operationalisierung von Theorien zum Konsumentenverhalten, Berlin, S. 20 ff.; Huber, H., Schmerkotte, H. (1976): Meßtheoretische Probleme der Sozialforschung, in: Koolwijk, J., Wieken-Mayser, M. (Hrsg.): Technik der empirischen Sozialforschung, Bd. 5: Testen und Messen, München, S. 65 ff.; Heidenreich, K. (1984): Grundbegriffe der Mess- und Testtheorie, in: Roth, E. (Hrsg.): Sozialwissenschaftliche Methoden, München et al., S. 351 ff.; Martin, A. (1989): Die empirische Forschung in der Betriebswirtschaftslehre, Stuttgart, S. 45 ff.; Berekoven, L., et al. (2004): Marktforschung: methodische Grundlagen und praktische Anwendungen, 10. Aufl., Wiesbaden, S. 69 ff.

191 Die Auswahl der Bewertungskriterien erfolgte mit Bezug auf die vorhandene Literatur zur Modelltheorie. Zur Beurteilung theoretischer Modelle werden üblicherweise konzeptionelle und empirische bzw. analytische Anforderungen genutzt. Vgl. dazu Zimmermann (1981): Zum Nutzen empirischer Untersuchungen, a.a.O., S. 287 f.; Meffert, H., Steffenhagen, H. (1977): Marketing-Prognosemodelle: Quantitative Grundlagen des Marketing, a.a.O., S. 32 f.

192 Für das Marketing lassen sich die folgenden klassischen Modelltypen unterscheiden: Erfassungs-, Erklärungs-, Prognose- und Entscheidungsmodelle. Die verfolgte Zielsetzung der Analyse bestimmt dabei die Modellauswahl. Erfassungsmodelle dienen zur Darstellung und Klassifikation bestimmter Sachverhalte realer Systeme. Ausgehend von der Beschreibung der Realität ermöglichen die Modelle die Ermittlung klassifikatorischer Strukturen im beobachteten Realsystem. Entscheidungsmodelle basieren auf der Identifikation einer Zielfunktion, die die Bewertung von Handlungsalternativen ermöglicht. Erklärungs- bzw. Prognosemodelle schaffen schließlich Generalisierungen, die Aussagen über die Regelmäßigkeit realer Zusammenhänge beinhalten. Im Sinne von Gesetzesaussagen dienen die Generalisierungen dazu, das von unabhängigen Faktoren beeinflusste Eintreten eines abhängigen Ereignisses zu erklären bzw. zu prognostizieren. Vgl. Meffert, H., Steffenhagen, H. (1977): Marketing-Prognosemodelle: Quantitative Grundlagen des Marketing, a.a.O., S. 31 ff.

	Kriterium	Inhalt
Konzeptionelle Anforderungen	**Einfachheit**	• Verständlichkeit • Konzentration auf wesentliche Aspekte
	Prüfbarkeit	• intersubjektive Nachvollziehbarkeit
	Adaptionsfähigkeit	• generelle Übertragbarkeit des Modells zur Erklärung des rezeptiven Sportkonsums • Anpassungsfähigkeit des Modells an geänderte Umweltsituationen
Empirische Anforderungen	**Eindeutigkeit**	• eindeutige Bestimmung der Modellkonstrukte
	Unabhängigkeit	• Unabhängigkeit der Modellkonstrukte
	Messbarkeit	
	- Adäquanz	• Bestimmung geeigneter Indikatoren der theoretischen Konstrukte und eines geeigneten Messverfahrens
	- Güte	• Nachweis der Qualität des Messverfahrens (Objektivität, Reliabilität, Validität)
	Erklärungsfähigkeit bzw. -gehalt	• Signifikanz des Zusammenhangs • Stärke des Erklärungsbeitrags
Problemspezifische Anforderungen	**Gültigkeit im spezifischen Untersuchungskontext**	• sportartenübergreifende Bedeutung der Modellkonstrukte • Erklärungsgehalt für beide Konsumformen

Abb. 13: Anforderungsprofil an Modelle und Modellparameter des rezeptiven Sportkonsums

Quelle: die Strukturierung der Anforderungskriterien erfolgte in Anlehnung an Weichelt, K. (1998): Dienstleistungsqualität an der Schnittstelle von Anbieter und Nachfrager, unveröffentlichte Dissertation, Rostock, S. 24.

Als **konzeptionelle Anforderungen** werden die Kriterien Einfachheit, Prüfbarkeit und Adaptionsfähigkeit herangezogen.[193] Die Anforderung an die **Einfachheit** der Modellfaktoren rich-

[193] Vgl. zu den nachfolgenden Ausführungen Büker, B. (1991): Qualitätsbeurteilung investiver Dienstleistungen, Frankfurt am Main, 25 f. sowie Hentschel, B. (1992): Dienstleistungsqualität aus Kundensicht: Vom merkmals- zum ereignisorientierten Ansatz, Wiesbaden, S. 94, die sich mit den dargestellten konzeptionellen Anforderungskriterien bezogen auf den Kontext der Bewertung von Ansätzen zur Operationalisierung und Messung der Qualität von Dienstleistungen auseinander setzen.

tet sich vor allem auf die Konzentration auf wesentliche Erklärungsgrößen und deren Integration in ein verständliches Sportrezeptionsmodell. Das Kriterium der **Prüfbarkeit** erfordert von einem Erklärungsmodell dessen intersubjektive Nachvollziehbarkeit. Voraussetzung dafür ist vor allem die vollständige und wissenschaftlich korrekte Dokumentation der Vorgehensweise zur Modellkonstruktion. Ein Erklärungsansatz beweist seine **Adaptionsfähigkeit**, wenn er generell auf andere Problembereiche übertragbar ist und sich an geänderte Umweltsituationen anpassen lässt.[194] Die Adaptionsfähigkeit der untersuchten Modelle und Modellfaktoren ist vor dem Hintergrund der im Rahmen der Arbeit verfolgten spezifischen Zielstellung – der Erklärung der Wahl der Konsumformen – von besonderer Relevanz.

Als **empirische Anforderungen** sind die Kriterien Eindeutigkeit, Unabhängigkeit, Messbarkeit und Erklärungsfähigkeit der Modellkonstrukte zu betrachten.

Das Kriterium der **Eindeutigkeit** bezieht sich auf die präzise Formulierung der integrierten Erklärungsgrößen. Eine eindeutige Begriffsbestimmung stellt die Voraussetzung für die Beurteilung der **Unabhängigkeit** der Konstrukte dar.[195] Unabhängig sind Modellkonstrukte dabei immer dann, wenn keine Funktion existiert, die den Zusammenhang zwischen zwei oder mehreren Variablen abbilden kann.[196] Zur Schaffung einer gehaltvollen Theorie, die dem Marketing werthaltige und verwertbare Informationen liefert, ist es notwendig, aus den häufig nur schwer gegeneinander abzugrenzenden psychologischen Erklärungsgrößen nur jene Faktoren im Modell zu berücksichtigen, die weitestgehend voneinander unabhängig sind.

Wesentliche Maßgabe einer praxisorientierten Marktforschung ist die Generierung anwendungsbereiter Erkenntnisse.[197] Um die Ausprägung einer Erklärungsgröße der Sportrezeption korrekt zu quantifizieren und daran ausgerichtet durch konkrete Marketing-Maßnahmen beeinflussen zu können, muss sie zunächst messbar sein. Eine notwendige Voraussetzung eines in ein Erklärungsmodell der Sportrezeption zu integrierenden Konstruktes ist damit dessen **Messbarkeit**. In diesem Zusammenhang ist zu berücksichtigen, dass die intrapsychischen Bestimmungsgrößen als hypothetische Konstrukte nur über Konstruktindikatoren operationa-

---

194 Zum Kriterium der Adaptionsfähigkeit vgl. weiterführend Meffert, H., Steffenhagen, H. (1977): Marketing-Prognosemodelle, a.a.O., S. 55 ff.

195 Ein Begriff ist immer dann eindeutig formuliert, wenn alle Personen, welche die notwendigen (fach-) sprachlichen Kenntnisse besitzen oder welche die semantischen Regeln des Begriffs kennen, bei jedem Ereignis entscheiden können, ob es unter den betreffenden Begriff fällt oder nicht. Vgl. Opp, K.-D. (1970): Methodologie der Sozialwissenschaften: Einführung in Probleme ihrer Theorienbildung, a.a.O., S. 135.

196 Vgl. Meffert, H. (1992): Marketingforschung und Käuferverhalten, a.a.O., S. 247 f.

197 Vgl. bspw. Meffert, H., Steffenhagen, H. (1977): Marketing-Prognosemodelle, a.a.O., S. 57; Meffert, H. (1992): Marketingforschung und Käuferverhalten, a.a.O., S. 8 f. sowie S. 15 ff. sowie Meffert, H. (2000): Marketing, a.a.O., S. 179.

lisiert und gemessen werden können. Zur Sicherung der Adäquanz[198] der Messung ist es daher notwendig, geeignete Indikatoren zur Konstruktmessung zu identifizieren.[199] Neben der Indikatorauswahl umfasst die Messung die Festlegung des Messverfahrens und hierbei insbesondere die Auswahl der Messskalen. Zur Beurteilung der Qualität des Messverfahrens sollen schließlich die allgemeinen Gütekriterien Objektivität, Reliabilität und Validität herangezogen werden.[200]

In engem Zusammenhang mit dem Kriterium der Messbarkeit steht die **Erklärungsfähigkeit** eines Konstruktes. Sie ist gegeben, wenn ein empirisch belegter Zusammenhang zwischen Erklärungsgröße und rezeptivem Sportkonsum angenommen werden kann. Dabei sollen – orientiert an der Maßgabe der Einfachheit und damit der Konzentration auf wesentliche Aspekte – nur solche Erklärungsgrößen betrachtet werden, die als typische Bestimmungsgründe einen signifikant hohen Beitrag zur Erklärung der Sportrezeption leisten.

Neben den konzeptionellen und empirischen Anforderungen müssen im Rahmen der Modellbewertung auch bestimmte **problemspezifische Charakteristika** des Untersuchungsgegenstandes Berücksichtigung finden. Dazu zählen im Rahmen dieser Untersuchung vor allem die sportartenübergreifende Geltung eines Rezeptionsmodells. Theorien, die lediglich geeignet sind, das Zuschauerinteresse für bestimmte Sportarten zu erklären, ermöglichen nur eingeschränkte Rückschlüsse auf den Sportzuschauer im Allgemeinen und werden damit den Anforderungen der Praxis an ein Erklärungsmodell nur bedingt gerecht. Als wesentliches problemspezifisches Kriterium lässt sich die Eignung des Modells bzw. einzelner Modellparameter zur Erklärung der Konsumformenwahl kennzeichnen. Es sind demnach nur solche Bestimmungsgrößen in das Modell aufzunehmen, die in der Lage sind, zwischen den grundlegenden Konsumformen (Vor-Ort- und Medien-Konsum) zu differenzieren.

3.2 Diskussion ausgewählter Studien zum rezeptiven Sportkonsum

Im Folgenden wird unter Bezugnahme auf das entwickelte Anforderungsprofil eine Untersuchung der vorhandenen Ansätze zur Erklärung des rezeptiven Sportkonsums vorgenommen. Aufgrund der bislang nur unzureichenden Zahl an Forschungsarbeiten auf diesem Gebiet orientierte sich die Auswahl der Modelle zum einen an der ganzheitlichen Betrachtung

---

198 Die Adäquanz einer Messung ist gegeben, wenn mit Hilfe einer Messvorschrift eine Entscheidung über die Zuordnung eines beobachteten Ereignisses zu dem untersuchten Modellkonstrukt getroffen werden kann. Vgl. Mayntz, R. et al. (1972): Einführung in die Methoden der empirischen Sozialforschung, 3. Aufl., Opladen, S. 20.

199 Vgl. Büker, B. (1991): Qualitätsbeurteilung investiver Dienstleistungen, a.a.O., S. 19 f.

200 Zur Spezifikation der Gütekriterien vgl. Herrmann, A., Homburg, C. (1999): Marktforschung: Ziele,Vorgehensweisen und Methoden, in: Herrmann, A., Homburg, C. (Hrsg.): Marktforschung: Methoden, Anwendungen, Praxisbeispiele, Wiesbaden, S. 23 ff.

des Untersuchungsgegenstandes sowie am Bezug der abhängigen Modellvariable zum tatsächlich gezeigten Konsumverhalten. Ziel ist es, ein Erklärungsmodell zu identifizieren, das den Vor-Ort- sowie den Medien-Konsum hinreichend genau determiniert und somit für eine vergleichende Untersuchung der differenzierten Konsumformen geeignet ist.[201]

3.2.1 Das Modell von TRAIL/ANDERSON/FINK (2000)

3.2.1.1 Darstellung des Modells

Folgt man dem angloamerikanischen Verständnis des Sports als Wirtschaftssektor, lässt sich der Zuschauer als ein „important and lucrative aspect of the sport business“[202] beschreiben. Analysen des Sportpublikums und insbesondere die Suche nach den verhaltensbestimmenden Determinanten des „Sport Spectating“ werden damit zum Kernbereich eines effektiven Sportmarketing.[203] Vor diesem Hintergrund befassen sich TRAIL et al. mit dem Versuch der Verhaltenserklärung von Sportfans.[204]

Zielstellung der Untersuchung von TRAIL et al. ist die Integration relevanter Erklärungsgrößen der Sportrezeption in ein Gesamtmodell des Zuschauerverhaltens. Ausgangspunkt der Modellbildung ist daher eine Analyse der bislang betrachteten Einflussvariablen des Zuschauerverhaltens. Dabei gehen nur jene Parameter in das Modell mit ein, deren Einfluss auf das Rezeptionsverhalten in vorangegangenen Studien bestätigt werden konnte. Bei der Entwicklung des Modells beschränken die Autoren ihre Untersuchungen nicht explizit auf die Erklärung des Vor-Ort-Konsums. Vielmehr gehen sie davon aus, dass es generelle Erklärungsgrößen des Zuschauerverhaltens gibt, die von der Art des Konsums unabhängig und damit für beide grundlegenden Konsummöglichkeiten gleichermaßen gültig sind.

Das von TRAIL et al. konzipierte **„Model of Sport Spectator Consumption Behavior“** besteht aus sechs Modellparametern: den Motiven der Sportzuschauer, dem Grad der Identifikation mit Sportlern, den subjektiven Wettkampferwartungen sowie dem Abgleich der Erwartungen mit den realen Ergebnissen, der Wirkungen auf das Selbstbild und dem affektiven

---

201 Dabei sollte die Leistungsfähigkeit eines Prognose- oder Entscheidungsmodells unter Akzeptanz der Zwecksetzung der Analyse beurteilt werden. Meffert, H., Steffenhagen, H. (1977): Marketing-Prognosemodelle, a.a.O., S. 55.

202 Trail, G. T., Anderson, D. F., Fink, J. (2000): A Theoretical Model of Sport Spectator Consumption Behavior, in: International Journal of Sport Management, Vol. 1, S. 155.

203 Vgl. Trail, G. T., Fink, J. S., Anderson, D. F. (2003): Sport Spectator Consumption behaviour, in: Sport Marketing Quarterly, Vol. 12, No. 1, S. 8 f.; Vgl. Trail, G. T., Anderson, D. F., Fink, J. (2000): A Theoretical Model of Sport Spectator Consumption Behavior, a.a.O., S. 157.

204 In diesem Zusammenhang bemängeln die Autoren die bislang unzureichende wissenschaftliche Auseinandersetzung mit dem Sportzuschauer als Konsument. Der Autor gibt zu bedenken, dass bislang lediglich einzelne Aspekte des Zuschauens beim Sport einer wissenschaftlichen Analyse zugänglich gemacht wurden.

Zustand des Zuschauers. Dabei nehmen die Autoren eine sequenzielle Beeinflussungswirkung zwischen den einzelnen Faktoren an. Die Modellzusammenhänge werden in Abbildung 14 im Zusammenhang dargestellt.

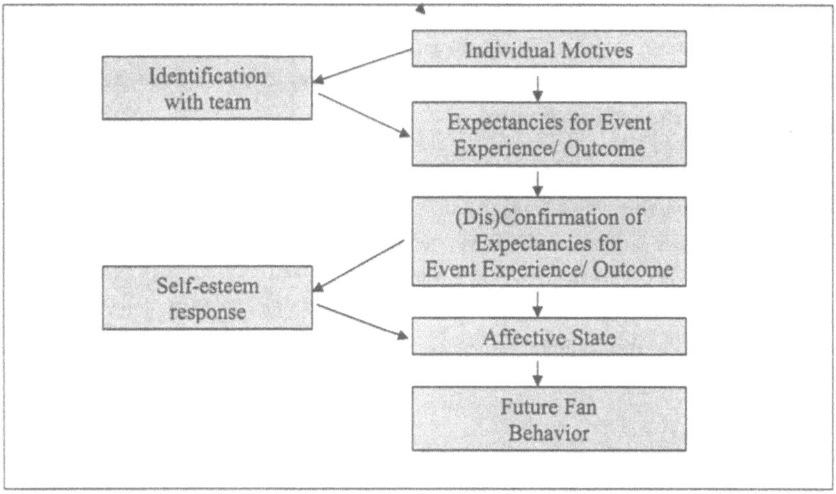

Abb. 14: Model of Sport Spectator Consumption Behavior
Quelle: Trail, G. T., Anderson, D. F., Fink, J. (2000): A Theoretical Model of Sport Spectator Consumption Behavior, a.a.O., S. 156.

Wesentlicher Bestandteil des Modells sind die individuellen **Motive** des Zuschauers. TRAIL et al. verweisen in diesem Zusammenhang auf Umfang und Breite der – bereits in anderen Forschungsstudien identifizierten – sportbezogenen Rezeptionsmotive.[205] In das vorliegende Modell integrieren die Autoren die – aus ihrer Sicht – typischen Motive der Sportrezeption. Auf eine komplexe Darstellung und Beschreibung der integrierten Einzelmotive soll an dieser Stelle verzichtet werden.[206]

Unter dem Begriff der **Identifikation** verstehen TRAIL et al. „an orientation of the self in regard to other objects including a person or group that results in feelings or sentiments of close attachements"[207]. Das Konzept der Identifikation stellt dabei einen zentralen Bestandteil des Erklärungsmodells dar. Zur Begründung der dem Konstrukt beigemessenen Bedeutung

[205] Vgl. Sloan, L. R. (1989): The Motives of Sport Fans, a.a.O., S. 193 ff.; Gabler, H. (1998): Zuschauen im Sport – Sportzuschauer, a.a.O., S. 121 ff.; Wann, D. L. (1995): Preliminary validation of the Sport Fan Motivation Scale, a.a.O., S. 377 ff. sowie zusammenfassend Riedmüller, F. (2003): Dienstleistungsqualität bei professionellen Sportveranstaltungen – Entwicklung und Überprüfung eines Erklärungsmodells, a.a.O., S. 170 f.

[206] Vgl. dazu im Detail Trail, G. T., Anderson, D. F., Fink, J. (2000): A Theoretical Model of Sport Spectator Consumption Behavior, a.a.O., S. 157 ff.

[207] Vgl. ebenda, S. 165 f.

verweisen TRAIL et al. auf den bereits in verschiedenen Forschungsstudien belegten Einfluss des Moderators Identifikation auf die unterschiedlichen affektiven, kognitiven und konativen Variablen der Konsumentscheidung.[208] Zuschauer, die sich zu einem hohen Grad mit Aktiven identifizieren, zeigen stärkere Emotionen bei Erfolgen bzw. Niederlagen, sind in besonderem Maße von vergangenen und zukünftigen Erfolgen überzeugt und sind eher bereit, die Sportwettkämpfe ihrer Sportler bzw. Teams vor Ort bzw. über Medien zu verfolgen, als geringer identifizierte Sportinteressierte.

Die individuellen Motive sowie der Grad der Identifikation mit den Aktiven bestimmen im sequenziell strukturierten Modell von TRAIL et al. die **Wettkampferwartungen.**[209] Sportzuschauer haben aus Sicht der Autoren Vermutungen hinsichtlich der sportlichen Leistungsfähigkeit der Aktiven, der Qualität des Wettkampfes sowie der Wettkampfergebnisse. Dabei bestimmen die diesbezüglichen Hypothesen die subjektiven Qualitäts- und Ergebniserwartungen.[210] Die Wettkampferwartungen können sich entweder bestätigen oder nicht bestätigen. Dazu setzt der Konsument – im Sinne eines SOLL-IST-Vergleichs – erwartete und wahrgenommene Leistung in Beziehung.[211] Die **(Nicht-)Erfüllung der Erwartungen** stellt im Modell von TRAIL et al. damit eine weitere Erklärungsgröße des zukünftigen Rezeptionsverhaltens dar. Bezogen auf die Wettkampfergebnisse sind dabei prinzipiell vier Varianten der (Nicht-)Erfüllung von Erwartungen denkbar. Der Zuschauer kann einen Sieg bzw. eine Niederlage eines Sportlers bzw. Teams annehmen, wobei sich seine Erwartungen entweder bestätigen oder nicht bestätigen können. Generell vermuten die Autoren bei Nichtbestätigung der Erwartungen (Disconfirmation) insgesamt stärkere soziale und psychologische Reaktionen und damit Auswirkungen auf den affektiven Zustand des Zuschauers als bei dessen Bestätigung (Confirmation). So hat eine Niederlage bei erwartetem Erfolg (negative Disconfirmation) eine stärker negativ affektive Wirkung als eine Niederlage, die vom Zuschauer bereits vermutet wurde. Dementsprechend hat ein unerwarteter Erfolg (positive Dis-

---

208 Vgl. Wann, D. L., Branscombe, N. R. (1993): Sport Fans: Measuring the degree of Identification with their team, in: International Journal of Sport Psychology, Vol. 24, S. 17; Sloan, L. R. (1989): The Motives of Sport Fans, a.a.O., S. 230; Madrigal, B. (1995): Cognitive and Affective Determinants of Fan Satisfaction with Sporting Event Attendance, in: Journal of Leisure Research, Vol. 27, No. 3, S. 209 f.

209 Die Autoren schränken dabei den Wettkampfbegriff (in diesem Fall „Event") weder hinsichtlich der betriebenen Sportart noch hinsichtlich der limitierenden Betrachtung eines Einzelwettkampfes im Gegensatz zu einer Serie oder Liga weiter ein. Vgl. Trail, G. T., Anderson, D. F., Fink, J. (2000): A Theoretical Model of Sport Spectator Consumption Behavior, a.a.O., S. 168.

210 Der Zusammenhang zwischen Erwartungen an den Wettkampf und der Teilhabe an zukünftigen Sportevents ist dabei durch verschiedene Studien belegt. Vgl. Trail, G. T., Fink, J. S., Anderson, D. F. (2003): Sport Spectator Consumption behaviour, a.a.O., S. 10.

211 Das Ergebnis des SOLL-IST-Vergleichs zwischen erwarteter und wahrgenommener Leistung wird als Disconfirmation-Paradigma bezeichnet. Dieser Ansatz hat sich in der wissenschaftlichen Forschung weitestgehend zur Operationalisierung der Kundenzufriedenheit etabliert. Damit lässt sich die Erfüllung bzw. Übererfüllung der Erwartungen als Zufriedenheit bzw. deren Nicht-Erfüllung als Unzufriedenheit interpretieren. Trail et al. schlagen diese Interpretation dennoch nicht explizit vor. Vgl. Stauss, B. (1999): Kundenzufriedenheit, in: Marketing-ZFP, 21. Jg., S, 6 ff.; Meffert, H. (1992): Marketingforschung und Käuferverhalten, a.a.O., S. 114 f. und die dort zitierte Literatur.

confirmation) eine stärker positive affektive Wirkung auf den Zuschauer als ein erwarteter.[212] Betrachtet man beide Modellparameter integriert, zeigt sich, dass die Wettkampferwartungen und ihre (Nicht-)Bestätigung im Modell von TRAIL et al. als Moderatorvariablen den Einfluss der individuellen Motive und der Identifikation auf das zukünftige Konsumverhalten des Zuschauers vermitteln.

TRAIL et al. gehen davon aus, dass Zuschauer im Ergebnis der (Nicht)Bestätigung der Wettkampferwartungen **„Self esteem responses"** zeigen. Bei der Abgrenzung des Konstrukts beziehen sie sich auf die – im Rahmen von motivtheoretischen Untersuchungen identifizierten – Phänomene des „basking-in-reflected-glory" (BIRG)[213] und des „Cutting-of-reflected-failure" (CORF)[214]. Während der Zuschauer im ersten Fall sportliche Siege durch die Identifikation mit den erfolgreichen Sportlern als eigene Erfolge wertet, vermeidet er im zweiten Fall die direkte Anerkennung des sportlichen Misserfolgs seines Sportlers bzw. seiner Mannschaft als eigenen Misserfolg. TRAIL et al. vermuten diesbezüglich, dass das Ausleben von "Self-esteem-responses" und damit die Übertragung des Erfolgs von Sportlern auf die eigene Person zur Befriedigung des Bedürfnisses nach Identität, nach Zufriedenheit mit dem Selbstbild sowie nach sozialer Anerkennung beiträgt. „Self-esteem-responses" moderieren im Rezeptionsmodell den Einfluss der (Nicht)Bestätigung der Wettkampferwartungen auf den affektiven Zustand des Sportkonsumenten in der Weise, dass sie die positiven Affekte bei Siegen der eigenen Mannschaft verstärken (BIRG). Niederlagen haben dagegen aufgrund der Tendenz zum „cutting of reflected failure" (CORF) keine Auswirkungen auf den affektiven Zustand.

TRAIL et al. erwarten ferner, dass vor allem jene Zuschauer „Self-esteem-responses" zeigen, die sich stark mit Sportlern identifizieren. Für Rezipienten die sich nicht oder nur in geringem Umfang mit Sportlern bzw. Mannschaften identifizieren, gilt somit der moderierende Einfluss der „Self esteem responses" nicht. In diesem Fall wird der affektive Zustand direkt durch die (Nicht)Bestätigung der Wettkampferwartungen bestimmt.[215]

---

212 Vgl. Trail, G. T., Anderson, D. F., Fink, J. (2000): A Theoretical Model of Sport Spectator Consumption Behavior, a.a.O., S. 169 f.

213 Wird häufig auch als „Achievement-Seeking-Motiv" bezeichnet. Der Ursprung des Konzepts geht dabei auf HEIDERS „balance theory" zurück, in der der Verfasser davon ausgeht, dass eine Verbindung zu positiv beurteilten Anderen zu einer subjektiv positiveren Beurteilung der eigenen Person führt. Siehe dazu die urpüngliche Veröffentlichung Heider, F. (1958): The psychology of interpersonal relations, New York; vgl auch Sloan, L. R. (1989): The Motives of Sport Fans, a.a.O., S. 193 ff.; Wann, D. L., Branscombe, N. R. (1990): Die-hard and fair-wether fans, a.a.O., S. 112.

214 Vgl. Snyder, C.R., Lassegard, M. , Ford, C.E. (1986): Distancing after group success and failure: Basking in reflected glory and cutting of reflected failure, in: Journal of Personality and Social Psychology, Vol. 51, S. 382 ff.

215 Vgl. Trail, G. T., Anderson, D. F., Fink, J. (2000): A Theoretical Model of Sport Spectator Consumption Behavior, a.a.O., S. 171.

Unter dem Begriff des **affektiven Zustands** begreifen TRAIL et al. die sich aus dem individuellen Beurteilungsprozess ergebende affektive Bewertung des sportlichen Events durch den Sportzuschauer. Im Rezeptionsmodell operationalisieren die Autoren den affektiven Zustand über die positive bzw. negative Beurteilung des Wettkampfes hinsichtlich der Konstrukte Freude bzw. Spaß (Enjoyment) und Zufriedenheit (Satisfaction). TRAIL et al. gehen somit davon aus, dass lediglich das Vergnügen bei und die Zufriedenheit mit der Rezeption eines Sportwettkampfes direkte Auswirkungen auf das zukünftige Konsumverhalten der Zuschauer haben. Die zuvor dargestellten Konstrukte haben über die postulierten Modellbeziehungen nur mittelbaren Einfluss auf das Verhalten.[216]

Die Prüfung des Erklärungsmodells erfolgte im Rahmen einer Befragung bei zwei Spielen der nordamerikanischen College-Basketball-Liga NCAA. Dazu wurden vor den Spielen 500 Fragebögen verteilt, von denen 364 ausgewertet werden konnten. Zur Messung der individuellen Motive nutzen TRAIL et al. die aus 24 Einzelitems bestehende „Motivation Scale for Sport Consumption" (MSSC)[217]. Die Bestimmung des Parameters Identifikation erfolgt über den „Team Identification Index" (TII)[218]. Für die Messung fanden jeweils 7er-Rating-Skalen Verwendung. Beide Messinstrumente wurden bereits in anderen Studien erfolgreich angewendet. Die weiteren Messskalen wurden speziell für die Untersuchung entworfen. Die Überprüfung des Modells erfolgte mit Hilfe des RAMONA-Ansatzes der Kausalanalyse.[219]

Die **empirische Validierung** des theoretischen Erklärungsmodells von TRAIL et al. ergab insgesamt ein nur **unbefriedigendes Ergebnis**. Lediglich 10,6 % der Varianz des Parameters zukünftiges Konsumverhalten konnten durch die Modellparameter und die zwischen ihnen vermuteten Beziehungen erklärt werden. Orientiert man die Betrachtungen auf die Ebene der Einzelkonstrukte, bestätigt sich insbesondere der Zusammenhang zwischen der Ausprägung der Motive und der Identifikation eines Zuschauers. Die betrachteten Motive erklären innerhalb der Studie etwa 72 % der Varianz der Identifikationsvariable. Demgegenüber ist der Zusammenhang zwischen Motiven bzw. der Identifikation und den Wettkampferwartungen mit einem erklärten Varianzanteil von 16 % bzw. 3,5 % eher gering. Kein signifikanter Zusammenhang besteht zudem zwischen den Erwartungen und der (Nicht-)Bestätigung der Erwartungen. Demnach kann die im Modell vermutete Verknüpfung zwischen allen nach-

216 Vgl. Trail, G. T., Anderson, D. F., Fink, J. (2000): A Theoretical Model of Sport Spectator Consumption Behavior, a.a.O., S. 172.

217 Die „Motivation Scale of Sport Consumption" (MSSC) besteht aus 8 Sub-Skalen (Einzelmotive) mit jeweils 3 Items (zur Operationalisierung der Motive genutzte Indikatoren).

218 Der „Team Identifikation Index" (TII) orientiert sich stark an der von WANN/BRANSCOMBE entwickelten „Team Identification Scale". Zur Konstruktoperationalisierung wurden aus den ursprünglichen 7 Items lediglich drei Indikatoren herangezogen. Dabei orientierte sich die Auswahl an der Höhe der Faktorladung der Indikatoren im Rahmen der konfirmatorischen Faktorenanalyse und damit an der Güte des Indikators zur Messung des Konstruktes (Indikatorreliabilität). Siehe zum Vergleich mit der Ursprungsskala Wann, D. L., Branscombe, N. R. (1993): Sport Fans, a.a.O., S. 4 ff.

219 Vgl. Trail, G. T., Fink, J. , Anderson, D. F. (2003): Sport Spectator Consumption behaviour, a.a.O., S. 12 f.

folgenden Modellparametern und den Erklärungsgrößen Motive sowie Identifikation nicht bestätigt werden. Ein gesicherter Zusammenhang besteht dagegen zwischen dem SOLL-IST-Vergleich der wahrgenommenen und erwarteten Wettkampfleistung und dem affektiven
Zustand (32 % Varianzerklärung). Der moderierende Effekt der „Self-esteem-responses" konnte dagegen in der Studie nicht bestätigt werden. Ursächlich bedingt durch die Ergebnisse der empirischen Untersuchung schlagen TRAIL et al. im Nachgang der Analyse vor, das von ihnen entwickelte Erklärungsmodell des zukünftigen Konsumverhaltens von Sportrezipienten zu überarbeiten und lediglich Variablen mit hohem Erklärungsgehalt weiterhin zu betrachten.[220]

3.2.1.2 Eignung des Modells zur Analyse des rezeptiven Sportkonsums

Die **konzeptionellen Anforderungen** können bezüglich des vorliegenden Ansatzes als erfüllt angesehen werden. Das Modell zeichnet sich durch Einfachheit der Konstrukte und die intersubjektive Nachvollziehbarkeit der Pfadbeziehungen aus. Das vorliegende Erklärungsmodell zielt zudem direkt auf die Bestimmung des zukünftigen Konsumverhaltens. Dies deckt sich weitestgehend mit der im Rahmen dieser Arbeit verfolgten Zielstellung. Eine Adaption des Modellansatzes auf den spezifischen Untersuchungsgegenstand bzw. geänderte Umweltsituationen ist damit nicht notwendig.

Die Bewertung der **empirischen Anforderungskriterien** bedingt ein differenzierteres Vorgehen. Zunächst sollen die einzelnen Modellkonstrukte einer separaten Prüfung bezüglich der Kriterien **Eindeutigkeit und Unabhängigkeit** unterzogen werden. Dabei werden im Folgenden nur jene Modellfaktoren diskutiert, die die Anforderungskriterien nicht vollständig erfüllen.

Im Rahmen der Analyse zeigt sich, dass die Konstrukte individuelle Motive und „Self-esteem-responses" nicht als von einander unabhängig betrachtet werden können. Das hinter den „BIRG"- bzw. „CORF" Reaktionen stehende „Achievement-Seeking-Motiv" deutet bereits auf die Nähe zu den individuellen Motiven des Zuschauers hin.[221] Viele Autoren definieren das Streben nach Zufriedenheit mit dem Selbstbild („Achievement Seeking") als grundlegenden Motivkomplex eines Sportrezipienten.[222] Es ist demnach nicht nachzuvollziehen, warum das Konstrukt im Rahmen des Ansatzes von TRAIL et al. nicht den individu-

---

220 Vgl. Trail, G. T., Fink, J. S., Anderson, D. F. (2003): Sport Spectator Consumption behaviour, a.a.O., S. 14 ff.

221 Vgl dazu Sloan, L. R. (1989): The Motives of Sport Fans, a.a.O., S. 193 ff. sowie die dort zitierte Literatur.

222 Vgl. Zillmann, D., Bryant, J., Sapolsky, B. S. (1989): Enjoyment from Sports Spectatorship, a.a.O., S. 251; Gabler, H. (1998): Zuschauen im Sport, a.a.O., S. 125.

ellen Motiven – die den Ausgangspunkt des Hypothesensystems bilden – zugeordnet wurde, sondern als eigenständige Erklärungsgröße in das Modell eingeht.

Ein ähnliches Problem ergibt sich bezüglich der Abgrenzung der Konstrukte (Nicht)Erfüllung der Wettkampferwartungen sowie affektiver Zustand. Orientiert man sich an den Ansätzen der Kundenzufriedenheits-Forschung, lässt sich bereits der subjektiv erfolgte Abgleich zwischen erwarteter und wahrgenommener Leistung als Operationalisierung der Kundenzufriedenheit bzw. -unzufriedenheit interpretieren. Dementsprechend erscheint es nicht sinnvoll, über das Konstrukt des affektiven Zustands eine weitere Variable in das Modell aufzunehmen, die sich (unter anderem) ebenfalls als Zufriedenheitsvariable definiert.[223] Beide Konstrukte erklären sich damit über das Konzept der Kundenzufriedenheit und können nicht als voneinander unabhängig betrachtet werden.

Das Anforderungskriterium der **Messbarkeit** ist dagegen für alle Konstrukte des Rezeptionsmodells von TRAIL et al als gegeben zu betrachten. Die Autoren belegen im Rahmen der empirischen Validierung, dass alle Modellkonstrukte einer Messung zugeführt werden können. Dazu wurden generell geeignete Konstruktindikatoren operationalisiert.[224] Die Analyse zeigte zudem, dass die an das Messverfahren zu stellenden Gütekriterien als erfüllt anzusehen sind.[225]

Aufgrund der oben angeführten Ergebnisse des empirischen Tests muss bezüglich der **Erklärungsfähigkeit** des Modells festgestellt werden, dass die vermuteten Modellbeziehungen nur als unzureichende Bestimmung des passiven Sportkonsums zu werten sind. Insbesondere die Konstrukte Erwartungen an den Wettkampf, (Nicht)-Bestätigung der Wettkampferwartungen sowie affektiver Zustand erscheinen aufgrund ihres Erklärungsgehalts als Modellparameter nur bedingt geeignet.[226]

Bei der Beurteilung der **problemspezifischen Anforderungen** ist zunächst festzustellen, dass TRAIL et al. die Problematik differenzierter Konsumformen der Sportrezeption bewusst ist. Die Autoren verweisen daher explizit auf die Gültigkeit und Relevanz des von ihnen entwickelten Modells zur Erklärung des Vor-Ort- sowie des Medien-Konsums. Betrachtet man die zum Konsum von Sportveranstaltungen bzw. Sportübertragungen vorhandenen Studien zu Einzelaspekten der Sportrezeption, so zeigt sich, dass die von TRAIL et al. integrierten Konstrukte generell als Erklärungsgrößen beider Formen des Konsum herangezogen werden

223 Dabei werden beide Zufriedenheitskonstrukte über verschiedene Indikatoren operationalisiert. Damit existieren streng genommen zwei differenzierte Zufriedenheitskonzepte in einem Modell.

224 Vgl. Trail, G., T. Fink, J., Anderson, D. F. (2003): Sport Spectator Consumption behaviour, a.a.O., S. 11 f.

225 Vgl. ebenda, S. 13.

226 Vgl. ebenda, S. 14.

können.[227] In der Mehrzahl der Studien wird dabei vor allem die Bedeutung der Konstrukte Identifikation und Motivation zur Erklärung des Zuschauerinteresses betont. Zudem zeigt sich – aufgrund der sportartenbezogenen Heterogenität der zur Konstruktidentifikation herangezogenen Voruntersuchungen – die sportartenübergreifende Geltung der Modellvariablen.

Insgesamt kann aus den Ausführungen geschlossen werden, dass der Ansatz von TRAIL et al. den Anforderungen an ein Erklärungsmodell der Sportrezeption zur Analyse der Konsumformenwahl nur bedingt gerecht wird.

3.2.2 Das Modell von LAVERIE/ARNETT (2000)

3.2.2.1 Darstellung des Modells

LAVERIE/ARNETT verfolgen mit dem von ihnen entwickelten „Model of Sporting Event Attendance“ die Zielstellung, die Zusammenhänge und Wirkungsbeziehungen zwischen wesentlichen Einflussvariablen auf die Zuschauerbeteiligung bei Sportveranstaltungen zu beschreiben. Sie greifen dabei auf die bereits in anderen Forschungsstudien untersuchten Modellparameter Identifikation, Involvement und Zufriedenheit zurück.[228]

Die Autoren stellen fest, dass die Fan[229]-Identifikation einer genaueren theoretischen Fundierung bedarf und versuchen die Erkenntnisse der „Social-identity theory“[230] zur näheren Spezifizierung des Identifikations-Begriffs heranzuziehen. LAVERIE/ARNETT führen daher neben

[227] Zu Untersuchungen zum Medien-Konsum vgl. Vorderer, P. (1992): Fernsehen als Handlung: Fernsehfilmrezeption aus motivationspsychologischer Perspektive, Berlin, S. 105 ff.; Scheidt, W. (2000): Affekt-Talks: Rezeptionsmotive und affektive Bewertung eines Genres, Berlin, S. 107 ff.; Wenner, L. A., Gantz, W. (2000): Watching Sports on Television, a.a.O., S.233 ff.; Aimiller, K., Kretschmar, H. (1995): Motive des Sportzuschauers: Umfeldoptimierung durch motivationale Programmselektion (MPS), Unterföhring: Deutsches Sportfernsehen, S. 13 ff. Vgl. überblickshaft zu Vor-Ort-Untersuchungen Sloan, L. R. (1989): The Motives of Sport Fans, a.a.O., S. 182 ff. sowie Riedmüller, F. (2003): Dienstleistungsqualität bei professionellen Sportveranstaltungen, a.a.O., S. 170 f.

[228] Vgl. Laverie, D. A., Arnett, D. B. (2000): Factors Affecting Fan Attendance: The Influence of Identity Salience and Satisfaction, in: Journal of Leisure Research, Vol. 32, No. 2, S. 227.

[229] Die Autoren nutzen in ihrer Arbeit ausschließlich den Terminus des Fans zur Beschreibung des Zuschauers bei Sportwettkämpfen. Dabei kann der hier verwendete Begriff des Fans synomym zu dem der vorliegenden Arbeit zugrunde gelegten Begriff des Sportrezipienten verwendet werden. Vgl. Abschnitt A 3.

[230] Nach der “Social-Identity theory” haben Individuen verschiedene soziale Identitäten, die sich jeweils an den von ihnen ausgefüllten Rollen orientieren. So kann ein Individuum bspw. in seiner Rolle als Zuschauer Fan eines Tennisprofis sein und gleichzeitig in seiner Rolle als Tennisspieler selbst aktiv Sport treiben. Dabei variiert die Bedeutung der sozialen Identitäten für das individuelle Selbstkonzept. Die wichtigen („salient“) sozialen Identitäten beschreiben damit „Wer“ wir sind und „Welche“ (mit einer bedeutenden Identität in Verbindung stehenden) Aktivitäten wir bevorzugt ausüben. Vgl. Stryker, S. (1968): Identity Salience and role of performance: The relevance of symbolic interaction theory for family research, in Journal of Marriage and the Family, Vol. 30, S. 561 ff. sowie Stryker, S. (1980): Symbolic interactionism: A sociostructural version, Menlo Park (CA), Vgl. Callero, P. L. (1985): Role identity salience, in: Social Psychology Quarterly, Vol. 48, S. 205.

dem Begriff der **Identifikation**[231] den Terminus der „**Fan Identity Salience**“ ein. Er beschreibt den Grad der Wichtigkeit der Fan-Identität für das Selbstkonzept des Zuschauers. Die Autoren stellen diesbezüglich die Hypothese auf, dass nicht die Identifikation als Fan sondern erst die Bedeutung dieser Fan-Identität für die Persönlichkeit und das Selbstbild des Zuschauers die Bereitschaft zum Besuch von Sportveranstaltungen bedingt. Dabei wird die Bedeutung Fan-Identität direkt vom Grad der Identifikation beeinflusst.[232]

Im Modell von LAVERIE/ARNETT ist die „Fan-Identity-Salience“ zusätzlich vom individuellen **Involvement** eines Zuschauers abhängig. Orientiert an ROTSCHILD definieren die Autoren das Involvement als Zustand der Aktiviertheit und Motivation, die auf das spezifische Interesses an einer Freizeitaktivität oder mit ihr in Verbindung stehender Objekte und Produkte gerichtet.[233] Sie unterscheiden diesbezüglich zwei Arten des Involvement, die in das Erklärungsmodell integriert werden. Dabei handelt es sich zum einem um das, aufgrund einer aktuellen Situation und ihrer Umstände bedingte, „Situational involvement“ (SI) und zum anderen das, relativ stabile, situationsunabhängige und damit die langfristige Interessenlage des Zuschauers widerspiegelnde „Enduring Involvement“ (EI).[234] LAVERIE/ARNETT nehmen die Integration dieser Modellparameter vor allem aufgrund der hohen Bedeutung des Involvement-Konstrukts in der Freizeitforschung vor. Freizeit- bzw. Unterhaltungsaktivitäten sind danach für den Konsumenten generell durch einen hohen Grad an zielgerichteter Aktivierung und Beteiligung gekennzeichnet.[235] Dabei vermuten die Autoren einen höheren Erklärungsbeitrag des rezeptiven Sportkonsums über das relativ zeitstabile Konstrukt des „Enduring Involvement“.[236]

Als weiteren Modellparameter integrieren LAVERIE/ARNETT das Zufriedenheitskonstrukt. Sie verweisen dabei auf den – auch für den freizeitbezogenen Konsum bestätigten – Zusammenhang zwischen Kundenzufriedenheit und Wiederkauf. Zufriedenheit definiert sich im vorliegenden Modell vereinfacht als ein „positives Gefühl“ als Ergebnis des rezeptiven Sportkon-

---

231 Der Identifikations-Begriff wird von LAVERIE/ARNETT als „Attachment“ bezeichnet und kann als dessen Synomyn verstanden werden. Die Definition der Identifikation als „sense of attachement to a team“ ist in der Literatur weitestgehend verbreitet. Für eine umfangreiche Darstellung der Untersuchungen zum Identifikations-Begriff vgl. Trail, G. T., Anderson, D. F., Fink, J. (2000): A Theoretical Model of Sport Spectator Consumption Behavior, a.a.O., S. 165 f. und die dort zitierte Literatur.

232 Vgl. Laverie, D. A., Arnett, D. B. (2000): Factors Affecting Fan Attendance, a.a.O., S. 227 f. und S. 233.

233 Vgl. Rothschild, M. L. (1984): Perspectives on Involvement: Current Problems and Future Directions, in: Advances in Consumer Research, Vol. 11, S. 216.

234 Vgl. Houston, M. J., Rothschild, M. L. (1978): Conceptual and Methodological Perspectives on Involvement, in: Jain, S. (Hrsg.): Educators' Proceedings, Chicago, S. 184. Vgl. zu den Entwicklungsphasen der Involvemen-Forschung Laurent, G., Kapferer, J.-N. (1985): Measuring Consumer Involvement Profiles, in: Journal of Marketing Research, Vol. 22, No. 2, S. 41 f.

235 Vgl. Havitz, M. E., Dimanche, F. (1997): Leisure Involvement revisited: Conceptual Conundrums and Measurement Advances, in: Journal of Leisure Research, Vol. 29, S. 246.

236 Vgl. Laverie, D. A., Arnett, D. B. (2000): Factors Affecting Fan Attendance, a.a.O., Vol. 32, No. 2, S. 231.

sums.[237] Als Einflussfaktor auf die Zufriedenheit vermuten die Autoren zudem das „Situational Involvement". Die Stärke des situationsbezogenen Interesses an Sportdarbietungen hat damit einen direkten Einfluss auf den Grad der Zufriedenheit mit dem Sportevent.[238]

Die Autoren gehen schließlich davon aus, dass die „Identity Salience" sowie die Zufriedenheit („Satisfaction") in direktem Zusammenhang mit dem Konsum von Sportdarbietungen („Sporting Event Attendance") stehen. Die Zusammenhänge zwischen den Modellparametern werden in der Abbildung 15 verdeutlicht.

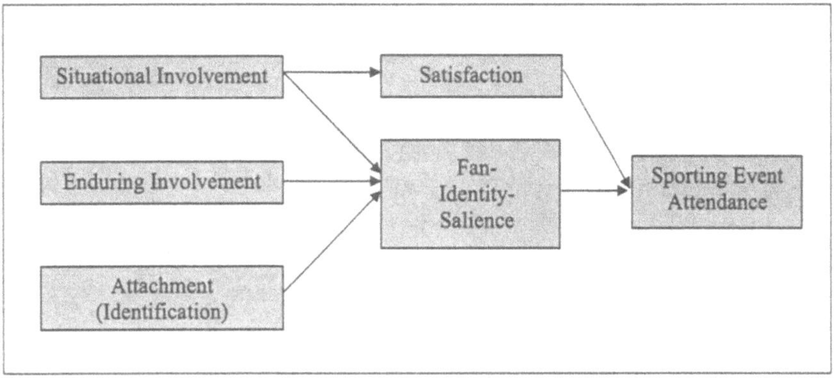

Abb. 15: Model of the Factors that Influence Sporting Event Attendance
Quelle: Laverie, D. A., Arnett, D. B. (2000): Factors Affecting Fan Attendance, a.a.O., S. 233.

Die empirische Prüfung der Modellaussagen wurde im Rahmen einer Befragung von 190 ausschließlich studentischen Zuschauern bei College-Basketballspielen vorgenommen. Die Modellparameter wurden mit Hilfe multipler Items auf 7er-Rating-Skalen gemessen. Die Messinstrumente stellen dabei im Wesentlichen Adaptionen von Skalen vorhandener Studien zur sportspezifischen Publikumsforschung dar.[239] Die Modellzusammenhänge wurden mit Hilfe der Pfadanalyse überprüft. Eine genauere Spezifizierung des verwendeten Verfahrens soll hier nicht erfolgen.[240]

237 Diese Definition entspricht nicht der Begriffsabgrenzung in der Dienstleistungsforschung, die auf dem Disconfirmation-Paradigma der Kundenzufriedenheit beruht. Danach bestimmt sich die Kundenzufriedenheit als Ergebnis eines komplexen Informationsverarbeitungsprozesses, der auf einem Soll-Ist-Vergleich zwischen den wahrgenommenen Erfahrungen mit der erlebten Leistung (Ist) und seinen individuellen Erwartungen hinsichtlich des Problemlösungspotenzials des Gutes (Soll) beruht. Vgl. Homburg, C., Rudolph, B. (1998): Theoretische Perspektiven zur Kundenzufriedenheit, in: Simon, H., Homburg, C. (Hrsg.): Kundenzufriedenheit: Konzepte – Methoden – Erfahrungen, 3. Aufl., Wiesbaden, S. 38 f.

238 Vgl. Laverie, D. A., Arnett, D. B. (2000): Factors Affecting Fan Attendance, a.a.O., S. 232.

239 Ausschließlich zur Messung der abhängigen Variable "Sporting Event Attendance" nutzen LAVERIE/ARNETT eine eigene Skala. Vgl. Laverie, D. A., Arnett, D. B. (2000): Factors Affecting Fan Attendance, a.a.O., S. 242 f.

240 Vgl. ebenda, S. 235.

Die vermuteten positiven Zusammenhänge zwischen den Modellparametern konnten bestätigt werden. Die Pfadbeziehungen erwiesen sich dabei als signifikant in Richtung der vermuteten Zusammenhänge. Insgesamt erklärt das Modell 22 % der Varianz des rezeptiven Sportkonsums. Die Faktoren „Situational" und „Eduring Involvement" sowie „Attachment" erklären einen Anteil von 65 % der Varianz des „Identity Salience"-Konstrukts. Demnach wird die Bedeutung der Fan-Identität für das Selbstkonzept eines Zuschauers vor allem durch die Stärke des Involvement sowie dem Grad der Identifikation determiniert. Die von den Parametern „Identiy Salience" und Zufriedenheit erklärte Gesamtvarianz der Konsumvariable beträgt demgegenüber nur etwa 22 %. Dabei ist festzuhalten, dass der Einfluss des Faktors Zufriedenheit zur Erklärung des Konsumverhaltens von Sportzuschauern zwar bestätigt werden konnte, dennoch ist der durch den Pfad- bzw. Regressionskoeffizienten ausgedrückte Zusammenhang zwischen Zufriedenheitskonstrukt und Konsum mit einem Wert von 0,15 nur gering. Im Gegensatz dazu konnte mit einem Pfadkoeffizienten von 0,39 die vermutete Beziehung zwischen der „Fan-Identity-Salience" und Sportrezeption eindeutig bestätigt werden. LAVERIE/ARNETT kommen damit zu dem abschließenden Ergebnis, dass hochinvolvierte Zuschauer mit starkem Fan-Bewusstsein, die sich selbst zudem stark über ihre Identität als Fan begreifen, verstärkt Sportdarbietungen verfolgen und zwar unabhängig davon, ob sie kurzfristig mit ihnen zufrieden sind oder nicht.[241]

3.2.2.2 Eignung des Modells zur Analyse des rezeptiven Sportkonsums

Gemessen an den **konzeptionellen Anforderungen** zeichnet sich das Modell durch Übersichtlichkeit und leichte Verständlichkeit aus. Gegenstand der Untersuchung von LAVERIE/ARNETT ist die Erklärung der Teilnahme von Zuschauern bei Sportevents. Dies entspricht im Wesentlichen der dieser Arbeit zugrunde liegenden Zielstellung. Eine Adaption des Ansatzes ist in diesem Fall nicht notwendig, insofern ist eine Beurteilung der Übertragbarkeit des Modells hier nicht relevant.

Bei der Bewertung anhand der **empirischen Anforderungen** zeigen sich bezüglich der Kriterien der **Eindeutigkeit** der begrifflichen Abgrenzung und **Unabhängigkeit** der Konstrukte Identifikation und „Fan-Identity-Salience" einige Mängel des Rezeptionsmodells. So lassen sich bei der Definition und Abgrenzung sowie der Operationalisierung der Konstrukte weitreichende Überschneidungen feststellen. Betrachtet man die vorhandenen Studien zur „Team-Identification" respektive zum „Team-Attachement" wird deutlich, dass sich das Konstrukt neben der Stärke der emotionalen und kognitiven Bindung zu Sportlern auch über

241 Vgl. ebenda, S. 237 ff.

die Bedeutung der Fan-Identität für die Persönlichkeit des Zuschauers definiert.[242] Dabei verstärkt sich der Grad der Identifikation bei hoher Identitätsbedeutung der Fanorientierung. Vor diesem Hintergrund fällt es schwer, eine Abgrenzung zum „Identity-Salience"-Begriff herzustellen. Vielmehr lässt sich der Begriff als Teil des Identifikations-Konstruktes kennzeichnen. Eine eigenständige Betrachtung des Identity-Salience Begriffes in einem Rezeptionsmodell ist daher abzulehnen.

Hinsichtlich der Beurteilung des Kriteriums **Messbarkeit** lassen sich folgende Erkenntnisse zusammenfassen. Die Auswahl geeigneter Indikatoren zur Messung der hypothetischen Modellkonstrukte kann als gegeben betrachtet werden. Zur Messung der Konstrukte wurden zudem Messinstrumente herangezogen, die bereits in früheren Studien erfolgreich eingesetzt werden konnten.[243] Die Anforderungen hinsichtlich der genutzten Skalierungsverfahren sind damit ebenfalls als erfüllt anzusehen.

Der empirische Test des Modells bestätigte die vermuteten Zusammenhänge zwischen den Konstrukten. Die theoretisch hergeleiteten Pfadbeziehungen erwiesen sich dabei als empirisch signifikant. Bei der Beurteilung des Erklärungsbeitrags zeigt sich, dass insbesondere die Konstrukte Identifikation und Involvement (über das Konstrukt der „Fan-Identity-Salience") wesentliche Erklärungsgrößen des rezeptiven Sportkonsums darstellen. Die Bedeutung des Faktors Zufriedenheit zur Erklärung der „Sporting Event Attendance" konnte dagegen nicht bestätigt werden. Das hier betrachtete Zufriedenheitskonstrukt erfüllt damit nicht das Anforderungskriterium der **Erklärungsfähigkeit** und ist daher, bezogen auf dessen Integration in das Sportrezeptionsmodell, eher kritisch zu betrachten.

Im Hinblick auf die **problemspezifischen Anforderungen** ist festzustellen, dass aufgrund der Konzentration auf allgemein anerkannte, verhaltenswissenschaftliche Konstrukte und damit des Verzichts auf konsumformen- bzw. sportartenspezifische Parameter von der Gültigkeit des Modells für den im Rahmen dieser Arbeit betrachteten Untersuchungskontext ausgegangen werden kann.

Insgesamt erscheint das Modell von LAVERIE/ARNETT dennoch nicht geeignet, den rezeptiven Sportkonsum umfassend zu determinieren. Die Gründe dafür liegen vor allem in der inhaltlichen Überschneidung der Konstrukte Identifikation und „Fan-Identity-Salience" sowie den Anforderungen an die Erklärungsfähigkeit des Modells.

242 Insbesondere die zur Messung der Konstrukte herangezogenen Indikatoren verdeutlichen die beschriebenen Zusammenhänge. Vgl. Laverie, D. A., Arnett, D. B. (2000): Factors Affecting Fan Attendance, a.a.O., S. 242 ff.; Strauß, B. (1995): Die Messung der Identifikation mit einer Sportmannschaft, a.a.O., S. 133 sowie S. 139.

243 Vgl. Laverie, D. A., Arnett, D. B. (2000): Factors Affecting Fan Attendance, a.a.O., S. 235 u. 242 ff.

3.2.3 Das Modell von MADRIGAL (1995)

3.2.3.1 Darstellung des Modells

Zielstellung der Studie von MADRIGAL ist die Untersuchung kognitiver und affektiver Einflussfaktoren auf das **Zufriedenheitsurteil von Sportzuschauern**. Das im Rahmen der Studie abgegrenzte Zufriedenheitskonstrukt definiert sich dabei neben dem kurzfristigen, auf eine spezifische Konsumsituation bezogenen Vergleich zwischen erwarteter und wahrgenommener Leistung, ebenfalls über zeitstabile, intrapsychische Verhaltensdeterminaten. Damit lassen sich aus der im Untersuchungsmodell definierten Zielgröße Zufriedenheit Rückschlüsse auf das langfristige Rezeptionsverhalten von Sportzuschauen ziehen. Vor diesem Hintergrund soll das Modell von MADRIGAL ebenfalls auf seine Eignung zur Konsumformenwahl untersucht bzw. zur Kennzeichnung der Untersuchungsschwerpunkte der Sportrezeptionsforschung herangezogen werden.[244] Die folgenden Ausführungen befassen sich daher zunächst mit der Vorstellung des Modellansatzes.

Eine an Kriterien orientierte Auswahl der Modellfaktoren erfolgt bei MADRIGAL nicht. Dennoch belegt der Autor die Bedeutung der integrierten Faktoren durch – im Rahmen vorangegangener Studien – empirisch bestätigte Zusammenhänge mit dem Zufriedenheitskonstrukt.[245] Als affektive Einflussfaktoren betrachtet der Autor den Grad des durch den Konsum der Sportdarbietung erzielten Vergnügens („Enjoyment“)[246] sowie das „Basking in Reflected Glory“-Phänomen (BIRG)[247]. Beide affektiven Komponenten sind Reaktionen auf reale Rezeptionserlebnisse und haben nach MADRIGAL einen direkten Einfluss auf das Zufriedenheitsurteil. Die affektiven Einflussfaktoren werden wiederum direkt durch die kognitiven Modellparameter (Nicht-)Bestätigung der Wettkampferwartungen, Qualität des Gegners und Identifikation mit Sportlern beeinflusst.[248] Das Zusammenwirken der Modellfaktoren bedingt schließlich die subjektive Beurteilung der Zufriedenheit mit einem spezifischen Konsumerlebnis. Die Ausprägung des Zufriedenheitsurteils ermöglicht eine Abschätzung des zukünftigen Rezeptionsverhaltens. Eine Darstellung der Untersuchungskonstrukte sowie der vermuteten Pfadbeziehungen des Gesamtmodells enthält die Abbildung 16.

---

244 Vgl. Madrigal, R. (1995): Cognitive and Affective Determinants of Fan Satisfaction with Sporting Event Attendance, a.a.O., S. 206.

245 Vgl. ebenda, S. 208 ff.

246 Bei der Operationalisierung des Begriffs „Enjoyment“ orientiert sich MADRIGAL an den Untersuchungen von IZARD zu den menschlichen Grundemotionen und nutzt zu dessen Messung die „Enjoyment“-Teilskala der „Differential Emotions Scale“ (DES) nach IZARD. Vgl. dazu Izard, C.E. (1977): Human Emotions, New York zitiert bei Madrigal, R. (1995): Cognitive and Affective Determinants of Fan Satisfaction with Sporting Event Attendance, a.a.O, S. 214.

247 Vgl. dazu die Ausführungen zum Ansatz von TRAIL et al.

248 Vgl. Madrigal, R. (1995): Cognitive and Affective Determinants of Fan Satisfaction with Sporting Event Attendance, a.a.O., S. 207 ff.

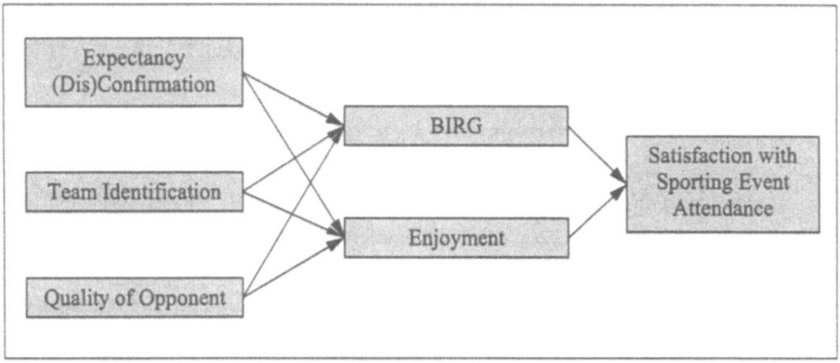

Abb. 16: Hypothesized Model of Fan Satisfaction with Sporting Event Attendance
Quelle: Madrigal, R. (1995): Cognitive and Affective Determinants of Fan Satisfaction with Sporting Event Attendance, a.a.O., S. 212.

Die empirische Prüfung der Modellzusammenhänge basiert auf einer Befragung von 232 Besuchern bei vier Basketball-Spielen an einer nordamerikanischen Universität. Dabei wurden die Probanden jeweils vor und nach den Spielen gebeten, einen Fragebogen zu beantworten. Während in den ersten Fragebogen Items zur Messung der Identifikation sowie demografische Fragen integriert wurden, sollten die Befragten im zweiten Fragebogen ihre emotionalen Reaktionen bezüglich des erlebten Spiels einschätzen. Die Skalen zur Messung der Konstrukte entlehnt MADRIGAL aus bereits vorhandenen Untersuchungen. Die Prüfung des Modells erfolgte mit Hilfe des RAMONA-Ansatzes der Kausalanalyse.[249]

Der kausalanalytische Test bestätigte die hypothetischen Zusammenhänge zwischen den Modellkonstrukten. Dennoch zeigte sich, dass zwischen den kognitiven Modellparametern Qualität des Gegners sowie (Nicht-)Bestätigung der Wettkampferwartungen und den affektiven Faktoren „BIRG" sowie „Enjoyment" nur relativ schwache Beziehungen bestehen, was sich in der Höhe der Pfadkoeffizienten sowie im geringen Anteil der durch die kognitiven Komponenten erklärten Varianz der affektiven Faktoren niederschlägt. Demgegenüber ließ sich ein starker Einfluss des Parameters Team-Identifikation auf beide affektive Faktoren identifizieren. Schließlich zeigte sich ebenfalls nur ein signifikant geringer Einfluss der affektiven Faktoren auf die Zufriedenheit mit dem Sportkonsum. Auffällig erscheint dabei die größere Bedeutung des Faktors „Enjoyment" im Gegensatz zum Faktor „BIRG" als Erklärungsgröße der Zufriedenheit. Das Modell kann damit insgesamt nur einen geringen Anteil der Varianz der „Zufriedenheit mit der Teilnahme an Sportevents" erklären. Als

249 Vgl. Madrigal, R. (1995): Cognitive and Affective Determinants of Fan Satisfaction with Sporting Event Attendance, a.a.O., S. 213 ff.

Ergebnis der Analysen legt MADRIGAL daher nahe, dass neben den betrachteten Parametern weitere erklärende Größen in das Erklärungsmodell zu integrieren sind.[250]

3.2.3.2 Eignung des Modells zur Analyse des rezeptiven Sportkonsums

Bei der Bewertung des Modells ist zunächst festzustellen, dass die Parameter Qualität des Gegners sowie (Nicht)Bestätigung der Wettkampferwartungen als kurzfristige, von einer spezifischen Konsumsituation abhängige Einflussgrößen zu interpretieren sind. Sie stellen externe Stimuli dar bzw. werden von ihnen bedingt und sind aufgrund der Beschränkung der Untersuchung auf langfristig stabile, intrapsychische Bestimmungsgründe nicht in ein Erklärungsmodell der Sportrezeption zu integrieren.[251] Demgegenüber erscheint das Identifikationskonstrukt generell als Erklärungsgröße geeignet. Die affektiven Variablen „Enjoyment" und „BIRG" betrachtet MADRIGAL als Reaktionen auf reale Konsumerlebnisse, die bei hoher Ausprägung zu Zufriedenheit und wiederholtem Konsum führen. Dabei lassen sich beide Konstrukte auch als langfristige Motive der Sportrezeption interpretieren. Orientiert am Modell von MADRIGAL ist diesbezüglich zu vermuten, dass eine hohe Motivbefriedigung der Bedürfnisse nach Spaß („Enjoyment") bzw. nach Steigerung des Selbstwertgefühls durch das „Sonnen im Lichte Anderer" („BIRG") im Rahmen der Sportrezeption, zu gleichgerichtetem Konsumverhalten in der Zukunft führt. Vor diesem Hintergrund ist der Einfluss der affektiven Variablen zur Erklärung des Zuschauerinteresses am Sport nicht abzulehnen.

Aufbauend auf diesen Vorüberlegungen soll nun eine Beurteilung des Modells bzw. der Modellfaktoren anhand der Anforderungskriterien an ein Analysemodell der Sportrezeption vorgenommen werden.

Zieht man zur Modellbeurteilung die **konzeptionellen Anforderungen** heran, so zeichnet sich der Ansatz von MADRIGAL durch Einfachheit und leichte intersubjektive Nachvollziehbarkeit aus. Aufgrund der modellspezifischen Konstruktion der Zufriedenheitsvariable, die auch zeitstabile, intrapsychische Erklärungsfaktoren integriert[252], kann zudem von der generellen Adaptionsfähigkeit des Modells zur Erklärung des rezeptiven Sportkonsums ausgegangen werden.

---

250 Vgl. ebenda, S. 220 ff.

251 Siehe Abschnitt B 1.5.

252 Vgl. dazu Oliver, R. L. (1980): A cognitive model of the antecendents and consequences of satisfaction decisions, in: Journal of Marketing Research, Vol. 17, S. 460 ff.; Mano, H., Oliver , R. L. (1993): Assessing the dimensionality and structure of the consumption experience: Evaluation, feeling and satisfaction, in: Journal of Consumer Research, Vol. 20, S. 451 ff.; Trommsdorff, V. (2003): Konsumentenverhalten, a.a.O., S. 131 f.; Kuß, A., Tomczak, T. (2000): Käuferverhalten, a.a.O., S. 146 ff. sowie zum Gesamtkomplex der Verhaltenswirkungen der Kunden(un)zufriedenheit Holtz, M. (2002): Kundenzufriedenheits-Know How als Grundlage des Unternehmenserfolges: Operationalisierung und explorative Analysen am Beispiel der Augenoptik, Wiesbaden, S. 14 ff.

Im Hinblick auf die **empirischen Anforderungen** ist festzustellen, dass die Kriterien Eindeutigkeit, Unabhängigkeit und **Messbarkeit** als erfüllt anzusehen sind. Selbst wenn der Autor auf die Begründung der Auswahl von Modellparametern verzichtet, stellt er doch klar, auf welchen Überlegungen die von ihm betrachteten Konstrukte basieren und grenzt sie begrifflich eindeutig voneinander ab. Zur Messung der Modellvariablen verwendet MADRIGAL zudem Skalen, die sich hinsichtlich ihrer Adäquanz und Güte bereits bewährt haben.

Die oben angeführten Ergebnisse des empirischen Tests bedingen, dass die **Erklärungsfähigkeit** des Modells insgesamt nur als gering einzuschätzen ist. Dabei zeigt sich lediglich ein starker Einfluss des Identifikations-Konstruktes mit den – häufig als Motive der Sportrezeption interpretierten[253] – Konstrukten „Basking in reflected glory“ sowie „Enjoyment“. Eine hinreichende Erklärung des Zufriedenheitskonstruktes kann im Rahmen der empirischen Validierung dennoch nicht bestätigt werden.

Die **problemspezifischen Anforderungen** an das Modell sind als erfüllt anzusehen. Insbesondere die sportarten- und konsumformenunabhängige Bedeutung des Identifikations-Konstrukts sowie der als Motive interpretierten Variablen „BIRG“ und „Enjoyment“ zur Erklärung der Sportrezeption wird in der Literatur in vielfacher Form bestätigt.[254]

Das Modell von MADRIGAL zeigt sich vor allem aufgrund der Integration stimulusabhängiger und damit nur in speziellen Konsumsituationen relevanter Modellvariablen sowie der geringen Erklärungsfähigkeit der Konstrukte als nicht für die weitere Untersuchung geeignet.

3.2.4 Das Modell von MESSING/LAMES (1996)

3.2.4.1 Darstellung des Modells

Ausgangspunkt der Untersuchung von MESSING/LAMES ist der Versuch der Erfassung der Bestimmungsgründe für den Besuch einer Sportveranstaltung.[255] Dabei legen sie der Theorie der Sportrezeption ein Erklärungsmodell geringer Komplexität zugrunde. Als Erklärungsgrößen des Sportkonsums begreifen die Autoren eine Vielzahl von Faktoren, die ohne Ausnahme als Motive bezeichnet werden. Die Forschungshypothese von MESSING/LAMES besteht damit in der Annahme, dass sich die langfristigen, intrapsychischen Ursachen des Rezeptionsinteresses ausschließlich in den Motiven des Sportkonsumenten manifestieren. Die

---

253 Vgl. Gabler, H. (2002): Motive im Sport: motivationspsychologische Analysen und empirische Studien, a.a.O., S. 213 ff.

254 Vgl. Madrigal, R. (1995): Cognitive and Affective Determinants of Fan Satisfaction with Sporting Event Attendance, a.a.O., S. 207 f.; Wann, D. L. et al (2001): Sport Fans, a.a.O., S. 5 ff.

255 Vgl. MESSING/LAMES beschränken ihre Untersuchung somit auf die Vor-Ort-Konsumenten. Vgl. Messing, M., Lames, M. (1996): Zur Sozialfigur des Sportzuschauers, a.a.O., S. 27.

Stärke der Ausprägung der Einzelmotive bestimmt somit für jeden Einzelnen den Grad der Bereitschaft, Sportveranstaltungen als Zuschauer zu verfolgen. Dabei gehen sie davon aus, dass typische, sportartenunabhängige Rezeptionsmotive existieren, die zu einer allgemeingültigen Erklärung des Zuschauerinteresses am Sport geeignet sind. Die primäre Zielstellung der Studie von MESSING/LAMES besteht damit in der Bestimmung der wesentlichen Motive der Sportrezeption.

Zur Identifikation der Motive führten MESSING/LAMES – im Sinne eines hypothesengenerierenden Vorgehens – 10 Einzelbefragungen bei Sportereignissen in unterschiedlichen Sportarten durch.[256] Im Rahmen der Befragungen wurden die Probanden gebeten, aus einer vorgegebenen Anzahl möglicher Besuchsgründe die für sie zutreffenden auszuwählen.[257] Im Ergebnis der Untersuchungen vermuten MESSING/LAMES, dass sich die wesentlichen Besuchsgründe (Motive) zu vier unabhängigen Motivgruppen zusammenfassen lassen. Die Gruppen werden dabei durch spezielle Orientierungen (Soziale Orientierung, Erlebnisorientierung, Sachorientierung und Ergebnisorientierung) gekennzeichnet, die als grundlegende Erklärungsgrößen des Sportveranstaltungsbesuchs zu verstehen sind.[258] Hintergrund dieser Überlegungen ist die These, dass sich die postulierten Orientierungen als nicht beobachtbare, hypothetische Konstrukte einer Theorie der Sportrezeption auffassen lassen, die durch die Besuchsmotive als Indikatorvariablen operationalisiert und damit einer Messung zugänglich gemacht werden können.[259] Das aus der Theorie von MESSING/LAMES resultierende Rezeptionsmodell veranschaulicht Abbildung 17.

[256] Die Einzelbefragungen bezogen sich auf die Sportarten Wasserball, Volleyball, Fußball, Triathlon, Tennis, Basketball, Männer- und Frauenhandball sowie Tischtennis und Golf. Vgl. Messing, M., Lames, M. (1996): Zur Sozialfigur des Sportzuschauers, a.a.O., S. 36 ff.

[257] Zur Auswahl der in der Mehrfachwahlaufgabe vorgegebenen Motive griffen MESSING/LAMES auf die vorhandenen sportbezogenen Motiv-Untersuchungen zurück. Vgl. Messing, M., Lames, M. (1996): Zur Sozialfigur des Sportzuschauers, a.a.O., S. 15 f.

[258] Vgl. Messing, M., Lames, M. (1996): Zur Sozialfigur des Sportzuschauers, a.a.O., S. 17 sowie Gabler, H. (1998): Zuschauen im Sport, a.a.O., S. 124.

[259] Vgl. Herrmann, T. (1976): Lehrbuch der empirischen Persönlichkeitsforschung, Göttingen, S. 79, STRAUß bemängelt in diesem Zusammenhang die fehlende klare Abgrenzung zwischen Besuchsgründen und Motiven bei der Darstellung der Forschungsergebnisse, Vgl. Strauß, B. (1996): Selbstdarstellung von Sportzuschauern, a.a.O., S. 124.

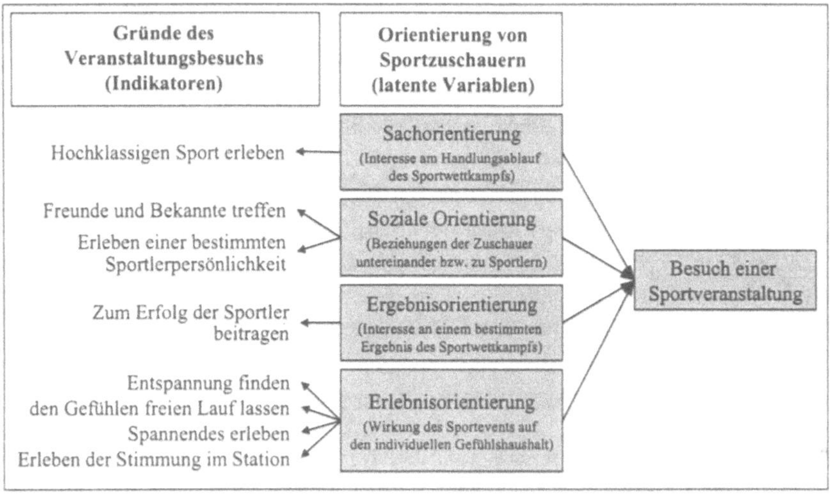

Abb. 17: Grundorientierungen des Sportzuschauers nach MESSING/LAMES

Quelle: in Anlehnung an Strauß, B. (1996): Selbstdarstellung von Sportzuschauern, in: Conzelmann, A. Gabler, H., Schlicht, W. (Hrsg.): Soziale Interaktionen und Gruppen im Sport: Bericht über die Tagung der Arbeitsgemeinschaft für Sportpsychologie vom 25. bis 27.05 1995 in Tübingen, Köln, S. 124.

Die empirische Gültigkeit der theoretischen Orientierungen und deren Auswirkungen auf die Sportrezeption ist nicht Gegenstand der Studie von MESSING/LAMES. Dieses Forschungsdefizit veranlasst STRAUß zu einer Prüfung der Modellhypothesen im Rahmen einer umfangreichen Re-Analyse der Ausgangsuntersuchung. Sie basiert auf einer im Rahmen eines Handballspiels des deutschen Bundesligisten THW Kiel durchgeführten Zuschauerbefragung. Die Probanden wurden im Verlauf der Veranstaltung nach verschiedenen soziodemografischen Merkmalen sowie nach ihren Besuchsgründen befragt. Die von MESSING/LAMES verwendeten Itemformulierungen wurden teilweise abgeändert und die nominalskalierte Mehrfachwahlaufgabe durch eine fünfstufige Rating-Skala ersetzt. In die Untersuchungen gingen insgesamt 2.311 Fälle ein. Die Prüfung des Datensatzes erfolgte mit Hilfe des Verfahrens der klassischen Faktorenanalyse.[260]

Im Rahmen der Re-Analysen von STRAUß konnten die vermuteten Orientierungen von Sportzuschauern nicht bestätigt werden. Vielmehr zeigte sich, dass sich alle Besuchsmotive entlang einer einzigen Dimension – die von STRAUß als Attraktivität des Sportereignisses bezeichnet wird – anordnen lassen. Die von MESSING/LAMES erfassten Besuchsgründe scheinen somit lediglich auf ein hypothetisches Motiv-Konstrukt abzustellen.

---

260 Vgl. Strauß, B. (1994): Orientierungen von Sportzuschauern, a.a.O., S. 21 f.

3.2.4.2 Eignung des Modells zur Analyse des rezeptiven Sportkonsums

Die Erfüllung der **konzeptionellen Anforderungen** beweist der Ansatz von MESSING/LAMES zunächst durch seine einfache, leicht verständliche Struktur, die lediglich auf so genannten Motiven der Sportrezeption basiert. Die betrachteten Modellkonstrukte zielen zudem direkt auf die Erklärung des Rezeptionsverhaltens von Sportzuschauern. Dies deckt sich weitestgehend mit der im Rahmen dieser Arbeit verfolgten Zielstellung. Die Adaptionsfähigkeit des Modells ist damit generell als gegeben zu betrachten. Dabei erweist sich der Ansatz bezüglich der Integration weiterer Rezeptionsmotive als weitestgehend anpassungsfähig. Kritisch zu betrachten ist allerdings die Prüfbarkeit des Ansatzes. So erscheint die Gruppierung der Einzelmotive zwar intuitiv verständlich, dennoch verzichten MESSING/LAMES auf die Dokumentation der Verdichtung der Motive zu Zuschauerorientierungen.[261]

Bei der Bewertung der **empirischen Anforderungen** zeigen sich bezüglich der Kriterien Eindeutigkeit, Unabhängigkeit und Erklärungsfähigkeit einige Schwächen des Ansatzes. Dabei ist zunächst zu beanstanden, dass die phänomenologisch bestimmten „Gründe" des Besuchs von Sportveranstaltungen Motiven gleichgesetzt werden. Eine theoretische Bestätigung dieser Annahmen durch die motivtheoretische Fundierung der phänomenologisch erfassten Einzelaussagen wurde nicht vorgenommen. Somit ist eine eindeutige Konstruktbestimmung der Besuchsgründe als Rezeptionsmotive nicht gewährleistet. Einer ähnlichen kritischen Bewertung bedarf auch die Beurteilung der Unabhängigkeit der Modellkonstrukte. Sie wird von den Autoren lediglich angenommen, aber im Verlauf der Untersuchung nicht weiter spezifiziert.[262]

Die Prüfung des Modells erfolgte durch die Studie von STRAUß, der die Bestimmung eines geeigneten Messverfahrens sowie dessen Qualität belegt.[263] Hinsichtlich der **Erklärungsfähigkeit** des Ansatzes und damit des Beitrags der Einzelmotive bzw. Orientierungen zur Bestimmung des rezeptiven Sportkonsums geben die Untersuchungen keine Hinweise. Beide Studien befassten sich lediglich mit der Motivverdichtung und nicht mit dem empirischen Beleg des Zusammenhangs zwischen identifizierten Motiven und Konsumverhalten.

Die **problemspezifischen Anforderungen** werden vom vorliegen Ansatz erfüllt. Die Konstruktion des Rezeptionsmodells basiert auf der umfassenden Analyse von Zuschauern bei unterschiedlichen Sportarten. Dabei wurden nur jene Rezeptionsmotive in das Modell integriert, die eine sportartenunabhängige Bedeutung aufweisen. Die von MESSING/LAMES

---

261 Vgl. Strauß, B. (1996): Selbstdarstellung von Sportzuschauern, a.a.O., S. 124.

262 Vgl. ebenda, S. 125.

263 Vgl. Strauß, B., Lames, M., Messing, M (1997): Typologisierung von Sportzuschauern durch probabilistische Meßmodelle, in: Maxeiner, J. (Hrsg.) Psychologische Aspekte beim Lernen, Trainieren und Realisieren von Bewegungshandlungen, Köln, S. 50 f.

postulierten allgemeingültigen Grundorientierungen stellen damit ebenfalls sportartenunabhängige Modellkonstrukte dar. Generell ist das Motiv-Konstrukt zudem geeignet – neben dem hier untersuchten Vor-Ort-Konsum –, zur Erklärung der medialen Sportrezeption beizutragen. Von der Relevanz des Konstrukts zur Analyse der Konsumformenwahl kann daher ausgegangen werden.

Abschließend ist festzustellen, dass das Modell von Messing/Lames aufgrund der z.T. unzureichenden Eindeutigkeit bei der Konstruktabgrenzung sowie des bislang fehlenden Belegs des Erklärungsgehalts der Modellkonstrukte nicht den Anforderungen an ein Sportrezeptionsmodell zur Analyse der Konsumformenwahl entspricht. Insgesamt bestätigt der Erklärungsansatz aber die Relevanz des Motiv-Konstrukts zur Bestimmung der Sportrezeption.

3.3 Auswahl der Untersuchungskonstrukte

Die diskutierten Ansätze basieren auf einer Reihe unterschiedlicher Bestimmungsgrößen, die jeweils in einem differenzierten Erklärungszusammenhang stehen. Sie geben einen Überblick über den Stand der Zuschauerforschung und verdeutlichen zudem die Analyseschwerpunkte bei der Bestimmung des rezeptiven Sportkonsums. Orientiert an den Anforderungskriterien zeigen sie sich dennoch nicht vollständig für eine vergleichende Untersuchung der Konsumformen geeignet. Während die konzeptionellen Anforderungen im Wesentlichen in allen Modellen als erfüllt anzusehen sind, zeigen sich insbesondere bei den empirischen und problemspezifischen Anforderungen die Schwächen der betrachteten Erklärungsmodelle. Aufgrund der vorhandenen Wettbewerbsbeziehungen zwischen Sportveranstaltern und Medienunternehmen[264] muss ein Sportrezeptionsmodell vor allem in der Lage sein, zwischen den fundamentalen Konsumformen zu differenzieren. Ein dementsprechendes Rezeptionsmodell ermöglicht dem Marketing der Veranstalter und Medien eine bedürfnisadäquate Ansprache der entsprechenden Zielgruppen. Insgesamt ist daher festzustellen, dass die betrachteten Erklärungsmodelle den spezifischen Anforderungen von Sportveranstaltern und Sportmedien an ein Sportrezeptionsmodell nur bedingt gerecht werden. Fokussiert man die Modellanalyse auf die Ebene der Einzelkonstrukte, so liefern die vorhandenen Untersuchungen jedoch wichtige Hinweise zur Entwicklung eines anforderungskonformen Erklärungsmodells.

Ziel der vorliegenden Schrift ist es, wesentliche Bestimmungsgrößen der Sportrezeption in einem Partialmodell zu strukturieren, um daraus eine Erklärung für die Konsumformenwahl

---

264 Für den Bereich des professionellen Leistungssport ist davon auszugehen, dass Sportwettkämpfe sowohl direkt vor Ort als auch über die Medien und dabei insbesondere über das Fernsehen rezipiert werden können. Es sei in diesem Zusammenhang nochmals darauf hingewiesen, dass im Rahmen dieser Untersuchung nur sportliche Wettkämpfe betrachtet werden, die über Sportveranstaltungen und -übertragungen an den Zuschauer vermarktet werden und damit sowohl vor Ort als auch medial rezipierbar sind. Siehe dazu Abschnitt A 3.

abzuleiten. Es ist also der Frage nachzugehen, ob mit Hilfe der individuellen Ausprägung der untersuchten Bestimmungsgrößen ein Rückschluss auf die bevorzugte Form der Sportrezeption möglich ist. Dementsprechend sind in das Modell vor allem jene intrapsychischen Konstrukte des Konsumverhaltens aufzunehmen, die im Rahmen vorhergehender Untersuchungen einen hohen Beitrag zur Erklärung des Rezeptionsverhaltens leisten (empirische Anforderungen). Für eine Erklärung der individuellen Konsumformenwahl ist es zudem von besonderer Wichtigkeit, dass die Modellkonstrukte in der Lage sind, zur Erklärung beider grundlegenden Konsumformen beizutragen sowie zwischen den Konsumformen zu differenzieren.

Die Gegenüberstellung der Analyseschwerpunkte der betrachteten Untersuchungen in Bezug zu den Anforderungen an ein Erklärungsmodell der Sportrezeption verdeutlicht die Auswahl der im Weiteren zu betrachtenden Untersuchungskonstrukte. Die Ergebnisse des Anforderungsvergleichs werden aus Abbildung 18 ersichtlich.[265]

[265] Dabei wurde die Prüfung der Anforderungskonformität sukzessive ausgehend von den konzeptionellen Kriterien vorgenommen (siehe Einzelbeurteilungen der Untersuchungsmodelle in Kap. B 3.2). Sind bspw. die konzeptionellen Anforderungen bereits als nicht erfüllt anzusehen, so wurde auf eine weiterführende Beurteilung verzichtet.

Analyseschwerpunkte	Konzeptionelle Anforderungen	Empirische Anforderungen	Problemspez. Anforderungen
Modell von Trail/Anderson/Fink			
Motive	**erfüllt**	**erfüllt**	**erfüllt**
Identifikation	**erfüllt**	**erfüllt**	**erfüllt**
Ergebniserwartungen	bestimmt durch ökonomische und situative Stimuli, kein intrapsychisches Konstrukt		
Erwartungs-(dis)konfirmation (Zufriedenheit)	kurzfristiges Konstrukt, abhängig von einer spezifischen Konsumsituation		
Steigerung des Selbstwertgefühls (BIRG)	nicht erfüllt	-	-
Affektiver Zustand	nicht erfüllt	-	-
Modell von Laverie/Arnett			
Situational Involvement	bestimmt durch Stimuli der Situation		
Enduring Involvement	**erfüllt**	**erfüllt**	**erfüllt**
Attachment (Identifikation)	**erfüllt**	**erfüllt**	**erfüllt**
Zufriedenheit	kurzfristiges Konstrukt, abhängig von spezifischer Konsumsituation		
Fan Identity Salience	erfüllt	nicht erfüllt	-
Modell von Madrigal			
Erwartungs-(dis)konfirmation (Zufriedenheit)	kurzfristiges Konstrukt, abhängig von einer spezifischen Konsumsituation		
Quality of Oponent	Stimulus der ökonomischen Umwelt		
Team Identification	**erfüllt**	**erfüllt**	**erfüllt**
Steigerung des Selbstwertgefühls (BIRG)[266]	**erfüllt**	**erfüllt**	**erfüllt**
Enjoyment[267]	**erfüllt**	**erfüllt**	**erfüllt**
Modell von Messing/Lames			
Soziale Orientierung	erfüllt	nicht erfüllt	-
Erlebnisorientierung	erfüllt	nicht erfüllt	-
Sachorientierung	erfüllt	nicht erfüllt	-
Ergebnisorientierung	erfüllt	nicht erfüllt	-

Abb. 18: Prüfung der Anforderungskriterien (zusammenfassende Darstellung)

Vor diesem Hintergrund zeigen sich insbesondere die Konstrukte **Motive, Identifikation und Involvement** für eine Untersuchung geeignet.

266 Das „BIRG"-Konstrukt ist in diesem Zusammenhang als Motiv der Sportrezeption zu interpretieren.

267 Das „Enjoyment"-Konstrukt ist in diesem Zusammenhang ebenfalls als Motiv der Sportrezeption zu interpretieren.

Das **Motiv-Konstrukt** wurde in den betrachteten multifaktoralen Studien zur Sportrezeption als wesentliche verhaltensdeterminierende Bestimmungsgröße identifiziert. Die Mehrzahl der Partialansätze zum Themengebiet der Zuschauerforschung befasst sich zudem ausschließlich mit der Identifikation und Darstellung von Rezeptionsmotiven zur Erklärung und Beschreibung des Konsumverhaltens.[268] Vorstudien haben die Operationalisierbarkeit einzelner Rezeptionsmotive bestätigt, zudem ermöglicht das Motiv-Konzept eine differenziert detaillierte Beschreibung der Motivationsstrukturen von Medien-Konsumentern und Besuchern von Sportveranstaltungen.

In diesem Zusammenhang ist darauf hinzuweisen, dass die verhaltenswissenschaftliche Forschung dem Motiv-Konzept sehr kritisch gegenübersteht. Motive sind nicht direkt beobachtbar und müssen aus dem Verhalten der Konsumenten geschlossen werden. Dies wirft in der Regel ein Zirkelschlussproblem bei der Identifikation von Konsummotiven auf. So lässt sich im Extremfall für jede Handlung eines Individuums ein Einzelmotiv definieren, das im Grunde nur eine Beschreibung dieser Handlung, nicht aber dessen Erklärung liefert.[269] Der Aussagegehalt eines solchen Motivs ist damit auf einen Sachverhalt beschränkt und ermöglicht keine Verallgemeinerung. Auf der anderen Seite lassen sich sehr abstrakte Motiv-Kategorien ableiten, die allgemeingültig sind, aber kaum Rückschlüsse auf ein konkretes Konsumverhalten erlauben. Dementsprechend werden – im Sinne eines pragmatischen Vorgehens – häufig Motive mittleren Abstraktionsniveaus definiert und in Motivationslisten unterschiedlichen Umfangs übernommen.[270] Verhaltenswissenschaftler kritisieren dabei vor allem die Mängel bei der akademisch korrekten Klassifizierung der gefundenen Erklärungsgrößen als Motive. Zudem zeigen sie, dass sich viele der identifizierten „Motive“ auf andere Konstrukte und Prozesse zurückführen lassen, die damit besser zur Erklärung des Konsumverhaltens geeignet scheinen.[271] Sie beschreiben die auf diesem Wege identifizierten „Motive“ damit lediglich als „Alltagserfahrungen im Umgang mit Menschen“[272]. Vor dem Hintergrund der Zielstellung der Arbeit und der hohen Praxisrelevanz des Motiv-Konzepts sollen Rezeptionsmotive dennoch als zentraler Bestandteil in das Erklärungsmodell der Sportrezeption integriert werden. Um die besprochenen Mängel bei der Motividentifikation zu minimieren, ist im Rahmen der Auswahl der Rezeptionsmotive vor allem darauf zu achten, dass die integrierten Erklärungs-

---

268 Einen umfangreicher Überblick über motivorientierte Rezeptionsuntersuchungen findet sich bspw. bei TRAIL/JAMES, WANN et al. sowie RIEDMÜLLER, Vgl. Trail, G. T., James, J. D. (2001): The Motivation Scale for Sport Consumption, a.a.O., S. 109 f.; Wann, D. L. et al (2001): Sport Fans, a.a.O., S. 28 ff.; Riedmüller, F. (2003): Dienstleistungsqualität bei professionellen Sportveranstaltungen, a.a.O., S. 171.

269 Häufig zitiert wird in diesem Zusammenhang das „Mercedes-Kauf-Motiv“. So lässt sich aus dem Kauf eines Mercedes ein Motiv nach dem Interesse am Besitz eines Mercedes ableiten, das wiederum eine Erklärung für den Kauf liefert. Vgl. bspw. Nerdinger, F. W. (2001): Psychologie des persönlichen Verkaufs, a.a.O., S. 42.

270 Vgl. Bänsch, A. (2002): Käuferverhalten, a.a.O., S. 21 ff.

271 Kroeber-Riel, W., Weinberg, P. (2002): Konsumentenverhalten, a.a.O. S. 141 ff.

272 Nerdinger, F. W. (2001): Psychologie des persönlichen Verkaufs, a.a.O., S. 42 f.

konstrukte als hinreichend operationalisiert und wissenschaftlich fundiert angesehen werden können.

Das **Identifikations-Konstrukt** konnte in vielen Studien als außerordentlich bedeutsame Determinante zur Erklärung der auf das Identifikationsobjekt gerichteten Sportrezeption sowie anderer Formen des objektorientierten Sportkonsums (z.B. Kauf von Fanartikeln, Fanreisen usw.) herausgestellt werden.[273] Damit hat der Grad der Identifikation der Zuschauer mit Sportlern und Teams einen hohen Einfluss auf den ökonomischen Erfolg von Sportveranstaltern und Medienunternehmen und ist daher in das Rezeptionsmodell zu überführen.[274] Die Eignung des Konstrukts begründet sich vor allem aus dessen unstrittigen Erklärungsgehalt. Die Operationalisierung und Erfassung des Konstrukts erscheint dabei z.B. mit Hilfe verbaler Skalen adäquat durchführbar.[275] Hinsichtlich der Forderung nach Differenzierung zwischen den grundlegenden Konsumformen sind dem Autor bislang keine empirisch bestätigten Erkenntnisse bekannt. Dennoch ist generell anzunehmen, dass mit hohem Identifikationsgrad auch die Bereitschaft zu einer intensiveren Auseinandersetzung mit dem Identifikationsobjekt steigt, was zu einem verstärkten Interesse an direkten Rezeptionsangeboten vor Ort führt. Das Identifikations-Konstrukt erfüllt damit die Anforderungen an die Parameter des Erklärungsmodells und ist aus den genannten Gründen in das Sportrezeptionsmodell zu integrieren.

Als weiterer anforderungskonformer Bestimmungsfaktor der Sportrezeption konnte das **persönliche Involvement** identifiziert werden.[276] In den analysierten Studien wurde der empirische Nachweis der Beziehung zwischen Grad des Involvement und Ausprägung der Sportrezeption erbracht. Zudem erscheint das Involvement-Konstrukt insbesondere geeignet, zur Erklärung der individuellen Konsumformenwahl beizutragen. So lässt sich der mediale Konsum von Sportübertragungen aufgrund des geringen Rezeptionsaufwandes eher als Konsumverhalten bei geringerem Involvement kennzeichnen. Demgegenüber kann der Besuch einer Sportveranstaltung als „High-Invovlement-Kauf" charakterisiert werden.

Orientiert an den identifizierten wesentlichen Bestimmungsgrößen des rezeptiven Sportkonsums, kann nun im folgenden Kapitel vier, ein an der Zielstellung der Untersuchung ausgerichtetes Erklärungsmodell entwickelt werden.

---

273 Vgl. Trail, G. T., Anderson, D. F., Fink, J. (2000): A Theoretical Model of Sport Spectator Consumption Behavior, a.a.O., S. 165 f.; Madrigal, B. (1995): Cognitive and Affective Determinants of Fan Satisfaction with Sporting Event Attendance, a.a.O., S. 209 f.

274 Vgl. Fink, J. S., Trail, G. T., Anderson, D. F. (2002): An Examination of Team Identification: Wich Motives are Most Salient to its Existence?, in: International Sports Journal, Summer 2002, S. 196.

275 Zur Erfassung der Identifikation von Sportzuschauern existieren eine Reihe unterschiedlicher verbaler Messskalen. Vgl. z.B. Wann, D. L., Branscombe, N. R. (1993): Sport Fans, a.a.O., S. 1 ff.

276 Neben dem persönlichen Involvement werden, orientiert am Kriterium der Verursachung, weitere Involvement-Konstrukte unterschieden.

4 Entwicklung eines Erklärungsmodells des rezeptiven Sportkonsums

Die bisher diskutierten Ansätze werden den spezifischen Anforderungen von Sportveranstaltern und Sportmedien an ein Sportrezeptionsmodell nur bedingt gerecht. Vor diesem Hintergrund scheint es erforderlich, ein eigenständiges Erklärungsmodell zu entwickeln, das die wesentlichen und typischen Bestimmungsfaktoren beider Optionen des rezeptiven Sportkonsums in einem integrierten Ansatz betrachtet und damit eine vergleichende Analyse hinsichtlich der Ursachen der Wahl der Konsumform ermöglicht.

Zur Entwicklung des Rezeptionsmodells werden zunächst die identifizierten intrapsychischen Erklärungsgrößen für die vorliegende Untersuchung definiert und bezüglich ihres Einflusses auf die weiteren Modellvariablen gekennzeichnet. Daraus abgeleitet werden Forschungshypothesen formuliert, die schließlich zur Entwicklung eines Strukturmodells zusammengefasst werden. Auf eine erneute Darstellung der Reaktionsvariablen Medien-Konsum und Vor-Ort-Konsum soll in diesem Zusammenhang verzichtet werden.[277]

4.1 Spezifikation der intrapsychischen Bestimmungsgrößen der Sportrezeption

4.1.1 Das Motiv-Konstrukt

Motive wurden in den betrachteten multifaktoralen Studien zur Sportrezeption als wesentliche verhaltensdeterminierende Bestimmungsgrößen identifiziert und sind als solche in das Sportrezeptionsmodell zu integrieren. Im Folgenden ist zunächst das der weiteren Untersuchung zugrunde liegende Verständnis des Motiv-Begriffs vorzustellen. Daran anschließend ist eine Operationalisierung des Motiv-Konstrukts hinsichtlich der in das Erklärungsmodell der Sportrezeption zu integrierenden Einzelmotive festzulegen. Die Operationalisierung basiert dabei auf einer Analyse der im Rahmen der sportorientierten Motivforschung identifizierten Rezeptionsmotive.

4.1.1.1 Definition und Abgrenzung des Motiv-Begriffs

Motive dürfen nicht allgemein als „Gründe für Verhalten" verstanden werden. Folgt man der Gegenannahme, wäre jeder Reiz und jedes verhaltenswissenschaftliche Konstrukt ein Motiv.

277 Siehe dazu die Ausführungen in Abschnitt B 2.

Die Psychologie wäre demnach ausschließlich Motivforschung.[278] Es ist daher notwendig, eine Abgrenzung des Konstrukts vorzunehmen.

Die Kennzeichnung des Motiv-Begriffs bedingt zunächst die Klärung und Darstellung der übergeordneten Begriffe der Motivation bzw. des motivierten Handelns. Motivation umschreibt im weiteren Sinne das menschliche Streben nach Zielen.[279] Zielgerichtetes bzw. motiviertes Handeln drückt sich dabei über die verfolgte Richtung, die Intensität und Ausdauer individuellen Verhaltens aus.[280] Die Motivationsforschung versucht demnach zu ergründen, wodurch die zielgerichtete Bewegung ausgelöst wird. Generell ist diesbezüglich festzustellen, dass „Motivation" bzw. das Streben nach Zielen immer durch eine Wechselwirkung der Parameter Person und Situation gekennzeichnet ist. Eine Handlung respektive ein Verhalten erfordert eine handelnde Person, die ihre Handlung zwangsläufig eingebettet in einem bestimmten Situationsrahmen durchführt.[281] Betrachtet man zunächst die handelnde Person, so zeigt sie sich durch eine Vielzahl unterschiedlichster Handlungsziele bestimmt. Solche individuellen Handlungsziele werden thematisch orientiert in allgemeingültige Zielzustandsklassen zusammengefasst. Die theoretisch hergeleiteten, thematischen Klassen symbolisieren damit zusammenhängende und überdauernde Vorlieben der Person und werden als Motive bezeichnet.[282] Werden Motive durch Anreize einer bestimmten Situation aktiviert, führt dies schließlich zur Auslösung von Verhalten. Dabei werden als Anreize alle positiv auffordernden bzw. bedrohlichen Gegebenheiten einer spezifischen Situation zur Realisierung bzw. Behinderung von Zielen gekennzeichnet.[283] Der **Begriff der Motivation** definiert sich damit als das Produkt dauerhafter Merkmale der Person, die als Motive bezeichnet werden, und der spezifischen Anreize der Situation, die auf Motive einwirken und sie aktivieren.[284]

Die Zusammenhänge zwischen Motiven, Motivation und motiviertem Verhalten lassen sich im „Grundmodell der klassischen Motivationspsychologie" zusammenfassen. Abbildung 19 veranschaulicht die verbalen Erläuterungen zu den Konstruktbeziehungen.

---

278 Vgl. Trommsdorff, V. (1998): Konsumentenverhalten, a.a.O., S. 114.

279 RHEINBERG definiert Motivation daher weiterführend als „die aktivierende Ausrichtung des momentanen Lebensvollzugs auf einen positiv bewerteten Zielzustand". Vgl. Rheinberg, F. (1995): Motivation, Stuttgart u.a., S. 14.

280 Vgl. Heckhausen, H. (1989): Motivation und Handeln, 2. völlig überarb. und erg. Aufl., Berlin et al., S. 10; Nerdinger, F. W. (2001): Psychologie des persönlichen Verkaufs, a.a.O., S. 40; Puca, R. M., Langens, T. A. (2002): Motivation, a.a.O., S. 227 f.

281 Nerdinger, F. W. (2001): Psychologie des persönlichen Verkaufs, a.a.O., S. 40.

282 Vgl. Rheinberg, F. (1995): Motivation, a.a.O., S. 17 f.

283 Vgl. Heckhausen, H. (1989): Motivation und Handeln, a.a.O., S. 11.

284 Vgl. Nerdinger, F. W. (1995): Motivation und Handeln in Organisationen, a.a.O., S. 12.

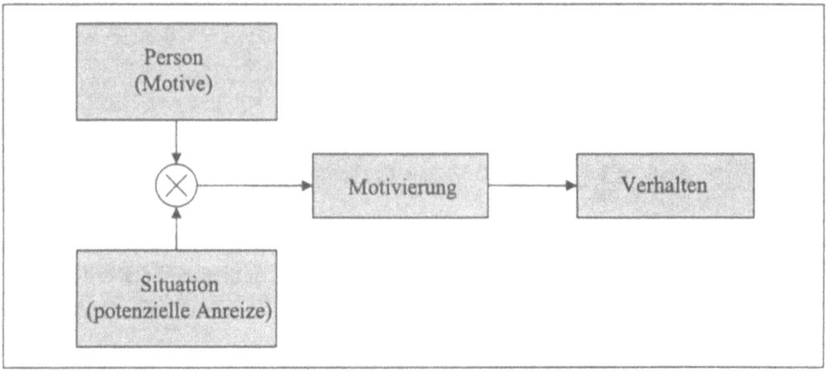

Abb. 19: Das Grundmodell der „klassischen“ Motivationspsychologie
Quelle: Rheinberg, F. (1997): Motivation, a.a.O., S. 69.

Basierend auf den bisherigen Erläuterungen soll der **Motiv-Begriff** im Folgenden als dauerhafte Bereitschaft einer Person verstanden werden, „ ... auf Reize bzw. Ereignisse zu reagieren, die die Annäherung an eine bestimmte Klasse von Zielzuständen signalisieren. Die Antizipation eines Zielzustandes setzt in der Folge Verhalten in Gang, das dem Erreichen [...] des Zielzustandes dient.“[285] In der Forschung zum Konsumentenverhalten werden Motive aufgrund ihrer Zielgerichtetheit als unmittelbar konsumdeterminierende Variablen gekennzeichnet.[286]

Motive haben nicht nur Einfluss darauf, dass Handlungen bevorzugt ausgelöst bzw. vermieden werden. Sie bestimmen auch die **Intensität und Ausdauer des Handlungsprozesses.**[287] Je nach Stärke der Motivausprägung werden Ziele mehr oder weniger energisch und persistent verfolgt.[288] Die individuelle Wichtigkeit der Rezeptionsmotive bestimmt somit auch den Grad der Zielorientierung zum Besuch von Sportveranstaltungen bzw. zum Verfolgen von Sportwettkämpfen via Medienübertragung. Die Stärke bzw. Ausprägung der Rezeptionsmotive ist damit ein Indikator für das reale Rezeptionsverhalten.

---

285 Puca, R. M., Langens, T. A. (2002): Motivation, a.a.O., S. 240; vgl. dazu auch Herber, H.-J. (1976): Motivationspsychologie, Stuttgart u.a., S. 16. Motive beinhalten sowohl kognitive als auch emotionale Komponenten. In der Theorie des Konsumentenverhaltens geht man davon aus, dass die Emotionskomponenten als Grundlage der Handlungsauslösung und die Wissenskomponenten als Grundlage der Zielgerichtetheit der Handlung zu begreifen sind. Vgl. Kroeber-Riel, W., Weinberg, P. (2002): Konsumentenverhalten, a.a.O., S. 141 f..; Bänsch, A. (2002): Käuferverhalten, a.a.O., S. 19.

286 Vgl. Kroeber-Riel, W., Weinberg, P. (2002): Konsumentenverhalten, a.a.O., S. 147 f. HECKHAUSEN kennzeichnet den Motiv-Begriff daher kurz als „ ...Begriff, der etwas erklären soll.“ Vgl. Heckhausen, H. (1989): Motivation und Handeln, a.a.O., S. 9.

287 Vgl. Rheinberg, F. (1995): Motivation, a.a.O., S. 12.

288 Vgl. Puca, R. M., Langens, T. A. (2002): Motivation, a.a.O., S. 227 f.

Motive werden als **überdauernde, stabile Konstrukte** gekennzeichnet.[289] Es besteht damit eine Trennung zwischen dem Motiv als langfristiges Personenmerkmal und einer aktuellen Motivation, die aus der Wechselbeziehung zwischen Motiv und Situation resultiert.[290] Dies lässt sich aufgrund der weitestgehend konsistenten und situationsunabhängigen Reaktion von Konsumenten auf die verschiedenen Klassen von Zielzuständen belegen.[291] Über die angestrebten Zielzustände ist zudem eine Messung der hypothetischen Motiv-Konstrukte und damit eine ökonomische Vorhersage menschlichen Verhaltens möglich.[292]

In diesem Zusammenhang ist aufgrund der Notwendigkeit der praktischen Relevanz des Motiv-Konstruktes für das Marketing auf die **Problematik der Spezifizität** (Allgemeinheitsgrad) von Motiven hinzuweisen. Der Erklärungsgehalt allgemeiner Motive, z.B. Macht, sozialer Anschluss und Leistung entspricht zumeist nicht den Anforderungen des Marketing. Sie bieten kaum Anhaltspunkte, um mit Hilfe des Marketing-Instrumentariums bspw. Sportrezeptionsangebote so zu gestalten, dass eine optimale Bedürfnisbefriedigung der Konsumenten ermöglicht wird. Definiert man dagegen sehr spezifische Motive, so läuft man Gefahr, im Extremfall lediglich das Kaufverhalten eines Konsumenten für ein spezielles Gut erklären zu können.[293] Es ist daher notwendig, Motive mit mittlerer Reichweite zu identifizieren und diese theoretisch zu belegen sowie empirisch zu validieren.[294] Bei der Erstellung eines Sportrezeptionsmodells ist – zur Vermeidung von praxisfernen Forschungsartefakten – auf die Problematik der Spezifizität der integrierten Rezeptionsmotive daher besonders zu achten.

4.1.1.2 Kennzeichnung des Motiv-Konstrukts als Bestimmungsgröße des rezeptiven Sportkonsums

Unter dem im Folgenden zu betrachtenden Motiv-Konstrukt subsummiert sich die Gesamtheit aller auf die Sportrezeption gerichteten Motive einer Person. Es kann daher auch mit dem Begriff der Motivstruktur eines Sportzuschauers gleichgesetzt werden. Die Kennzeichnung der Motivstruktur als Modellfaktor bedingt zunächst eine **Operationalisierung des Konstrukts** hinsichtlich der zu betrachtenden Einzelmotive der Sportrezeption. Daran orientiert soll in einem zweiten Schritt eine umfassende **Kennzeichnung der integrierten Rezeptionsmotive** durchgeführt werden.

289 Siehe zur Stabilität des Motiv-Konstruktes Heckhausen, H. (1989): Motivation und Handeln, a.a.O., S. 9; Puca, R. M., Langens, T. A. (2002): Motivation, a.a.O., S. 240.

290 Vgl. Rheinberg, F. (1995): Motivation, a.a.O., S. 69

291 Vgl. Formica, S., Uysal, M. (1998): Market Segmentation of an International Cultural-Historical Event in Italy, a.a.O., S. 17; Rheinberg, F. (1995): Motivation, a.a.O., S. 18.

292 Vgl. Puca, R. M., Langens, T. A. (2002): Motivation, a.a.O., S. 240.

293 Trommsdorff, V. (1998): Konsumentenverhalten, a.a.O., S. 115; Nerdinger, F. W. (2001): Psychologie des persönlichen Verkaufs, a.a.O., S. 42; Bänsch, A. (2002): Käuferverhalten, a.a.O., S. 21 f.

294 Vgl. Strauß, B. (1994): Orientierungen von Sportzuschauern, a.a.O., S. 24 f.; Trommsdorff, V. (1998): Konsumentenverhalten, a.a.O., S. 118.

Um die Vielzahl der heterogenen, nicht überschneidungs- und widerspruchsfreien Einzelmotive für eine Theorie des Konsumentenverhaltens zu ordnen, sind in der verhaltenswissenschaftlichen Forschung unterschiedliche Kategorisierungen vorgeschlagen worden.[295] Die Systeme lassen sich dabei hinsichtlich der Anzahl der betrachteten Motive differenzieren. Typischerweise werden zur Erklärung der Hintergründe des menschlichen Handelns monothematische, polythematische und athematische Ansätze unterschieden.[296] **Monothematische Ansätze** führen das Verhalten der Konsumenten auf lediglich eine Motivgrundlage zurück. Eine solche eindimensionale Erklärung bietet allerdings nahezu keinen Anhaltspunkt für die Praxis. Dennoch werden sie auch zur Erklärung der Sportrezeption angewandt. In monothematischen Überlegungen zur Sportrezeption wird das Rezeptionsinteresse zumeist ohne umfassende theoretisch-empirische Fundierung vor allem auf die Motive „Spaß haben" oder „Spannung erleben" zurückgeführt.[297] Im Gegensatz dazu wird in **polythematischen Ansätzen** der Versuch unternommen, die Erklärung des Konsumentenverhaltens über eine umfassende und vollständige Auflistungen von Motiven zu erreichen. So wurden auch im Rahmen der Zuschauerforschung in unterschiedlichsten Studien mannigfaltige Einzelmotive identifiziert.[298] Diese Motivkataloge sind aufgrund ihrer hohen Spezifizität für die Marketingpraxis aber zumeist ebenso ungeeignet wie informationsleere „Ein-Motiv-Theorien". Aufgrund der Kritik an den vorgenannten Vorgehensweisen erfolgt die Erklärung des Konsums in **athematischen Ansätzen** jeweils für einen konkreten Fall aus den für ihn relevanten individuellen Handlungszielen.[299] Dabei lassen sich bestimmte Kristallisationsformen von überdauernden Motiven ableiten, die für größere Gruppen von Konsumenten (z.B. Kreuzfahrttouristen, Kurgäste oder auch Sportzuschauer) Gültigkeit besitzen.[300] Dabei geht man davon aus, dass das Konsumentenverhalten zumeist von einem Bündel sich gegenseitig beherrschender und durchdringender Motive bestimmt wird. Eine vollständige Unabhängigkeit der motivationalen Bestimmungsgrößen der Sportrezeption kann nicht angenommen werden.[301] Zur Identifizierung der Motive der Sportrezeption soll daher dem Konzept der athematischen Ansätze gefolgt werden, d.h. in das Sportrezeptionsmodell sind ausschließlich kontextbezogene und dauerhafte Motive des Vor- Ort- sowie des Medien-Konsums zu integrieren.

---

295 Eine Übersicht zu verbreiteten Kategorisierungsansätzen liefert TROMMSDORFF. Vgl. Trommsdorff, V. (1998): Konsumentenverhalten, a.a.O., S. 116 f.

296 Vgl. Thomae, H. (1965): Das Problem der Motivarten, in: Handbuch Psychologie, Bd. 2, Göttingen, S. 418 ff.

297 Vgl. Hermanns, A., Riedmüller, F. (2001): Die duale Struktur des Sportmarktes, a.a.O., S. 46; Brandmaier, S., Schimany, P. (1998): Die Kommerzialisierung des Sports, a.a.O., S. 67.

298 Vgl. dazu im Überblick zur Sportrezeption Gabler, H. (1998): Zuschauen im Sport – Sportzuschauer, a.a.O., S. 122 f. sowie zur Rezeption von „Fernsehsendungen" im Allgemeinen Scheidt, W. (2000): Affekt-Talks, a.a.O., S. 107 ff.

299 Vgl. Bänsch, A. (2002): Käuferverhalten, a.a.O., S. 21 ff.

300 Vgl. Wiswede, G. (1973): Motivation und Verbraucherverhalten, 2. Aufl., München u.a., S. 72.

301 Vgl. Bänsch, A. (2002): Käuferverhalten, a.a.O., S. 23; Stollenwerk, H.-J. (1996): Sport – Zuschauer – Medien, a.a.O., S. 21.

Um eine **Auswahl der wesentlichen Rezeptionsmotive der Sportzuschauer** durchführen zu können, bietet sich eine Analyse der bestehenden empirischen und theoretischen Untersuchungen zur Erklärung des Konsums von Sportveranstaltungen bzw. Sportübertragungen an. Die Operationalisierung des Motiv-Konstrukts hinsichtlich der zu integrierenden wesentlichen Motive der Sportrezeption soll dabei an den **Kriterien theoretische Fundierung und empirische Relevanz** orientiert werden.[302] Dabei zeigt sich insbesondere das Kriterium der empirischen Relevanz als wichtige Grundlage einer geeigneten Operationalisierung der Sportrezeptionsmotivation, da ohne empirischen Beleg der Regelmäßigkeit des Zusammenhangs zwischen identifiziertem „Rezeptionsmotiv" und Konsumverhalten die hypothetischen Konstrukte nicht als Motive sondern lediglich als bloße Beschreibungen des Handelns von Sportzuschauern mit geringem wissenschaftlichen Wert zu bezeichnen sind.[303]

Bei der Analyse der Studien zeigt sich, dass sich die Mehrzahl der Veröffentlichungen auf die Identifikation von Rezeptionsmotiven des Vor-Ort-Konsums fokussiert. Die Tabelle 1 gibt daher zunächst die Ergebnisse häufig angeführter empirischer Untersuchungen zu den Motiven des Vor-Ort-Konsums im Überblick wieder.

Genutztes Leistungsangebot	**Identifizierte Motive**	**Quelle**
Besuch von Heimspielen in Profiligen der USA	Abbau von Stress, Unterhaltung, Entspannung, Aggressionsabbau, Miterleben von Erfolgen	SLOAN (1989), S. 185 ff.
Besuch von Sportveranstaltungen	Unterhaltung, soziale Interaktion, Spannung, Gemeinschaftserlebnis, Identifikation	KLAUSEN (1992), S. 125
Besuch von Sportveranstaltungen	Identifikation, Anschluss, Anerkennung, Unterhaltung, Spannung, Begeisterung	MESSING (1996), S. 17
Besuch von Sportveranstaltungen	Unterhaltung, Ablenkung, Identifikation, Begeisterung, Erlebnis, Geselligkeit, Gemeinschaftlichkeit, Nervenkitzel	OPASCHOWSKI (1996), S. 39 f.
Besuch von Spielen des College Footballs der USA	Willfährigkeit, Verpflichtung, Kameradschaft, Identifikation, Suche nach Selbsterkenntnis, Selbstdarstellung, Internalität	KAHLE/ KAMBARA/ ROSE (1996), S. 51 ff.
Besuch eines Football Heimspiels	Stressabbau, Unterhaltung, Entspannung, Aggressionsabbau, Miterleben von Erfolgen	GRAY (2001), S. 316

Tab. 1: Empirisch identifizierte Motive für den Besuch von Sportveranstaltungen

Quelle: Erweiterung der Auflistung nach Riedmüller, F. (2003): Dienstleistungsqualität bei professionellen Sportveranstaltungen, a.a.O., S. 171.

302 Generell stellt die Motivstruktur (und damit die Gesamtheit der rezeptionsbezogenen Motive) eines Sportzuschauers eine wichtige Erklärungsgröße der Sportrezeption dar. Bei der Prüfung der Anforderungen an die Faktoren eines Sportrezeptionsmodells konnte die Bedeutung des Motiv-Konstruktes diesbezüglich bestätig werden. Eine umfassende Prüfung aller Einzelmotive der Motivstruktur von Sportzuschauern anhand der Anforderungskriterien ist demnach nicht notwendig.

303 Vgl. Strauß, B. (1994): Orientierungen von Sportzuschauern, a.a.O., S. 24 f.; Nerdinger, F. W. (1995): Motivation und Handeln in Organisationen, a.a.O., S. 12.

Die ausschließliche Betrachtung von Studien zum Vor-Ort-Konsum vernachlässigt die Perspektive der Medien-Konsumenten. Für die hier vorzunehmende Operationalisierung des Motiv-Konstrukts ist es daher notwendig, ebenfalls Studien zum Konsum von Sportübertragungen zu betrachten. Dabei muss festgestellt werden, dass generell nur eine geringere Zahl an medienbezogenen Untersuchungen im Sportbereich existiert.[304] Um die Auswahl der Motive auf der Grundlage einer breiten Wissens- und Erkenntnisbasis durchführen zu können, wurden im Rahmen der Untersuchung auch Studien zur Rezeptionsmotivation sportverwandter Medienangebote betrachtet. Eine wesentliche Einschränkung bei der Analyse medialer Rezeptionsmotive ergibt sich aus der weitgehenden Fokussierung der Studien auf das Medium Fernsehen. Dieser Forschungsschwerpunkt begründet sich aus der überragenden Bedeutung des Fernsehens als Leitmedium für Sportübertragungen.[305] Im Wesentlichen ist dennoch anzunehmen, dass die für TV-Übertragungen identifizierten Rezeptionsmotive auch für die weiteren Formen von Sportübertragungen Gültigkeit besitzen. Einen Überblick über die diesbezüglich bekannten grundlegenden empirischen Untersuchungen gibt Tabelle 2.

---

304 Vgl. Kinkema, K. M., Harris, J. C. (1998): MediaSport Studies: Key Research and Emerging Issues, in: Wenner, L.A. (Hrsg.): MediaSport, London, New York, S. 47 ff.

305 Vgl. Scholz, R. (2001): Die Rolle der Medien im Sport, a.a.O., S. 531. PATH/TROSIEN betont in diesem Zusammenhang auch die hohe Bedeutung des Sports für das Fernsehen. Vgl. Path, T., Trosien, G. (1999): Fußball als Fernsehprodukt, a.a.O., S. 136.

Genutztes Leistungsangebot	**Identifizierte Motive**	**Quelle**
TV-Sportübertragungen	• Fanship-Dimension: Erleben des Triumphs, Spannung, • Learning-Dimension: Informationsbedürfnis, • Release Dimension: Entspannung, • Companionship-Dimension: Geselligkeit, Familienkontakt, Anschluss, • Filler Dimension: Zeitvertreib	WENNER/GANTZ (1998), S. 236 f.
TV-Sportübertragungen	• Soziale Motive: Geselligkeit, Gewohnheit, Information, Meinungsbildung, Sozialer Nutzen, Familienerleben, • Parasoziale Motive: Lernen, Identifikation, Entspannung: Wirklichkeitsflucht, Ästhetik, Unterhaltung, Show, • Stimulation: Sensationslust, Emotionalität, visueller Reiz	AIMILLER/ KRETSCHMAR (1995), S. 13 ff.
Sportveranstaltungen sowie Mediensport-angebote	Soziale Kontakte, Entspannung, Erleben von Ästhetik, Aggressionsabbau	SHAMIR/ RUSIKIN (1984), S. 19 f.
Fernsehsendungen (ohne expliziten Sportbezug)	• Motivgruppe Ablenkung und Zeitvertreib: Zerstreuung, emotionale Entlastung, Erholung, • Motivgruppe Persönliche Beziehungen: Geselligkeit durch parasoziale Interaktion, sozialer Nutzen durch Information, • Motivgruppe Persönliche Identität: Persönlicher Bezug zum Medium und dessen Formaten, Realitätserklärung durch Information, Sicherung des Wertesystems, • Motivgruppe Umweltüberwachung: Kontrollerleben durch Information	MCQUAIL/ BLUMER/ BROWN (1972), S. 155 ff.
Fernsehsendungen (ohne expliziten Sportbezug)	Wissenserwerb, Gewohnheit, Entspannung, emotionale Anregung/ Spannung, Eskapismus, Geselligkeit, Zeitvertreib	GREENBERG (1974), S. 73 f.
Nachrichtensendungen (ohne expliziten Sportbezug)	Informationsinteresse, Kontrollerleben (Wissen als Entscheidungshilfe), Unterhaltung, Geselligkeit (parasoziale Interaktion mit TV-Akteuren)	PALMGREEN/ WENNER/ RAYBURN (1980), S. 169 ff.
Fernsehsendungen (ohne expliziten Sportbezug)	Zeitvertreib (inklusive Gewohnheit), Soziale Interaktion, Geselligkeit, Emotionale Anregung (Spannung), Eskapismus, Informationsinteresse, Unterhaltung, Entspannung	RUBIN (1981), S. 146 ff.

Tab. 2: Empirisch identifizierte Motive der TV-Sportrezeption und vergleichbarer TV-Angebote

Den in empirischen Studien identifizierten Motiven fehlt es zumeist an einer hinreichenden theoretischen Fundierung.[306] Daher werden zur Motivauswahl auch Meta-Analysen empirischer Studien herangezogen, in denen eine z.T. detaillierte motivtheoretische Begründung der identifizierten Rezeptionsmotive vorgenommen wird. Einschränkend ist festzustellen, dass in der Mehrzahl der Untersuchungen wiederum eine einseitige Fokussierung auf Motive des Vor-Ort-Konsums vorgenommen wird. Eine Übersicht über die Analysen zur Sportrezeptionsmotivation gibt Tabelle 3.

Vorgehen zur Motivbestimmung	**Identifizierte Motive**	**Quelle**
Theoretische Analyse vorhandener Sportrezeptionsstudien	Spannung, Aufbau des Selbstwertgefühls, Entspannung, Unterhaltung, Wetten, Ästhetik, Anschluss, Familienkontakt	WANN (1995), S. 377 ff.
Meta-Analyse vorhandener Sportrezeptionsstudien	Unterhaltung, Stimulation, Identifikation, soziale Kontakte	GLEICH (1998), S. 144
Theoretische Begründung empirisch identifizierter Rezeptionsmotive	• Sportbasierte Motive: Entspannung, Vervollkommnung des Fachwissens, Ästhetik, • Motive des psychischen Wohlergehens: Aufbau des Selbstwertgefühls, Selbstdarstellung, Entwicklung eines Wertesystems, • Soziale Motive: Abwechslung, Anschluss, Geselligkeit, • Persönliche Motive: Leistung, Risikoorientierung, Aggressionsabbau, Wettkampforientierung	MILNE/ MCDONALD (1999), S. 22 ff.
Theoretische Begründung empirisch identifizierter Rezeptionsmotive	Leistung, Wissenserwerb, Ästhetik, Drama, Entspannung, Familienkontakt, physische Attraktivität der Sportler, technische Fähigkeiten der Sportler, Anschluss	TRAIL/JAMES (2001), S. 115
Meta-Analyse vorhandener Sportrezeptionsstudien	Spannung, Ästhetik (Kunst), Identifikation, Gemeinschaftserlebnis, Gesellschaftlicher Kontakt (Kommunikation)	FREYER (2003), S. 191
Analyse allgemeiner motivationstheoretischer Ansätze	• Bezogen auf das Sporttreiben: Stress und Stimulation, Sensationslust, Unterhaltung, • Bezogen auf das Ergebnis des Sporttreibens: Leistungsorientierung, Helden-Identifikation, • Bezogen auf sportexterne Zwecke: Erholung, Zerstreuung, Aggressionsabbau, Anschluss, Aggressionslust als Ausdruck körperlicher Macht	GABLER (1998), S. 124 ff.

Tab. 3: Ergebnisse übergreifender Analysen zur Sportrezeptionsmotivation

Im Ergebnis des Auswahlprozesses ist festzustellen, dass sich das Phänomen der Sportrezeption nicht auf einige wenige Motive zurückführen lässt und zudem die Diskussion über Moti-

306 Vgl. Gabler, H. (1998): Zuschauen im Sport – Sportzuschauer, a.a.O., S.123 f.

ve für das Vor-Ort-Erleben bzw. die Medien-Rezeption von Sportwettkämpfen noch weitestgehend uneinheitlich geführt wird. Daher muss in das hier zu entwickelnde Rezeptionsmodell eine relativ große Anzahl an Motiven integriert werden. Letztendlich soll das Forschungsfeld explorativ zugänglich gemacht und damit der Fehler vermieden werden, durch eine begrenzte theoretische Vorauswahl die empirischen Ergebnisse in eine bestimmte Richtung zu beeinflussen. Die **begründeten Ergebnisse des Auswahlprozesses** werden im Folgenden dargestellt. Dazu werden die zur Operationalisierung des Motiv-Konstrukts herangezogenen Einzelmotive als Bestimmungsgröße der Sportrezeption gekennzeichnet sowie deren Auswahl anhand ihrer theoretischen Fundierung sowie der empirischen Relevanz des Konstrukts begründet.

Das **Eskapismus-Motiv** wurde in vielfältigen Studien zu unterschiedlichen Sportarten als überdauernder Bestimmungsgrund der Sportrezeption empirisch bestätigt.[307] Dies gilt sowohl für den Vor-Ort- als auch für den Medien-Konsum.[308] Inhaltlich bestimmt sich das Motiv als Bedürfnis nach Erholung und Entspannung durch die **zeitweise Ablenkung und Flucht vor den Problemen und der Komplexität des Alltags.**[309] WANN vertritt diesbezüglich die Auffassung, dass das Eskapismus-Motiv besonders in stark von persönlichen Problemen und Stress gekennzeichneten Lebensphasen ausgeprägt ist.[310] ENZENSBERGER definiert das Eskapismus-Motiv als „Bruch mit der Alltagswelt" und betont dessen Relevanz insbesondere im Zusammenhang mit der Nutzung des Fernsehens. In dieser extremen Auffassung bezeichnet er das Fernsehen als Nullmedium, das nur bedingt aufgrund des Interesses an den vermittelten Inhalten, sondern vor allem zum kognitiven Abschalten genutzt wird.[311] Eine theoretische Begründung des Eskapismus-Motivs gibt SLOAN.[312] Er führt es auf die „Diversion Theory" und die „Recreation Theory" zurück. Nach der „Recreation Theory" zeigt sich das Individuum generell an Möglichkeiten zur Erholung und Entspannung von den Verpflichtungen des täglichen Lebens interessiert. Die „Diversion Theory" thematisiert das menschliche Motiv nach Ablenkung und Zerstreuung vom Alltag. Sie wird zumeist als Bestandteil der „Recreation Theory" beschrieben.

---

307 Vgl. Vorderer, P. (1992): Fernsehen als Handlung, a.a.O., S. 106 f.

308 Vgl. dazu bspw. Trail, G. T., Anderson, D. F., Fink, J. (2000): A Theoretical Model of Sport Spectator Consumption Behavior, a.a.O., S. 162; Wann, D. L. et al (2001): Sport Fans, a.a.O., S. 38 f.; Wenner, L. A., Gantz, W. (1989): The Audience Experience with Sports on Television, a.a.O., S. 255 f.

309 Vgl. Smith, G. J. (1988): The noble Sports Fan, in: Journal of Sports and Social Issues, Vol. 12, S. 56; Zillmann, D., Bryant, J., Sapolsky, B. S. (1989): Enjoyment from Sports Spectatorship, a.a.O., S. 250; Krohn, F. Bet al. (1998): Psychological and Sociological Influences on Attendance at small College Sporting Events, in: College Student Journal, Vol. 32, S. 282.

310 Vgl. Wann, D. L. (1997): Sport Psychology, Upper Saddle River, S. 330.

311 Vgl. Enzensberger, H. M. (1988): Das Nullmedium oder Warum alle Klagen über das Fernsehen gegenstandslos sind, in: Enzensberger, H. M. (Hrsg.): Mittelmaß und Wahn: Gesammelte Zerstreuungen, Frankfurt am Main, S. 100 sowie auch Vorderer, P. (1992): Fernsehen als Handlung, a.a.O., S. 106 ff.

312 Vgl. zu den folgenden Ausführungen Sloan, L. R. (1989): The Motives of Sport Fans, a.a.O., S. 183 f.

Das **Spannungs-Motiv** konnte in der Mehrzahl der empirischen Studien unabhängig von der Art der Rezeptionsform (vor Ort oder Medien) als relevantes Motiv bestätigt werden.[313] Eine Prüfung der relativen Bedeutung des Spannungsmotivs für Stadionbesucher im Vergleich zu TV-Zuschauern steht aber noch aus. Diesbezüglich gibt es bislang keine empirischen Erkenntnisse.[314] Unter dem Spannungsmotiv versteht man generell das **Bedürfnis nach positiver emotionaler Anregung und Stimulation**.[315] Aufgrund der Unsicherheit der Wettkampfergebnisse ist die Sportrezeption in besonderer Weise geeignet, das Spannungsmotiv zu befriedigen.[316] Eine mögliche Begründung für das Spannungsmotiv liefert die „Stress and Stimulation Seeking Theory", wobei davon ausgegangen wird, dass die Langeweile des Alltags zum Bedürfnis nach Spannung, Aufregung und Risiko führt.[317]

Das **Unterhaltungs-Motiv** definiert sich in kurzer Form als **Bedürfnis des Individuums nach Spaß und Freude**.[318] In der sportbezogenen Publikumsforschung gilt es als eine wichtige Erklärungsgröße der Sportrezeption, was in unterschiedlichen empirischen Studien bestätigt werden konnte. [319] Dabei ist anzunehmen, dass das eher undifferenzierte und wenig sportspezifische Unterhaltungsmotiv – aufgrund des geringen Aufwands zum TV-Konsum – einen hohen Beitrag zur Erklärung der TV-Sportrezeption liefert.[320] Eine umfassende Abgrenzung des Unterhaltungs-Motivs unternimmt SLOAN. Der spezifische Unterhaltungswert des Sports beruht danach auf den Faktoren Ästhetik und Wertebewahrung. Das Zuschauerinteresse richtet sich zum einen auf die Ästhetik der sportspezifischen Bewegungsformen und zum anderen auf den regelgerechten Ablauf des Sportevents und das Ideal sportlicher Fairness.[321] Die theoretische Begründung des Unterhaltungsmotivs wird durch das in motivtheoretischen Untersuchungen herausgestellte „Entertainment-Seeking Motiv" ermöglicht.[322]

---

313 Vgl. Stollenwerk, H.-J. (1996): Sport – Zuschauer – Medien, a.a.O., S. 18 f.; Gabler, H. (1998): Zuschauen im Sport – Sportzuschauer, a.a.O., S. 121 f.; Freyer, W. (2003): Sport-Marketing, a.a.O., S. 191 f.

314 Siehe Abschnitt A 4.

315 Vgl. Wann, D. L. et al (2001): Sport Fans, a.a.O., S. 38 ; Gabler, H. (1998): Zuschauen im Sport – Sportzuschauer, a.a.O., S. 125.

316 Vgl Trail, G. T., Anderson, D. F., Fink, J. (2000): A Theoretical Model of Sport Spectator Consumption Behavior, a.a.O., S. 161 f.; Gantz, W., Wenner, L. A. (1995): Fanship and the Television Sports Viewing Experience, a.a.O., S. 58.

317 Vgl. Russel, G. W. (1993): The Social Psychology of Sport, New York, S. 18; Sloan, L. R. (1989): The Motives of Sport Fans, a.a.O., S. 185 f.

318 Vgl. Gabler, H. (1998): Zuschauen im Sport – Sportzuschauer, a.a.O., S. 125.

319 Vgl. Opaschowski, H. (1996): Die Zukunft des Sports, a.a.O., S. 39 f.; Messing, M. (1996): Sportsoziologische und systemtheoretische Betrachtung von Zuschauerrollen, a.a.O., S. 17; Wann, D. L. et al (2001): Sport Fans, a.a.O., S. 40.

320 Vgl. Schellhaaß, H. M. (2003): Strategien zur Vermarktung des Sports im Fernsehen, in: BFuP, 55. Jg., Heft 6, S. 515 f.

321 Vgl. Sloan, L. R. (1989): The Motives of Sport Fans, a.a.O., S. 190 f.

322 Vgl. Gabler, H. (1998): Zuschauen im Sport – Sportzuschauer, a.a.O., S. 125; Sloan, L. R. (1989): The Motives of Sport Fans, a.a.O., S. 188.

Das **Selbstwert-Motiv**[323] basiert auf dem menschlichen **Bedürfnis nach Zufriedenheit mit dem Selbstbild sowie dem Streben nach Identität und sozialer Anerkennung.**[324] Die Bedeutung des Selbstwert-Motivs als grundlegender sportrezeptionsorientierter Beweggrund menschlichen Handelns konnte in empirischen Studien bestätigt werden. Durch eigene Anstrengungen ist das Bedürfnis nach Aufwertung der eigenen Person im Alltag zumeist oft nicht zu erreichen. Die Hauptursache der Bedeutung des Selbstwert-Motivs im Rahmen der Sportrezeption liegt daher in der Möglichkeit, im Rahmen der Sportrezeption an den Erfolgen von Sportlern teilzuhaben und in diesem Sinne eine kompensatorische Motivbefriedigung zu erreichen. Zuschauer schreiben sich dabei die Erfolge der Sportler selbst zu, was schließlich zu einer Steigerung des Selbstwertgefühls und des Selbstbewusstseins führen kann.[325] Das Selbstwert-Motiv kann als ein grundlegendes menschliches Motiv bezeichnet werden und lässt sich auf die Theorie des „Achievement-Seeking“ zurückführen.[326]

Das Streben nach Wissen gilt als grundlegende intrinsische Motivation des Menschen. PELLETIER et al. definieren das **Wissenserwerbs-Motiv** als **„performing an activity for the pleasure and satisfaction experienced while learning, exploring or trying to understand something new”**[327]. Im Zusammenhang mit der Sportrezeption richtet es sich vor allem auf das Interesse an der Technik und Taktik des Spiels, auf das Verständnis der sportlichen Regeln des Wettkampfs sowie das Interesse an Spiel- und Ligaständen bzw. -statistiken.[328] Dabei konnte die Bedeutung des Wissens-Motivs zur Bestimmung des rezeptiven Sportkonsums sowohl für TV-Sportrezipienten als auch für Vor-Ort-Konsumenten im Rahmen empirischer Untersuchungen bestätigt werden.[329] Es ist zudem davon auszugehen, dass die Stärke des Bedürfnisses nach Wissen positiv mit dem individuellen Involvement eines Sportzuschauers korreliert. Dabei ist das Wissenerwerbs-Motiv als Ursache des Sport-Involvement zu begreifen.[330]

---

323 In der englischsprachigen Literatur wird es häufig als „Self-Esteem“-Motiv bezeichnet.

324 Vgl. Wann, D. L. (1997): Sport Psychology, Upper Saddle River, S. 331.

325 Vgl. Gabler, H. (1998): Zuschauen im Sport – Sportzuschauer, a.a.O., S. 125.

326 Das „Achievement Seeking“-Motiv wird teilweise auch als „basking-in-reflected-glory“-Motiv bezeichnet. Vgl. dazu. Sloan, L. R. (1989): The Motives of Sport Fans, a.a.O., S. 193 f.; Wann, D. L., Branscombe, N. R. (1990): Die-hard and fair-weather fans, a.a.O., S. 112.

327 Pelletier, L. G., et al. (1995): Toward a new Measure of Intrinsic Motivation and Amotivation in Sports: The Sport Motivation Scale (SMS), in: Journal of Sport & Exercise Psychology, Vol. 17, S. 36.

328 Vgl. Trail, G. T., James, J. D. (2001): The Motivation Scale for Sport Consumption, a.a.O., S. 119.

329 Vgl. Wenner, L. A., Gantz, W. (1989): The Audience Experience with Sports on Television, a.a.O., S. 242; Wenner, L. A., Gantz, W. (2000): Watching Sports on Television, a.a.O., S. 236 f.

330 Vgl. Trail, G. T., Anderson, D. F., Fink, J. (2000): A Theoretical Model of Sport Spectator Consumption Behavior, a.a.O., S. 158.

Das **Anschluss-Intimitäts-Motiv** und damit der Wunsch nach positiven affektiven Beziehungen kann als universelles menschliches Bedürfnis beschrieben werden.[331] Während das **Anschlussmotiv** eher vermeidend auf die **Reduzierung negativer Affekte**, die aufgrund sozialer Isolation und Zurückweisung entstehen können, gerichtet ist, wird das aufsuchen-orientierte **Intimitätsmotiv** durch die Aussicht auf den **Aufbau befriedigender Kontakte zu anderen Menschen** geprägt.[332] Das im Folgenden vereinfachend Anschluss-Motiv genannte Konstrukt kann ebenfalls zur Erklärung des Rezeptionsverhaltens von Sportzuschauern herangezogen werden, was in der Mehrzahl der empirischen Studien zur Sportrezeptions-motivation bestätigt werden konnte.[333] Viele Autoren gehen dabei davon aus, dass die Aussicht auf soziale Kontakte für viele Sportzuschauer ein Hauptgrund des Sportinteresses darstellt.[334] Die Tatsache, dass Sportzuschauer als Besucher von Großveranstaltungen zwangsläufig mit gleichgesinnten Sportinteressierten in Kontakt kommen, kann dabei als Bestätigung für die Befriedigung des Anschlussmotivs gewertet werden.[335] Demgegenüber kann das Anschlussmotiv für den medialen Sportrezipienten zum einen durch das gemeinschaftliche Zuschauen beim Sport (z.B. mit Familie, Freunden bzw. anonymen Zuschauern bei öffentlicher Aufführung) befriedigt werden.[336] Bei allein rezipierenden Fernsehzuschauern ist eine Befriedigung des Anschlussmotivs teilweise aber auch ohne direkte soziale Kontakt möglich. Nach HORTON/WOHL sind quasi-soziale Interaktionen zwischen Zuschauer und Persönlichkeiten des Fernsehens bei der TV-Rezeption in der Lage, reale soziale Kontakte zu ersetzen.[337] Die Zuschauer vor Ort, Sportler und Kommentatoren werden in diesem Fall zum Interaktionspartner des TV-Zuschauers.[338]

---

331 Vgl. dazu vertiefend Puca, R. M., Langens, T. A. (2002): Motivation, a.a.O., S. 227; Rheinberg, F. (1995): Motivation, a.a.O., S. 58 ff.

332 Vgl. Puca, R. M., Langens, T. A. (2002): Motivation, a.a.O., S. 245.

333 Vgl. Milne, G.R., McDonald, M. A. (1999): Sport Marketing, a.a.O., S. 24; Eastman, S. T., Riggs, K. E. (1994): Televised Sports and Ritual, a.a.O., S. 257.

334 Vgl. Wann, D. L. et al (2001): Sport Fans, a.a.O., S. 32.

335 Vgl. Trail, G. T., Anderson, D. F., Fink, J. (2000): A Theoretical Model of Sport Spectator Consumption Behavior, a.a.O., S. 160. Zum Phänomen der „Spectator Crowds" im Sport vgl. Mann, L. (1989): Sports Crowds and the Collective Behavior Perspective, in: Goldstein, J. H. (Hrsg.): Sport, Games and Play, 2. Aufl., S. 299 f.

336 Dies gilt vor allem für Fernsehzuschauer. Prinzipiell könnte aber bspw. auch das gemeinsame Lesen von Sportberichterstattungen in Printmedien (z.B. während der Arbeitspause) sowie eventuell anschließende Diskussionen zur Befriedigung des Anschlussmotivs beitragen. Vgl. Gunter, B. (1987): Behind and in Front of the Screen: Television's Involvement in Family Life, London, Montrouge, S. 7 ff.; Wenner, L. A., Gantz, W. (2000): Watching Sports on Television, a.a.O., 228 f.

337 Vgl. Horton, D., Wohl, R. R. (1986): Mass Communication and Para-Social Interaction, in: Gumpert, G., Cathcart, R. (Hrsg.): Inter/Media, New York, S. 188 ff.; Palmgreen, P., Wenner, L. A., Rayburn, J. D. (1980): Relations between Gratifications Sought and Obtained, a.a.O., 170; Scheidt, W. (2000): Affekt-Talks, a.a.O., S. 113 ff.;

338 Vgl. Aimiller, K., Kretschmar, H. (1995): Motive des Sportzuschauers, a.a.O., S. 13 und S. 17.

Die Problematik aggressiver Zuschauer im Sport ist von vielen Autoren aufgegriffen worden.[339] Aufgrund dieser Tatsache erscheint es notwendig, das **Aggressions-Motiv**, hinter dem sich das **Bedürfnis nach Abbau angestauter Aggressionen** verbirgt, zur Erklärung der Sportrezeption heranzuziehen.[340] Eine motivtheoretische Begründung dieses – in verschiedenen Studien bestätigten – Beweggrunds menschlichen Verhaltens ermöglicht die „Katharsis-Hypothese". Danach strebt der Mensch durch eigenes aggressives Verhalten bzw. durch Zuschauen bei aggressivem Verhalten Anderer nach Reduzierung seines Aggressionsniveaus.[341] Bezogen auf die Sportrezeption ist davon auszugehen, dass die Befriedigung des Aggressionsmotivs eher selten durch körperliche Gewalt gegen Andere erreicht wird. Vielmehr erfolgt der Abbau angestauter Aggressionen vor allem durch bloßes Zuschauen beim Wettkampf bzw. über verbale Attacken gegenüber sportlichen Gegnern.[342] Voraussetzung dafür ist die –bei der Sportrezeption sozial legitimierte – Aufgabe der im Alltag notwendigen Affektkontrolle.[343]

Das **Atmosphäre-Motiv** wird von vielen Autoren als Erklärungsgröße des Zuschauerinteresses herangezogen.[344] Es definiert sich als das **Bedürfnis nach dem Erleben der besonderen Atmosphäre bei Sportwettkämpfen.** Die Atmosphäre bestimmt sich für den Sportzuschauer aus dem authentischen Gesamterlebnis des sportlichen Wettkampfs.[345] Damit steht das Atmosphäre-Motiv in Beziehung zum Bedürfnis des Individuums nach emotionalen und kognitiven Erlebniswerten. Für den Sportkonsumenten bestimmt sich der individuelle Erlebniswert als durch die Dienstleistung vermittelter realer Beitrag zur Erhöhung der Lebensqualität.[346] Die wahrgenommene Atmosphäre entwickelt sich dabei aufgrund der besonderen Fähigkeit des Sports, „echte" Gefühle, Sehnsüchte, Werte und Handlungsmaximen zu kommunizieren.[347] Sie ist somit von einer Vielzahl von Faktoren abhängig. Eine eindeutige und vollständige Abgrenzung des Atmosphäre-Motivs erscheint daher nicht möglich. Vielmehr steht das Bedürfnis nach dem Erleben der Atmosphäre in Zusammenhang mit anderen Rezeptionsmotiven. So

---

339 Vgl. Stollenwerk, H.-J. (1996): Sport – Zuschauer – Medien, a.a.O., S. 17; Herrmann, H. U. (1977): Die Fußballfans, a.a.O., S. 32 ff.

340 Vgl. Guttmann, Allen (1981): Das Verhalten der Zuschauer im Sport, a.a.O., S. 67; Guttmann, A. (1986): Sport Spectators, New York, S. 154 ff.

341 Die Katharsis-Hypthese geht auf die Ursprünge triebtheoretischer Forschungen zurück. Vgl. dazu im Überblick Rheinberg, F. (1995): Motivation, a.a.O., S. 30 ff.; Guttmann, Allen (1981): Das Verhalten der Zuschauer im Sport, a.a.O., S. 67; Sloan, L. R. (1989): The Motives of Sport Fans, a.a.O., S. 177 f.

342 Vgl. Gabler, H. (1998): Zuschauen im Sport – Sportzuschauer, a.a.O., S. 133.

343 Vgl. Mann, L. (1989): Sports Crowds and the Collective Behavior Perspective, a.a.O., S.301 ff. Nur bei wenigen Sportarten gehört es noch zur Norm sich affektkontrolliert zu verhalten. Vgl. Messing, M., Lames, M. (1996): Zur Sozialfigur des Sportzuschauers, a.a.O., S. 180.

344 Vgl. Trosien, G, Preuß, H. (1999): Sport-Fernsehen-Ökonomie, a.a.O., S. 223.

345 Vgl. Gabler, H. (1998): Zuschauen im Sport – Sportzuschauer, a.a.O., S. 123.

346 Vgl. Forberger, D. (2000): Emotionale Determinanten der Dienstleistungsqualität: Entwicklung und Überprüfung eines Messkonzeptes, Wiesbaden, S. 56 f.

347 Vgl. Schwier, J. (2000): Sport als populäre Kultur, a.a.O., S. 93.

ergibt sich die Atmosphäre selbst vor allem durch das gemeinsame Gruppen- bzw. Massenerlebnis und steht damit in engem Bezug zum Anschluss-Motiv. Andererseits ist die Atmosphäre bei Sportwettkämpfen auch ein wesentlicher Faktor für den Unterhaltungswert des Events und trägt damit zur Befriedigung des Unterhaltungsmotivs bei. Ebenso bestimmen Spannung und die Ästhetik des Sports die Atmosphäre eines Wettkampfes. Dementsprechend fällt die motivtheoretische Begründung des Atmosphäre-Motivs durch Rückführung auf grundlegende soziogene Motive schwer. Generell ist davon auszugehen, dass das Atmosphäre-Motiv insbesondere durch den Besuch von Sportveranstaltungen, d.h. vor Ort an der Wettkampfstätte befriedigt werden kann. Mit Einschränkungen ist die Atmosphäre aber auch medial zu transportieren. So ermöglichen das Fernsehen bzw. der Hörfunk im Rahmen von Live-Übertragungen ein mittelbar authentisches Erleben des Sports. Dabei ist davon auszugehen, dass der mediale Zuschauer sich als Teil der vor Ort anwesenden Zuschauer erlebt und somit ebenfalls zum Teilhaber der – vom Gruppenerlebnis bestimmten – Atmosphäre am Wettkampfort wird.[348]

Ein vermehrt diskutiertes Themengebiet der sportwissenschaftlichen Forschung ist die Beeinflussung der sportlichen Leistung der Akteure durch die Anwesenheit und die Aktivitäten der Zuschauer.[349] Grundsätzlich lassen sich vier Formen des Zuschauerverhaltens abgrenzen: (1) sie verhalten sich passiv; (2) sie engagieren sich aktiv durch Klatschen und Anfeuern, bleiben dabei aber unparteiisch; (3) sie beteiligen sich aktiv und parteiisch, indem sie nur einige Sportler anfeuern; (4) sie beteiligen sich aktiv parteisch, indem sie versuchen gegnerische Sportler zu stören. Dabei ist davon auszugehen, dass in einer großen Gruppe von Zuschauern alle Formen nebeneinander auftreten können.[350] Betrachtet man dieses Phänomen vor dem Hintergrund der Erklärung des Rezeptionsinteresses, so zeigt sich, dass der **Wunsch nach Anteilnahme am Wettkampf bzw. Beeinflussung des Wettkampfes** eine weitere Motivation der Sportrezeption darstellt. Bislang wurde das **Aktivitäts-Motiv** allerdings nur selten untersucht.[351] Die Anforderung an eine theoretische Begründung und empirische Fun-

---

348 Preuß, H. (1999): Ökonomische Implikationen der Ausrichtung Olympischer Spiele von München 1972 bis Atlanta 1996, Kassel, S. 268; Vgl. Schwier, J., Schauerte, T. (2002): Sport und Massenmedien, a.a.O., S. 37 und S. 44.

349 Ursprünglich gehen die Untersuchungen zum leistungssteigernden bzw. -hemmenden Einfluss der Anwesenheit anderer Personen auf TRIPLETT zurück. Er fand im Rahmen eines Laborexperiments heraus, dass die Leistung der Versuchspersonen, deren Aufgabe darin bestand, so schnell wie möglich auf einem Ergometer zu fahren, in Abhängigkeit vom Beisein anderer Personen variierte. Vgl. Triplett, N. (1898): The dynamic factors in pacemaking and competition, in: American Journal of Psychology, Vol. 8, S. 507-533 zitiert bei Gabler, H. (1998): Zuschauen im Sport – Sportzuschauer, a.a.O., S. 134.

350 Vgl. Gabler, H. (2002): Motive im Sport, a.a.O., S. 224 ff.; Messing, M., Lames, M. (1996): Zur Sozialfigur des Sportzuschauers, a.a.O., S. 180; Hildenbrandt, F. E. (1994): Goethe im Stadion – oder: Die Entstehung eines kollektiven Selbstgesprächs, in: Hildenbrandt, F. E., Schwier, J. (Hrsg.): Sport und Semiotik, Sankt Augustin, S. 169 f.

351 Dem Verfasser sind bislang keine detaillierten Untersuchungen zur Erklärung der Sportrezeption aus dem Beeinflussungsinteresse der Zuschauer bekannt. Die meisten Autoren verweisen aber darauf, dass Zuschauern der eigene Einfluss auf die Aktiven durchaus bewusst ist und sie diesen Einfluss z.T. bewusst zur Beeinflussung der Sportler einsetzen. Vgl. Sloan, L. R. (1989): The Motives of Sport Fans, a.a.O., S. 195 f.

dierung des Motivs kann daher als nicht erfüllt angesehen werden. Dennoch soll das Konstrukt aufgrund der Bedeutungsbeimessung durch die Forschung und der damit einhergehenden Vermutung der Relevanz ebenso in das Sportrezeptionsmodell integriert und hinsichtlich seines Beitrags zur Erklärung des rezeptiven Sportkonsums geprüft werden. Generell erscheint eine aktive Beeinflussung des Sportgeschehens nur durch vor Ort anwesende Zuschauer möglich. Dennoch sind z.T. auch mediale Live-Zuschauer von der Wirkung ihres Zuschauens auf die Akteure überzeugt. So belegen EASTMAN/RIGGS in ihrer Studie zu den Fan-Ritualen von TV-Konsumenten, dass viele Zuschauer durch bestimmte – zumeist vom Aberglauben geprägten – Verhaltensweisen und Rituale versuchen, das Ergebnis des Wettkampfes bzw. die Leistung der Akteure zu beeinflussen.[352] Dabei sind sie der unumstößlichen Überzeugung, dass erwünschte Wettkampfergebnisse ohne ihre Handlungen nicht zustande kommen. Selbst wenn im beschriebenen Fall objektiv keine Beeinflussung des Sportgeschehens möglich ist, so wird ein Befriedigung des Aktivitäts-Motivs von TV-Zuschauern, die von der Kausalität zwischen ihren Handlungen und dem Wettkampfgeschehen überzeugt sind, dennoch erreicht. Selbst wenn die vorangegangenen Ausführungen – wissenschaftlich-kritisch betrachtet – eher etwas konstruiert wirken und einen Spezialfall darstellen, muss man doch allgemein anerkennen, dass die Leistung von Sportlern auch und nicht zuletzt durch deren Wissen beeinflusst wird, wie viele und welche Zuschauer via medialer Übertragung dem Event beiwohnen. So werden Sportler bspw. zu besonderen Leistungen angespornt, wenn sie wissen, dass Familienangehörige oder Talentscouts großer Sportvereine als Fernsehzuschauer alle Wettkampfaktion beobachten. Andererseits kann das Wissen, dass Millionen von TV-Zuschauern bzw. Radio-Hörern einen Wettkampf verfolgen, auch lähmende Wirkungen auf die handelnden Akteure haben. Dementsprechend kann sich auch der Medien-Rezipient bewusst sein, das Geschehen „vor Ort" durch seine raumversetzte Partizipation in gewissem Umfang mitzubestimmen.

Das Motiv, sich durch Zuschauen bei Sportwettkämpfen die „Zeit zu vertreiben", wurde insbesondere in Studien zum Fernsehkonsum identifiziert.[353] Aufgrund des geringen Aufwandes zum medialen Konsum (Fernsehen, Rundfunk hören, Zeitung lesen) ist das **Zeitvertreib-Motiv** generell geeignet, das Rezeptionsverhalten geringer involvierten Zuschauer für jede Form medialer Inhalte zu erklären.[354] Es scheint damit auch eine nicht zu vernachlässigende Erklärung für die Zuschauerbeteiligung der weniger sportinteressierten Bevölkerung zu sein und soll daher ebenfalls in das Rezeptionsmodell integriert werden. Das Zeitvertreib-Motiv definiert sich dabei als eher aktive und absichtsvolle Aktivität der Mediennutzung, die nicht mit einem erwünschten spezifischen Zielzustand zusammenhängt. Die erstrebte Gratifikation

---

352 Vgl. Eastman, S. T. , Riggs, K. E. (1994): Televised Sports and Ritual, a.a.O., S. 264 f.

353 Vgl. Scheidt, W. (2000): Affekt-Talks, a.a.O., S. 107 ff.

354 Vgl. Enzensberger, H. M. (1988): Das Nullmedium oder Warum alle Klagen über das Fernsehen gegenstandslos sind, a.a.O., S. 100; Zillmann, D., Bryant, J. (1998): Fernsehen, in: Strauß, B. (Hrsg.): Zuschauer, Göttingen et al., S. 196.

hat vielmehr Prozesscharakter und lässt sich als das **Interesse an einer „angenehmen" Beschäftigung** beschreiben. Dabei ist davon auszugehen, dass das Motiv „killing time" in enger Beziehung zu den Rezeptionsmotiven „Unterhaltung" und „Eskapismus" steht.[355] Dennoch unterscheidet sich das Eskapismus-Motiv vom Zeitvertreib-Motiv bspw. durch die Zielstellung der Alltagsflucht zur Erholung und Entspannung, während dies im Fall des „killing time" nicht zu den unmittelbar erwünschten Gratifikationen gehört.[356] Zur Erklärung des Vor-Ort-Konsums erscheint das Konstrukt aufgrund des deutlich höheren individuellen Aufwands zum Besuch von Sportveranstaltungen eher ungeeignet. Dies spiegelt sich in den Studien zur Rezeptionsmotivation von Vor-Ort-Zuschauern wider, in denen das Zeitvertreib-Motiv keine Rolle spielt.

Zusammenfassend ist zu konstatieren, dass im Ergebnis der Untersuchungen 10 Rezeptionsmotive identifiziert werden konnten, die geeignet sind, die grundlegende, rezeptionsorientierte Motivationsstruktur von Sportinteressierten abzubilden. Damit ist eine Operationalisierung des Motiv-Konstruktes hinsichtlich der notwendig zu betrachtenden, wesentlichen Rezeptionsmotive von Vor-Ort-Zuschauern und Medien-Zuschauern erfolgt.

4.1.2 Das Identifikations-Konstrukt

Das Identifikations-Konstrukt wurde in vielen Studien als außerordentlich bedeutsame Determinante zur Erklärung der auf das Identifikationsobjekt bezogenen Sportrezeption sowie anderer Formen des objektorientierten Sportkonsums (z.B. Kauf von Fanartikeln, Fanreisen usw.) herausgestellt.[357] Als wesentliche Determinante der Sportrezeption ist es daher in das zu entwickelnde Erklärungsmodell zu integrieren. Gegenstand der folgenden Ausführungen ist die Definition und Abgrenzung des Identifikations-Konstruktes sowie dessen Kennzeichnung hinsichtlich des Beitrags zur Erklärung der Sportrezeption.

4.1.2.1 Definition und Abgrenzung des Identifikations-Begriffs

Nach SCHLENKER bestimmt sich Identifikation als „der Prozess, das Mittel oder auch die Präsentation seiner Selbst als bestimmter Persönlichkeit, um dadurch die eigene Identität bzw. das Selbstkonzept zu definieren"[358]. Der Ursprung des Identitäts-Konstruktes liegt in der

---

355 Vgl. McQuail, D., Blumer, J. G., Brown, J. R. (1972): The Televised Audience, a.a.O., S. 155 ff.

356 Vgl. Zillmann, D., Bryant, J. (1998): Fernsehen, a.a.O., S. 201.

357 Vgl. Trail, G. T., Anderson, D. F., Fink, J. (2000): A Theoretical Model of Sport Spectator Consumption Behavior, a.a.O., S. 165 f.; Madrigal, B. (1995): Cognitive and Affective Determinants of Fan Satisfaction with Sporting Event Attendance, a.a.O., S. 209 f.; Wann, D. L. et al (2001): Sport Fans, a.a.O., S. 3 ff.

358 Schlenker, B. R. (1986): Self Identifikation: Towards an Integration of the Private and Public Self, in: Baumeister, R. F. (Hrsg.): Public Self and Private Self, New York, S. 23.

„**Social Identity Theory**" von TAJFEL. Danach unterscheidet sich das Selbstkonzept eines Individuums in zwei Aspekte, die personale und die soziale Identität. Während die personale Identität die Einstellungen zu eigenen Attributen wie bspw. Fähigkeiten und Eigenschaften betrifft, leitet sich die soziale Identität aus dem eigenen Wissen um die Zugehörigkeit zu verschiedenen sozialen Gruppen ab, die entweder durch Geburt (z.B. Familie, Nationalität) oder durch eigene Wahl (z.B. Freundeskreis, Identifikation mit einem Fußballverein) bestimmt ist.[359] Die Identifikation mit Schauspielern, Popstars oder Sportmannschaften lässt sich als Teil der sozialen Identität begreifen. Sie bestimmt sich aus der Stärke und Intensität der individuellen Anhängerschaft mit bzw. Zugehörigkeit zu einem Identifikationsobjekt.[360]

Bezogen auf den Bereich des Sports definiert sich der **Begriff der Identifikation** als Grad der Verbundenheit einer Person mit bestimmten Sportlern, Mannschaften oder Vereinen sowie der Bedeutung der Verbundenheit für das individuelle Selbstkonzept.[361] In diesem Zusammenhang werden häufig die Begriffe Anhängerschaft bzw. „Fan-Sein" verwendet. Basierend auf dem Identifikations-Konzept werden unter dem Begriff Fan jene Zuschauer subsummiert, die sich stark mit einem bestimmten Fanobjekt identifizieren. Fanobjekte sind dabei vor allem Sportmannschaften oder -vereine.[362]

Bezüglich der **Abgrenzung des Identifikations-Konstrukts** bestehen in der Literatur unterschiedliche Auffassungen. So definieren einige Autoren Identifikation als Motiv zur Erklärung der Sportrezeption. Sie gehen damit davon aus, dass Zuschauer Sportdarbietungen verfolgen, um ein „Bedürfnis nach Identifikation" mit den Akteuren zu befriedigen. Diese Überzeugung ist mit der hier vorgenommenen Begriffsbestimmung nicht vereinbar. Die Identifikation mit Sportlern ist vielmehr ein Ausdruck der sozialen Identität eines Sportzuschauers. Sie ist somit nicht – wie Motive – über Rezeptionshandlungen zu befriedigen, führt aber dazu, dass, aufgrund der „bedeutsamen Verankerung" der Identifikationsbeziehung im Selbstkonzept des Sportfans, verschiedene auf das Identifikationsobjekt gerichtete Handlungen bevorzugt ausgeführt werden.[363]

---

359 Vgl. Tajfel, H. (1982): Social Psychology of Intergroup Relations, in: Annual Review of Psychology, Vol. 33, S. 1-39 zitiert bei Wann, D. L. et al (2001): Sport Fans, a.a.O., S. 4.

360 Vgl. Trail, G. T., Anderson, D. F., Fink, J. (2000): A Theoretical Model of Sport Spectator Consumption Behavior, a.a.O., S. 165; Strauß, B. (1995): Die Messung der Identifikation mit einer Sportmannschaft: Eine deutsche Adaption der „Team Identification Scale" von Wann und Branscombe, in: Psychologie und Sport, 2. Jg., Heft 4, S. 132 f.

361 Vgl. Wann, D. L., Branscombe, N. R. (1993): Sport Fans, a.a.O., S. 2.

362 Vgl. Gantz, W., Wenner, L. A. (1995): Fanship and the Television Sports Viewing Experience, a.a.O., S. 57; Sloan, L. R. (1989): The Motives of Sport Fans, a.a.O., S.176 f.; Trail, G. T., James, J. D. (2001): The Motivation Scale for Sport Consumption, a.a.O., S. 109.

363 Diese Handlungen lassen sich somit bildhaft-vereinfachend als das „Ausleben der eigenen Persönlichkeit" beschreiben. Bezogen auf die Identifikation mit Sportlern handelt es sich dabei neben der Rezeption von Sportdarbietungen bspw. auch um den Kauf von Merchandising-Artikeln, den Beitritt zu einem Verein, die Übernahme einer Sponsorenverpflichtung, das Verfolgen der sportlichen Karriere eines Aktiven usw.

4.1.2.2 Kennzeichnung des Identifikations-Konstrukts als Bestimmungsgröße des rezeptiven Sportkonsums

Die Auswirkungen der Identifikation auf das Verhalten und die Konsumgewohnheiten von Sportzuschauern wurden in zahlreichen sportpsychologischen Studien untersucht.[364] Dabei zeigte sich, dass sich Zuschauer mit geringem Identifikationsgrad bezüglich einer Vielzahl von Merkmalen und Verhaltensweisen von Zuschauern mit hohem Identifikationsgrad unterscheiden.

Im Zusammenhang mit der Zielstellung dieser Untersuchung ist vor allem der **Einfluss des Konstruktes zur Erklärung der Sportrezeption** von Bedeutung. Ein solcher Einfluss konnte sowohl in einer Reihe von Identifikationsuntersuchungen[365] aber auch im Rahmen der empirischen Prüfung von Erklärungsmodellen der Sportrezeption[366] bestätigt werden. Explizit zeigte sich in allen Studien, dass Zuschauer mit hohem Identifikationsgrad häufiger Besucher von Heim- und Auswärtsspielen sind. Insgesamt investieren sie dabei deutlich mehr Geld und Zeit für den Erwerb von Tickets.[367]

Die Forschungen zum Identifikations-Konzept führten zudem zu einer Reihe weiterer Erkenntnisse über den Sportzuschauer. Sie beziehen sich dabei häufig auf die **Zusammenhänge zwischen Identifikation und den Rezeptionsmotiven** eines Sportfans.

- So konnte in einer Reihe von Studien ermittelt werden, dass Personen mit hoher Identifikation auch ein höheres Wissen über den Sport, Mannschaften und Einzelsportler besitzen.[368]
- WANN/DOLAN berichten, dass Fans deutlich höhere Erwartungen an den Erfolg ihrer Mannschaft haben als Nicht-Fans. Sie erinnern sich dabei vor allem an die aktuellen und vergangenen Siege der eigenen Mannschaft und nur selten an Niederlagen.[369]

---

364 Dabei fand vor allem das Konstrukt der „Team Identification", d.h. die Identifikation mit einer Sportmannschaft, Beachtung.

365 Für eine zusammenfassende Darstellung der wesentlichen Erkenntnisse der Analysen vgl. Wann, D. L., Branscombe, N. R. (1993): Sport Fans, a.a.O., S. 3 sowie Strauß, B. (1995): Die Messung der Identifikation mit einer Sportmannschaft, a.a.O., S. 132 ff.

366 Siehe Abschnitt B 2.2.

367 Vgl. Pilz, G. A., Silberstein, W. (1990): Besucherstruktur im Berufsfußball, a.a.O., S. 30 f.; Mann, L. (1989): Sports Crowds and the Collective Behavior Perspective, a.a.O., S. 308 f.

368 Vgl. Pooley, J. C. (1978): The Sport Fan: A social psychology of misbehaviour, Calgary, S. 14.

369 Vgl. Wann, D. L. (1994): Biased Evaluations of higly identified Sport Spectators: A response to Hirt and Ryalls, in: Perceptual and Motor Skills, Vol. 78, S. 105; Wann, D. L., Dolan, T. J. (1994): Influence of Spectators Identification on Evaluation of the past, present and future Performance of an Sports Team, in: Perceptual and Motor Skills, Vol. 78, S. 547 ff.

- Zuschauer mit hoher Identifikation sind zudem – weit mehr als andere Sportkonsumenten – vom eigenen Einfluss auf das Wettkampfgeschehen überzeugt und gleichzeitig an dessen Beeinflussung interessiert.[370]

- Bezüglich der emotionalen Reaktionen von Fans konnten folgende Erkenntnisse gewonnen werden. Fans reagieren beim Betrachten des Sportgeschehens deutlich emotionaler als Nicht-Fans. Nach Siegen zeigen sie vermehrt positive sowie nach Niederlagen vermehrt negative Emotionen.[371] Dabei werden Erfolge und Misserfolge von Fans verstärkt mit persönlichen Erfolgen und Niederlagen verbunden. So steigern Siege ihrer Mannschaft das Selbstwertgefühl und die Zufriedenheit mit der eigenen Person, während Niederlagen zu Depression und Entfremdungsgefühlen führen.[372] FINK/TRAIL/ANDERSON wiesen diesbezüglich nach, dass Identifikation insbesondere vom Selbstwert-Motiv angeregt wird. Danach steigt der Grad der Identifikation mit Sportlern mit dem Interesse an ihren Erfolgen zu partizipieren.[373] WANN belegt diese Behauptung zumindest teilweise. In einer abgewandelten Untersuchung bestätigte sich die postulierte Kausalbeziehung zwischen Selbstwert-Motiv und Identifikation vor allem für Zuschauer, deren favorisierte Sportler geografisch weit entfernt agieren.[374]

- In einer weiteren Untersuchung stellten WANN/ENSOR/BILYEU heraus, dass die Identifikation mit einem Team vor allem durch intrinsische Sportrezeptionsmotive, wie Freude am Sportgeschehen und Unterhaltung angeregt wird. Demgegenüber führen extrinsische Motivationen, wie die durch Teamerfolg ermöglichte Steigerung des Selbstwertgefühls, in geringerem Umfang zur Ausprägung von Team-Identifikation.[375]

Insgesamt ist festzustellen, dass das Identifikations-Konstrukt geeignet ist, zur Abbildung des komplexen Entscheidungsprozesses der Sportrezeption beizutragen. Vor dem Hintergrund der hier angestrebten Untersuchung stellt sich dabei vor allem die Frage, inwieweit das Identifi-

---

370 Vgl. Wann, D. L. et al.. (1994): Relationship between Spectator Identification and Spectators Perceptions of Influence, Spectators Emotions and Competition Outcome, in: Journal of Sport & Exercise Psychology, Vol. 16, S. 349 ff.

371 Vgl. Schwarz, N., Strack, F., Kammer, D., Wagner, D. (1987): Soccer: Rooms and the Quality of your Life, a.a.O., S. 69 ff.; Strauß, B. (1995): Die Messung der Identifikation mit einer Sportmannschaft, a.a.O., S. 134.

372 Vgl. Wann, D. L., Branscombe, N. R. (1993): Sport Fans, a.a.O., S. 3; Wann, D. L., Branscombe, N. R. (1990): Die-hard and fair-weather fans, a.a.O., S. 105; Sloan, L. R. (1989): The Motives of Sport Fans, a.a.O., S. 194 f.

373 Vgl. Fink, J. S., Trail, G. T., Anderson, D. F. (2002): An Examination of Team Identification, a.a.O., S. 198.

374 Vgl. Wann, D. L. et al (2001): Sport Fans, a.a.O., S. 7.

375 Die Autoren widersprechen damit den Aussagen von FINK/TRAIL/ANDERSON. Vgl. Wann, D. L., Ensor, C. L., Bilyeu, J. K. (2001): Intrinsic and Extrinsic Motives for Originally Following a Sport Team and Team Identification, in: Perceptual an Motor Skills, Vol. 32, S. 452 und S. 454.

kations-Konzept zwischen Vor-Ort-Zuschauern und Medien-Konsumenten zu trennen vermag.

4.1.3 Das Involvement-Konstrukt

Vor dem Hintergrund der Bedeutung des Involvement als Erklärungsgröße des rezeptiven Sportkonsums erscheint es sinnvoll, auch das Involvement-Konstrukt in das Sportrezeptionsmodell zu integrieren. Gegenstand der folgenden Ausführungen ist daher zunächst die allgemeine Kennzeichnung des Involvementbegriffs. Darauf aufbauen soll – anhand bereits vorhandener Studien zur sportbezogenen Involvementforschung – die Bedeutung des Konstrukts zur Bestimmung der Sportrezeption thematisiert werden.

4.1.3.1 Definition und Abgrenzung des Involvement-Begriffs

Zur Kennzeichnung des Involvement-Konstrukts ist es notwendig, eine kurze Einordnung des Begriffs in die Theorie des Konsumentenverhaltens voranzustellen. Daher sollen an dieser Stelle zunächst die Begriffe Aktivierung und Aufmerksamkeit dargestellt werden. **Aktiviertheit** kennzeichnet die Intensität der **physiologischen Erregung des zentralen Nervensystems** und bestimmt die durch den inneren Erregungszustand hergestellte Leistungsfähigkeit und -bereitschaft eines Individuums zu Denken, zu Fühlen und zu Handeln.[376] Aktivierung stellt damit die Voraussetzung dar, dass Produkte und Leistungen (z.B. Haarshampoo, Halbfinalspiel der Fußball-Europameisterschaft) überhaupt vom Konsumenten wahrgenommen werden können.[377] Um Konsumverhalten auszulösen, muss neben der Aktivierung die Aufmerksamkeit des Konsumenten erregt werden. **Aufmerksamkeit** ist die **Selektion und Konzentration auf bestimmte Reize und Informationen**.[378] Der Grad der Aufmerksamkeit wiederum bestimmt sich in besonderem Maß durch das Involvement einer Person gegenüber einem Objekt.

---

376 Der Aktivierungsgrad eines Menschen bewegt sich dabei im Kontinuum zwischen Tiefschlaf (Nullwert) und Panik (Maximalwert). Er wird allein vom Unterbewusstsein gesteuert und beinhaltet somit keine kognitiven Elemente. Vgl. Meffert, H. (2000): Marketing, a.a.O., S. 105.

377 Vgl. Kroeber-Riel, W., Weinberg, P. (2002): Konsumentenverhalten, a.a.O., S. 58 ff.; Trommsdorff, V. (2003): Konsumentenverhalten, a.a.O., S. 48 f.

378 Vgl. Trommsdorff, V. (2003): Konsumentenverhalten, a.a.O., S. 52.

Das **Involvement-Konzept** gilt als eines der bedeutendsten Erklärungsansätze der Konsumentenforschung.[379] In der Literatur finden sich eine Vielzahl differenzierter Involvement-Definitionen.[380] Es erscheint daher sinnvoll, sich in erster Linie dem Definitionskern des Konstruktes zu nähern. MEFFERT beschreibt das Involvement diesbezüglich als Ausdruck der Persönlichkeit. Es kennzeichnet grundsätzlich „den Grad der Ich-Beteiligung oder des Engagements einer Person, sich für bestimmte Sachverhalte oder Aufgaben zu interessieren und einzusetzen."[381] In ähnlicher Weise definiert KROEBER-RIEL/WEINBERG Involvement als „nicht beobachtbares, hypothetisches Konstrukt, das einen Zustand der Aktiviertheit kennzeichnet, von dem das gedankliche Entscheidungsengagement abhängt."[382] Eine einflussreiche Begriffsbestimmung begründet ZAICHKOWSKY. Er kennzeichnet Involvement als **„a person's perceived relevance of the object based on inherent needs, values and interests"**[383] und gibt damit zugleich einen wichtigen Hinweis auf die Ursachen und Hintergründe des Konstrukts.

Betrachtet man das Involvement-Konstrukt aus der Sicht der Konsumforschung, so ist vor allem das Produktinvolvement, d.h. die wahrgenommene persönliche Relevanz eines Produktes oder einer Dienstleistung von besonderer Bedeutung.[384] Dies gilt demnach in gleicher Weise für die Sportrezeptionsforschung, in der sich das Produktinvolvement vor allem auf die Dienstleitung Sportdarbietung richtet. Bei der **Operationalisierung des Produktinvolvement** stellt sich die Frage der Dimensionalität des Konstruktes. Ursprünglich wurde das Involvement als eindimensionales Konstrukt im Sinne einer Bipolarität zwischen High- und Low-Involvement-Gütern bewertet. In dieser konservativen Auffassung definiert sich das Produktinvolvement ausschließlich aus der Dimension „wahrgenommene(s) Interesse bzw.

---

379 Vgl. Kroeber-Riel, W., Weinberg, P. (2002): Konsumentenverhalten, a.a.O., S. 370 f.; Meffert, H. (1992): Marketingforschung und Käuferverhalten, a.a.O., S. 66 f.; Kuß, A., Tomczak, T. (2000): Käuferverhalten, a.a.O., S. 64. TROMMSDORFF spricht in diesem Zusammenhang von einem „Basiskonstrukt der Marketingtheorie". Vgl. Trommsdorff, V. (2003): Konsumentenverhalten, a.a.O., S. 54 f. Ausgangspunkt der rezeptionssorientierten Involvement-Forschung war ein Aufsatz von KRUGMANN zur Wirkung von Fernsehwerbung. Der im gleichen Sinne verwendete Begriff des Ego-Involvement wurde in der Sozialpsychologie in Zusammenhang mit der Einstellungsforschung aber bereits in den 40er Jahren von SHERIF geprägt. Vgl. Sherif, C. F., Sherif, M. (1967): Attitude, Ego-Involvement and Change, New York; Krugmann, H. E. (1965): The Impact of Television Advertsing: Learning without Involvement, in: Public Opinion Quarterly, Vol. 29, S. 350 ff.

380 Vgl. Rothschild, M. L. (1984): Perspectives on Involvement: Current Problems and Future Directions, in: Advances in Consumer Research, Vol. 11, S. 216 f.; Laurent, G., Kapferer, J.-N. (1985): Measuring Consumer Involvement Profiles, a.a.O., S. 42; Antil, J. (1984): Conzeptualization and Operationalization of Involvement, in: Kinnear, T. (Hrsg.): Advances in Consumer Research, Vol. 10, Provo, S. 204; Havitz, M. E., Dimanche, F. (1997): Leisure Involvement revisited: Conceptual Conundrums and Measurement Advances, in: Journal of Leisure Research, Vol. 29, S. 246.

381 Meffert, H. (1992): Marketingforschung und Käuferverhalten, a.a.O., S. 66.

382 Kroeber-Riel, W., Weinberg, P. (2002): Konsumentenverhalten, a.a.O., S. 371 f.

383 Zaichkowsky, J. L. (1985): Measuring the Involvement Construct, in: Journal of Consumer Research, Vol. 12, S. 342.

384 Vgl. Kuß, A., Tomczak, T. (2000): Käuferverhalten, a.a.O., S. 65.

Bedeutung" („perceived interest/ importance").[385] In letzter Zeit werden in der Kaufverhaltensforschung zunehmend **mehrdimensionale Ansätze** des Involvement diskutiert. Ausgangspunkt dieser Überlegungen waren die – im eindimensionalen Fall unzureichend beachteten – vielfältigen Informationen und Facetten des Konstruktes.[386] Die Suche nach unabhängigen Dimensionen des Involvement brachte eine Vielzahl unterschiedlicher Ergebnisse.[387] Einen vielbeachteten Ansatz einer mehrdimensionalen Involvement-Definition liefern LAURENT/KAPFERER. Nach ihrer Auffassung bestimmt sich das Konstrukt aus fünf weitestgehend voneinander unabhängigen Komponenten: Interesse am Produkt, Spaß bzw. Belohnung durch Konsum, Bedeutung der Produktklasse für die eigene Identität, Risikowahrscheinlichkeit einer fehlerhaften Konsumentscheidung sowie Risikokosten bei Falschkonsum.[388]

Die spezifische Konstruktausprägung des Produktinvolvement ist dabei immer durch die **Wechselwirkung der Parameter Situation, Person und Produkt** bestimmt. Es zeigt sich, dass der Grad des Involvement in hohem Maße von personen-, stimulus- und situationsbezogenen Einflussfaktoren abhängig ist.[389] Die **stimulusbezogenen Einflüsse** betreffen die Reize, die von einem Objekt oder Sachverhalt ausgehen (z.B. Produkt, Dienstleistung, Werbung). Diese spezifischen „Produktinformationen" bestimmen die jeweiligen Ausprägungen der Einzeldimensionen des Gesamtkonstrukts. So ist bspw. unmittelbar einsichtig, dass die Dimension „Interesse am Produkt" von den Produktmerkmalen und -eigenschaften sowie den sonstigen über das Produkt verfügbaren Informationen abhängig ist.[390] **Situative Einflüsse** auf das Produktinvolvement sind vor allem durch die Kaufsituation und den Verwendungszweck eines Produktes bestimmt. So ist bei einer Kaufentscheidung unter Zeitdruck kein hohes Involvement zu erwarten. Ebenso variiert der Grad des Involvement in Abhängigkeit davon, ob z.B. eine Flasche Wein für den Eigengebrauch genutzt bzw. im Rahmen einer Party präsentiert werden soll.[391] Eine besondere Bedeutung für das Produktinvolvement haben die **personenbezogenen Einflussfaktoren**. Die Stärke des Involvement wird von den unterschiedlichen Eigenschaften einer Person, wie Kenntnissen, Erfahrungen,

---

385 Vgl. Rothschild, M. L. (1979): Advertising Strategies für High and Low Involvement Situations, a.a.O., S. 78 f.; Laurent, G., Kapferer, J.-N. (1985): Measuring Consumer Involvement Profiles, a.a.O., S. 41 f.; Trommsdorff, V. (2003): Konsumentenverhalten, a.a.O., S. 57.

386 Vgl. Deimel, K. (1989): Grundlagen des Involvement und Anwendung im Marketing, in: Marketing ZFP, 11. Jg., Heft 8, S. 153 ff.; Meffert, H. (1992): Marketingforschung und Käuferverhalten, a.a.O., S. 66.

387 Für eine umfassende Zusammenstellung von Studien zur Identifizierung der Dimensionen des Involvement vgl. Havitz, M. E., Dimanche, F. (1997): Leisure Involvement revisited, a.a.O., S. 261 ff.

388 Vgl. Laurent, G., Kapferer, J.-N. (1985): Measuring Consumer Involvement Profiles, a.a.O., S. 43.

389 Vgl. Costley, C. L. (1987): Meta Analysis of Involvement Research, in: Houston, M. J. (Hrsg.): Advances in Consumer Research, Provo, S. 554 ff.; Meffert, H. (1992): Marketingforschung und Käuferverhalten, a.a.O., S. 69.

390 Vgl. Kuß, A., Tomczak, T. (2000): Käuferverhalten, a.a.O., S. 66.

391 Vgl. Zaichkowsky, J. L. (1985): Measuring the Involvement Construct, a.a.O., S. 348; Trommsdorff, V. (2003): Konsumentenverhalten, a.a.O., S. 55.

Motiven, Einstellungen und Werten etc. bestimmt.[392] „Je stärker ein Objekt diese zentralen persönlichen Eigenschaften berührt, desto höher ist das durch diese Objekte ausgelöste Involvement."[393] Die beschriebenen Wechselwirkungen der Einflussparameter auf das Produktinvolvement illustriert Abbildung 20.

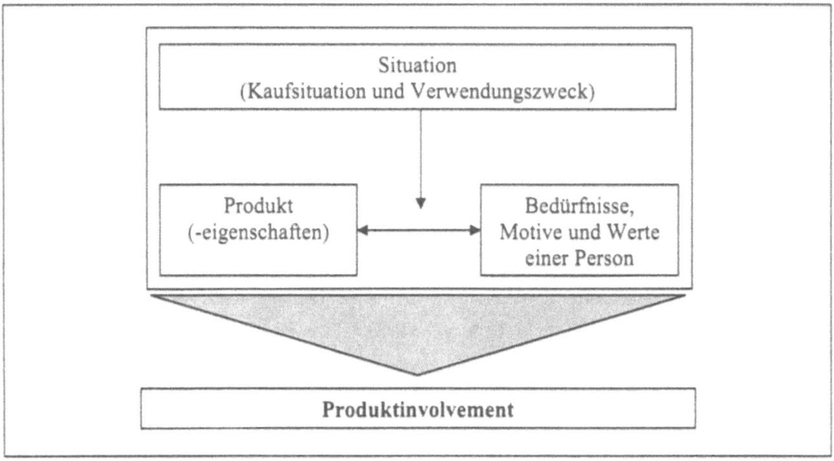

Abb. 20: Einflussfaktoren des Produktinvolvement
Quelle: in Anlehnung an Kuß, A., Tomczak, T. (2000): Käuferverhalten, a.a.O., S. 66.

4.1.3.2 Kennzeichnung des Involvement-Konstrukts als Bestimmungsgröße des rezeptiven Sportkonsums

Die Bedeutung des Involvement als Einflussgröße auf die Sportrezeption konnte in verschiedenen Studien empirisch bestätigt werden.[394] Die Erkenntnisse dieser Untersuchungen sind im Folgenden darzustellen. Sie bilden die Grundlage des Hypothesenmodells zur Erklärung der Sportrezeption. Eine einheitliche Auffassung über die Einordnung des Konstrukts in den Konsumentscheidungsprozess sowie dessen Beziehungen zu weiteren konsumbestimmenden

---

392 Dies entspricht der von MEFFERT vertretenen Auffassung des Involvement als Ausprägung der Persönlichkeit. Vgl. Meffert, H. (1992): Marketingforschung und Käuferverhalten, a.a.O., S. 66, vgl. dazu auch Kuß, A., Tomczak, T. (2000): Käuferverhalten, a.a.O., S. 65.

393 Trommsdorff, V. (2003): Konsumentenverhalten, a.a.O., S. 60.

394 Vgl. Dimanche, F., Havitz, M. E., Howard, D. R. (1993): Consumer Involvement Profiles as a Segmentation Tool, a.a.O., S. 34. In diesem Zusammenhang wird Involvement bzw. "Leisure Involvement" als „unobservable state of motivation, arousal or interest toward a recreational activity or associated product" definiert. Einen umfassenden Überblick über Studien zum "Leisure Involvement" geben Havitz, M. E., Dimanche, F. (1997): Leisure Involvement revisited, a.a.O., S. 247 ff.

Faktoren lässt sich den Arbeiten dennoch nicht entnehmen.[395] Generell ist diesbezüglich (erneut) festzustellen, dass auch in diesem Bereich der sportbezogenen Publikumsforschung **bislang nur wenige Forschungsarbeiten** existieren. Daher sollen an dieser Stelle auch gegenteilige Ansichten über die rezeptionsorientierten Auswirkungen des Sport-Involvement dargestellt werden.

In der sportbezogenen Involvement-Forschung wird vor allem die **Multidimensionalität des Konstrukts** betont.[396] KERSTETTER/KOVIC nutzen diesbezüglich die von LAURENT/KAPFERER eingeführten Involvement-Dimensionen und übertragen sie auf den Bereich des Zuschauersports. Dabei konnten die beiden Autoren die Multidimensionalität des Konstrukts generell bestätigen. Das von ihnen definierte „Spectator-Involvement" bestimmt sich danach aus den drei Dimensionen Interesse an der Sportrezeption, Freude am Konsum sowie Identitätsbedeutung der Sportrezeption.[397] Die folgende Untersuchung soll am beschriebenen mehrdimensionalen Ansatz orientiert werden. Andere Dimensionen des sportbezogenen Involvement identifizieren CAPELLA bzw. SHANK/BEASLEY. Beispielsweise bestimmt sich das Involvement nach CAPELLA durch die Dimensionen Emotionalität, negatives Zuschauerverhalten und positives Zuschauerverhalten.[398] SHANK/BEASLEY identifizieren demgegenüber ausschließlich eine affektive und eine kognitive Dimension des Involvement.[399]

395 Vgl. Laverie, D. A., Arnett, D. B. (2000): Factors Affecting Fan Attendance, a.a.O., S.225 ff.; Shank, M. D., Beasley, F. M. (1998): Fan or Fanatic, a.a.O., S. 440 f.; Capella, M. E. (2001): Measuring Sports Fans' Invovlement: The Fan Behavior Questionaire, in: Southern Business Review, Spring 2002, S. 35; Kerstetter, D. L., Kovich, G. M. (1997): An Involvement Profile of Division I Woman's Basketball Spectators, a.a.O., S. 246.

396 Vgl. Havitz, M. E., Dimanche, F. (1997): Leisure Involvement revisited, a.a.O., S. 246 und die dort zitierte Literatur.

397 Dementsprechend konnte keine Bedeutung der Items Risikokosten und Risikowahrscheinlichkeit nachgewiesen werden. Dies wurde auf den relativ geringen monetären als auch zeitbezogenen Kostenfaktor eines Stadionbesuchs bzw. der medialen Rezeption eines Sportevents zurückgeführt. Vgl. Kerstetter, D. L., Kovich, G. M.(1997): An Involvement Profile of Division I Woman's Basketball Spectators, a.a.O., S. 245. Zu ähnlichen Ergebnissen kommt auch MADRIGAL et al. bei der Untersuchung des Involvement mit Urlaubsaktivitäten. Vgl. Madrigal, R., Havitz, M., Howard, D. (1992): Married Couples' Involvement with Family Vacations, in: Leisure Sciences, Vol. 14, S. 297.

398 Die Dimension „Negatives Zuschauerverhalten" bestimmt sich aus Items, die vor allem den Spaß am Zuschauen selbst beinhalten. Unter anderem enthalten sie auch Items, die Ausdruck „losgelösten" Fanverhaltens ohne Affektkontrolle sind, aber dennoch nicht physisch aggressives Verhalten implizieren. Die Dimension „Positives Zuschauerverhalten" besteht vor allem aus Indikatoren, die die Identifikation mit einem spezifischen Team oder Spieler ausdrücken. Vgl. Capella, M. E. (2001): Measuring Sports Fans' Invovlement, a.a.O., S. 31.

399 Dabei beschreibt die affektive Dimension die Stärke der emotionalen Verbindung zum Sport. Demgegenüber versteht SHANK/BEASLEY unter der kognitiven Involvement-Dimension die eher rationale Bedeutung des Sports für den Betrachter. Er betrachtet zur Operationalisierung der kognitiven Dimension die individuellen Meinungen über die gesellschaftliche und ökonomische Bedeutung des Sports. Vgl. Shank, M. D., Beasley, F. M. (1998): Fan or Fanatic, a.a.O., S. 437 ff. sowie Gantz, W., Wenner, L. A. (1995): Fanship and the Television Sports Viewing Experience, a.a.O., 56 f.

In allen Untersuchungen wird Sportkonsum dabei aber unisono als High-Involvement-Konsum betrachtet.[400]

Im Zusammenhang mit der Zielstellung dieser Untersuchung ist vor allem der **Einfluss des Involvement zur Erklärung der Sportrezeption** von Bedeutung. Diesbezüglich führen SHANK/BEASLEY an, dass der Grad des Involvement die Stärke des Konsums positiv beeinflusst. So zeigte sich in der von den Autoren durchgeführten Studie, dass bei höherem Involvement auch die Anzahl der besuchten Sportevents steigt. Ebenso konnte nachgewiesen werden, dass mit der Stärke des Involvement der Konsum von TV-Sportübertragungen sowie anderer medialer Angebote wie bspw. Sportzeitschriften zunimmt.[401] Bezüglich des Einflusses des „Spectator-Involvement" auf das Rezeptionsverhalten kommen KERSTETTER/KOVIC zu ähnlichen Erkenntnissen. Sie stellen fest, dass die Häufigkeit des Besuchs von Sportevents von der Ausprägung der Involvement-Dimensionen Interesse an der Sportrezeption und Freude am Konsum abhängig ist. Sie weisen diesbezüglich einen signifikant positiven Zusammenhang nach.[402]

Empirische Untersuchungen zum **Einfluss der Rezeptionsmotive auf das sportbezogene Involvement** sind bislang nur selten durchgeführt worden. Lediglich GANTZ/WENNER legen einen umfassenden Ansatz zur Analyse der Beziehungen zwischen den Konstrukten vor. Sie identifizieren einen positiven Zusammenhang zwischen einer Vielzahl eigendefinierter Rezeptionsmotive und dem Involvement des Sportzuschauers. Dabei zeigte sich, dass vor allem für Motive, die auf dem Bedürfnis nach sportlichen Bewegungsformen bzw. dem Bedürfnis nach emotionaler Anregung basieren, ein starker kausaler Zusammenhang zum rezeptionsorientierten Involvement besteht.[403] Betrachtet man die allgemein anerkannten und vielfach bestätigten Wechselwirkungen zwischen Person, Situation und Produkt als Bestimmungsfaktoren des Involvement – nach denen das Involvement durch die Bedürfnisse, Motive und Werte einer Peson bestimmt ist –, so kann die Untersuchung von GANTZ/WENNER als weiterer Beleg der postulierten Zusammenhänge für den Bereich der sportrezeptionsorientierten Konsumentenforschung gewertet werden.

---

400 Vgl. Havitz, M. E., Dimanche, F. (1997): Leisure Involvement revisited, a.a.O., S. 267; Higie, R. A., Feick, L. F. (1989): Enduring Involvement: Conceptual and Measurement Issues, in: Advances in Consumer Research, Vol. 16, S. 690. Die umfassend geführte Diskussion zu Low- und High-Involvement-Käufen soll an dieser Stelle nicht weiter aufgegriffen werden. Vgl dazu z.B. Meffert, H. (1992): Marketingforschung und Käuferverhalten, a.a.O., S. 67.

401 Vgl. Shank, M. D., Beasley, F. M. (1998): Fan or Fanatic, a.a.O., S. 441.

402 Vgl. Kerstetter, D. L., Kovich, G. M. (1997): An Involvement Profile of Division I Woman's Basketball Spectators, a.a.O., S. 246.

403 Vgl. Gantz, W., Wenner, L. A. (1995): Fanship and the Television Sports Viewing Experience, a.a.O., 64 ff.

Zusammenfassend ist zu konstatieren, dass das Involvement-Konstrukt eine relevante, empirisch bestätigte Einflussgröße der Sportrezeption darstellt, die im Folgenden im Rahmen der Konzeption eines Erklärungsmodells der Sportrezeption betrachtet werden soll.

4.2 Darstellung des Erklärungsmodells des rezeptiven Sportkonsums und Ableitung der Modellhypothesen

Die im Abschnitt B 2.2 diskutierten Ansätze erfüllten die Anforderungskriterien an das zu entwickelnde Modell des rezeptiven Sportkonsums nicht vollumfänglich. Für die Aufstellung eines anforderungskonformen Hypothesenmodells liefern sie jedoch wichtige Hinweise. Im Ergebnis der Analysen konnten die Determinanten Motive, Identifikation und Involvement durch den Vergleich bestehender Erklärungsmodelle als wesentliche Konstrukte zur Bestimmung des rezeptiven Sportkonsums identifiziert werden. Im Mittelpunkt stand dabei die theoretisch dargestellte und empirisch belegte Erklärungsfähigkeit der Determinanten. Zum Beleg der Anforderungskonformität der Konstrukte erfolgte in Abschnitt B 3.2 der Arbeit eine ausführliche Darstellung der Einzelkonstrukte sowie insbesondere der Nachweis des Einflusses der Konstrukte auf die Sportrezeption.

Aufbauend auf diesen theoretischen Vorüberlegungen lässt sich ein Rezeptionsmodell beschreiben, das beide grundlegenden Konsumformen der Sportrezeption integriert betrachtet. Die im Kapitel B 3.2 theoretisch hergeleiteten Beziehungen zwischen den Konstrukten wurden zur Hypothesengenerierung genutzt. Abbildung 21 visualisiert das entwickelte Hypothesensystem. Die Richtung der vermuteten Konstruktbeziehungen wird durch Pfeile symbolisiert.

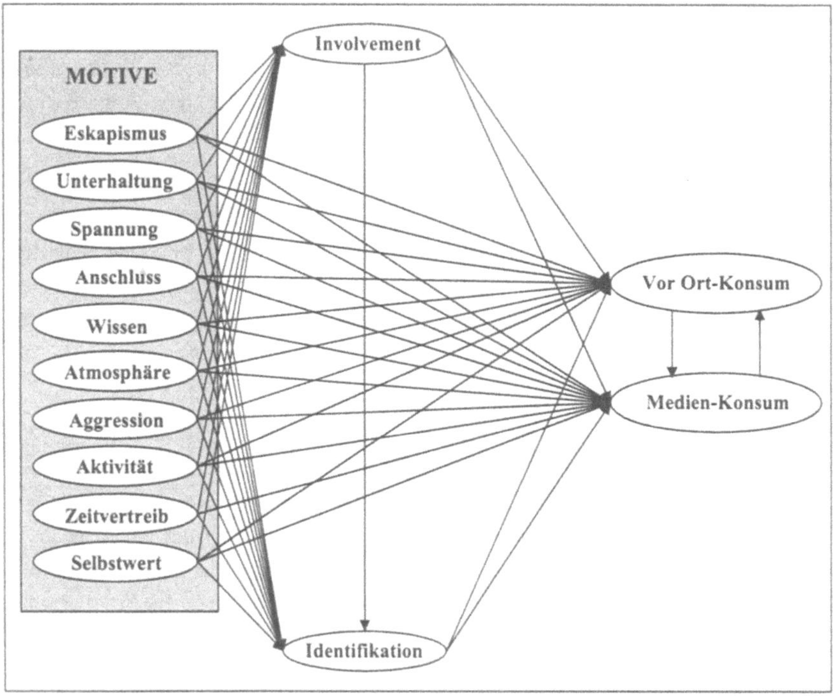

Abb. 21: Modell des rezeptiven Sportkonsums zur integrierten Analyse der grundlegenden Rezeptionsformen

Im Folgenden sollen die erwarteten Konstruktbeziehungen in Form von verbal formulierten Hypothesen dargelegt werden:

Untersuchungshypothese 1:

Rezeptionsmotive sind keine voneinander unabhängige Konstrukte. Vielmehr bedingen sich einzelne Rezeptionsmotive unterschiedlich stark. Sie bestimmen damit in ihrer Gesamtheit die spezifische Rezeptionsmotivation eines Sportzuschauers.

Untersuchungshypothese 2:

Das individuelle Involvement eines Sportzuschauers wird durch dessen Motivationsstruktur bestimmt. Dabei bedingt insbesondere das Wissensmotiv und das Unterhaltungsmotiv die Stärke des Involvement.

Untersuchungshypothese 3:

Die Identifikation mit Sportlern wird ebenfalls durch die Motivationsstruktur des Zuschauers determiniert. Insbesondere das Selbstwertmotiv, das sich durch das Phänomen des „Basking-in-reflected-glory" konkretisiert, ist zur Konstrukterklärung heranzuziehen.

Untersuchungshypothese 4:

Das Involvement des Sportzuschauers bestimmt in besonderem Maß auch dessen Neigung zur Identifikation mit Sportlern. Es wird diesbezüglich ein positiver Zusammenhang erwartet. Je größer das sportbezogene Involvement, um so eher werden sich Sportzuschauer mit einem bestimmten Teil der Aktiven identifizieren.

Untersuchungshypothese 5:

Das Involvement hat einen direkten Einfluss auf die Sportrezeption. Dabei wird vermutet, dass das Involvement-Konstrukt insbesondere zur Erklärung des medialen Sportkonsums beiträgt. Der höhere Aufwand für den Vor-Ort-Konsum wird von lediglich gering involvierten Zuschauern nicht in Kauf genommen, da – zumindest im Rahmen von Fernsehübertragungen – das Informations- und Unterhaltungsbedürfnis in gleicher Qualität befriedigt werden kann.

Untersuchungshypothese 6:

Das Identifikations-Konstrukt trägt zur Erklärung der Sportrezeption bei. Es hat direkte Auswirkungen auf beide Konsumformen. Dabei wird vor allem ein starker Einfluss auf den Vor-Ort-Konsum erwartet. Hoch identifizierte Zuschauer nehmen einen zusätzlichen Aufwand in Kauf, um direkt und in unmittelbarer Nähe zu ihren Sportlern an den Wettkämpfen teilzuhaben.

Untersuchungshypothese 7:

Motive haben direkte Auswirkungen auf den passiven Sportkonsum. So lässt sich vermuten, dass informations- und wissensmotivierte Zuschauer sowie Rezipienten, die kurzzeitiger Entspannung und Ausgleich interessiert sind, eher mediale Rezeptionsangebote nutzen, während stimulations- und integrationsmotivierte Zuschauer verstärkt vor Ort anwesend sind. Es wird somit erwartet, dass die Motive Wissenserwerb, Eskapismus, Unterhaltung und Zeitvertreib vor allem Medien-Konsum hervorrufen, die Motive Spannung, Selbstwert, Aktivität, Aggressionsabbau und Anschlussbedürfnis dagegen eher den direkten Konsum vor Ort bestimmen.

Untersuchungshypothese 8:

Es wird vermutet, dass sich beide grundlegenden Konsumformen gegenseitig bestimmen. Der Vor-Ort-Konsum erklärt somit zu einem bestimmten Grad den Medien-Konsum und vice versa.

Das vorliegende Hypothesenmodell ist im Folgenden im Rahmen der **Modellvalidierung** bezüglich der prognostizierten Zusammenhänge mit Hilfe statistischer Analysemethoden zu prüfen.[404] Lassen sich die hypothetischen Modellzusammenhänge durch die empirischen Messergebnisse einwandfrei belegen, erhält man eine bestätigte Theorie der Sportrezeption. Ist dies nicht der Fall, so ist über die intensive Auseinandersetzung mit der Problemstellung zumindest ein verbesserter Kenntnisstand erreicht, auf dessen Grundlage entweder Verbesserungen des Modellansatzes angestrebt oder neue eigenständige Ansätze entwickelt werden können. So basiert das hier dargestellte Erklärungsmodell der Sportrezeption auf den Erkenntnissen vorhergehender Ansätze und stellt für die folgenden Untersuchungen wiederum einen weiteren Wissensbaustein zu Verfügung.[405]

---

[404] Zur Problematik der Modellvalidierung vgl. Meffert, H., Steffenhagen, H. (1977): Marketing-Prognosemodelle, a.a.O., S. 56.

[405] Siehe Abschnitt B 2.2.

C Empirische Prüfung des Erklärungsmodells des rezeptiven Sportkonsums

1 Darstellung der Vorgehensweise

Die realwissenschaftliche Forschung darf nicht allein auf die Entwicklung theoretischer Konzepte und Modelle, sondern muss gleichzeitig auch auf die Prüfung der Übereinstimmung der theoretischen Konstruktionen mit der Realität ausgerichtet sein. Dies gilt auch und insbesondere für die wirtschafts- und sozialwissenschaftliche Forschung.[406] Um die Relevanz des in Abschnitt B der Arbeit theoretisch hergeleiteten Strukturmodells des rezeptiven Sportkonsums zu prüfen und damit den Nachweis der Existenz und des Erklärungsgehalts der Beziehung zwischen den Bestimmungsgrößen und dem tatsächlichen Sportkonsum zu erbringen, muss das Hypothesenmodell einer **empirischen Überprüfung** unterzogen werden.

Für eine Validierung der theoretischen Aussagen des Strukturmodells ist es notwendig, die empirische Analyse an einer Sportart mit hohem Zuschauerinteresse zu orientieren. Es muss dabei sichergestellt werden, dass der Zuschauer sowohl direkt „vor Ort" als auch „medial" am Sportgeschehen teilhaben kann und somit Informationen hinsichtlich der Nutzung beider Konsumformen erfasst werden können.[407] Vor diesem Hintergrund erfolgt die empirische Analyse anhand der aus Sicht der Zuschauer beliebtesten deutschen Sportart, dem Fußball. Ein solches Vorgehen ermöglicht es, im Rahmen der Untersuchung auf eine umfangreiche Zahl an Zuschauern mit unterschiedlichen Konsumgewohnheiten und -intensitäten zurückgreifen zu können. Aufgrund der Prämisse ausreichender Medienpräsenz fiel die **Wahl des Untersuchungsgegenstandes** weiterhin auf die Fußballbundesliga und damit auf die höchste Profiklasse im deutschen Vereinsfußball. Nur so konnte sichergestellt werden, dass der mediale Konsum nicht auf auflagenschwache „Special Interest"-Zeitschriften bzw. gelegentliche Artikel der Tagespresse beschränkt ist[408], sondern aufgrund der Vielzahl der Fernsehübertragungen der Fußballbundesliga als echte Konsumalternative bezeichnet werden kann.

Eine valide Messung der theoretischen Bestimmungsgrößen der Sportrezeption erfordert eine aufwendige, eigens auf die Anforderungen der Untersuchung abgestimmte Datenerhebung. Das dieser Untersuchung zugrunde liegende Datenmaterial kann diesen Anforderungen nur

---

406 Vgl. Allais, M. (1988): Richtig ist die Empirie, in: Wirtschaftswoche, , 16. Jg., Heft 45, S. 119; Fritz, W. (1992): Marktorientierte Unternehmensführung und Unternehmenserfolg: Grundlagen und Ergebnisse einer empirischen Untersuchung, Stuttgart, S. 93.

407 Siehe Abschnitt B 2.

408 Zu den spezifischen Möglichkeiten des Sportkonsums über Medien siehe Abschnitt B 2.2.

bedingt entsprechen, da es nicht ausschließlich für den hier angestrebten Analysezweck erhoben wurde. Als Hauptproblem der Untersuchung kann die Notwendigkeit der Beschränkung des Fragebogenumfangs herausgestellt werden, was eine durch verschiedene Indikatoren gestützte Messung[409] der theoretischen Konstrukte nur bedingt ermöglichte.

Dazu sei in diesem Zusammenhang auf zwei grundsätzliche empirische Probleme verwiesen. Zum einen ist empirische Forschung zwangsläufig mit Fehlern behaftet. Dennoch sollten empirische Analysen deshalb nicht generell abgelehnt werden. Vielmehr ist es wichtig, sich der Fehler der Erhebungen bewusst zu sein und die Interpretation der Analyseergebnisse unter Beachtung dieser Gesichtpunkte vorzunehmen.[410] Zum anderen unterliegt die empirische Marktforschung generell einer Kosten-Nutzen-Abwägung.[411] Die Kosten eines übermäßigen Befragungsumfangs, die – aufgrund abnehmender Aufnahme- und Konzentrationsbereitschaft der Befragten – in der Gefahr einer nicht wahrheitsgemäßen Beantwortung der Fragen liegen, sind durch den zusätzlichen Nutzen einer exakteren Konstruktmessung nicht aufzuwiegen. Beide Zielstellungen sind konfliktär und führen je nach Betonung eines Aspektes zur Vermehrung des Fehlerpotenzials auf der jeweils anderen Seite. Unter Beachtung dieser zwangsläufigen Einschränkungen empirischer Studien erscheint die **Datenbasis zur Validierung des Hypothesenmodells** durchaus **aussagekräftig**.

Gegenstand des Abschnitts C ist damit die empirische Prüfung des theoretisch hergeleiteten Modells des rezeptiven Sportkonsums. Bevor jedoch auf die **Darstellung der statistischen Analysen und deren Beurteilung** eingegangen werden kann, ist es notwendig, das **Untersuchungsdesign** zu dokumentieren sowie eine Kennzeichnung des zur Modellprüfung eingesetzten **statistischen Analyseverfahrens** vorzunehmen.

2 Vorstellung des Untersuchungsdesigns

Die Überprüfung des Rezeptionsmodells wurde anhand einer Stichprobe der Zuschauer des Fußballbundesligisten FC Hansa Rostock vorgenommen. Die Datenerhebung erfolgte von Oktober bis Dezember 2003 im Rahmen einer Projekt-Arbeitsgemeinschaft, die vom Institut für Marketing und Dienstleistungsforschung der Universität Rostock in Zusammenarbeit mit dem FC Hansa Rostock durchgeführt wurde. Gegenstand der Studie war die umfassende Kennzeichnung und Beschreibung der Zuschauer bzw. Zuschauergruppen des FC Hansa

409 In der empirischen Forschung hat sich der „Mehrindikatoren-Ansatz" zum Ausgleich der durch Fehleranteile behafteten Einzelindikatoren durchgesetzt. Vgl. Trommsdorff, V. (2003): Konsumentenverhalten, a.a.O., S. 41 f.

410 Vgl. Meffert, H. (1992): Marketingforschung und Käuferverhalten, a.a.O., S. 202 f.

411 Vgl. Green, P. E., Tull, D. S. (1982): Methoden und Techniken der Marktforschung, 4. Aufl., Stuttgart, S. 33 ff.; Meffert, H. (1992): Marketingforschung und Käuferverhalten, a.a.O., S. 181.

Rostock. Dazu sollten vor allem die Konsumgewohnheiten, das Ausgabeverhalten, die Identifikation mit dem Verein, die Motive des Rezeptionsinteresses sowie demografische Daten der Stadionbesucher und Medien-Konsumenten erfasst werden.

Um dieser komplexen Zielstellung gerecht zu werden, wurde auf das **Verfahren der mündlichen Befragung** zurückgegriffen.[412] Ein wesentlicher methodischer Vorzug der mündlichen Befragung gegenüber anderen Befragungsformen besteht in der hohen Erfolgsquote und der damit verbundenen Repräsentativität der Ergebnisse.[413] Zudem unterliegt der Befragungsumfang vergleichsweise geringen Beschränkungen und die Interviewer sind in der Lage, die Befragungssituation bis zu einem bestimmten Grad zu kontrollieren.[414] Die Methode der mündlichen Befragung weist aber auch grundsätzliche Mängel auf. In diesem Zusammenhang wird insbesondere auf Verzerrungsgefahren hingewiesen, die, aufgrund des Einflusses der Person des Interviewers auf den Interaktionsprozess zwischen Befrager und Befragten, zu ergebnisverfälschenden Verhaltensreaktionen und Anpassungsmechanismen beim Befragten führen können.[415]

Die Befragungen wurden anhand eines **standardisierten Fragebogens** durchgeführt.[416] Zur Kontrolle der Verständlichkeit der Fragestellungen sowie der Akzeptanz der Befragung wurden im Vorweg der Untersuchungen in zwei Phasen insgesamt 40 Testinterviews angestrengt. Nach erfolgreicher Anpassung des Erhebungsbogens in der ersten Testphase[417] zeigte sich das Befragungsinstrumentarium im zweiten Test als grundsätzlich zur inhaltlichen Erfassung der Daten geeignet.

---

412 Die komplexen Daten lassen sich mit Hilfe der Beobachtung oder im Rahmen experimenteller Versuchsanordnung nicht bzw. nur mit erheblichem Mehraufwand erheben. Zu den Verfahren der Datenerhebung siehe bspw. Meffert, H. (1992): Marketingforschung und Käuferverhalten, a.a.O., S. 195 ff.

413 Vgl. Hafermalz, O. (1976): Schriftliche Befragung – Möglichkeiten und Grenzen, Wiesbaden, S. 28 ff.

414 Insbesondere die Kontrolle der Befragungssituation ist bei der Befragung von Besuchern eines Fußballstadions unerlässlich. Aufgrund der sehr gelösten Stimmung und des teilweise alkoholisierten Zustands der Befragten ist vor allem die Auswahl der Befragungspersonen und die Fokussierung ihrer Aufmerksamkeit auf die Befragungsinhalte wesentlich. Im Fall einer Verteilung der Fragebögen kann von einer konzentrierten und ernsthaften Beantwortung der Fragestellungen nicht ausgegangen werden. Zudem erscheint der Rücklauf der Fragebögen nur schwer steuerbar. Vgl. Scheuch, E. K. (1973): Das Interview in der Sozialforschung, in: König, R. (Hrsg.): Handbuch der empirischen Sozialforschung, Band 2: Grundlegende Methoden und Techniken der empirischen Sozialforschung, Erster Teil, 3. Aufl., Stuttgart, S. 124 f.; Hafermalz, O. (1976): Schriftliche Befragung, a.a.O., S. 33 f. sowie zu den generellen Vorteilen mündlicher Befragungen z.B. Meffert, H. (2000): Marketing, a.a.O., S. 156.

415 Vgl. Bungard, W., Lück, H. E. (1974): Forschungsartefakte und nicht-reaktive Messverfahren, Stuttgart, S. 72.; Hippler, H.-J. (1988): Methodische Aspekte schriftlicher Befragungen: Probleme und Forschungsperspektiven, in: Planung und Analyse, 6. Jg., S. 244.

416 Das Erhebungsinstrumentarium ist umfassend im Anhang II dokumentiert.

417 Im Wesentlichen musste nach der ersten Testphase – neben einigen Itemformulierungen – vor allem der Gesamtumfang des Fragebogens verringert werden.

Um repräsentative Daten sowohl von Vor-Ort-Zuschauern als auch von Medien-Konsumenten zu erhalten, wurde die Untersuchung in zwei Teilerhebungen zerlegt.[418] Zum einen wurden bei drei Bundesliga-Heimspielen des FC Hansa Rostock **Befragungen der Besucher des Ostseestadions** durchgeführt. Um gleichzeitig eine ausreichende Zahl an medialen Zuschauern zu erfassen, wurden in der zweiten Teilerhebung **Passanten-befragungen** in stark frequentierten Einkaufszentren verschiedener Stadtteile der Hansestadt Rostock angestrengt. Insgesamt konnten somit im Rahmen der Erhebungen 1.123 verwertbare Interviews, davon 519 mit Besucher des Ostseestadions und 604 mit Passanten in Rostock, geführt werden.

Die **Grundgesamtheit** lässt sich bezüglich der Konsumgewohnheiten der Zuschauer genauer spezifizieren. Sie setzt sich zu etwa 66 % aus Vor-Ort-Konsumenten zusammen, die durch heterogene Konsumintensitäten gekennzeichnet sind.[419] Nahezu alle Befragten können dagegen als mediale Fußballzuschauer bezeichnet werden. Dabei lassen sich auch hier differenzierte Abstufungen hinsichtlich der Intensität der Nutzung sowie der Art der genutzten Medien vornehmen. Die durchschnittlichen Beurteilungen der Nutzungshäufigkeit medialer Sportrezeptionsangebote gibt Abbildung 22 im Überblick wieder. Dabei zeigt sich insbesondere die hohe Bedeutung der Angebote des Fernsehens und der Tagespresse für den medialen Fußballzuschauer.

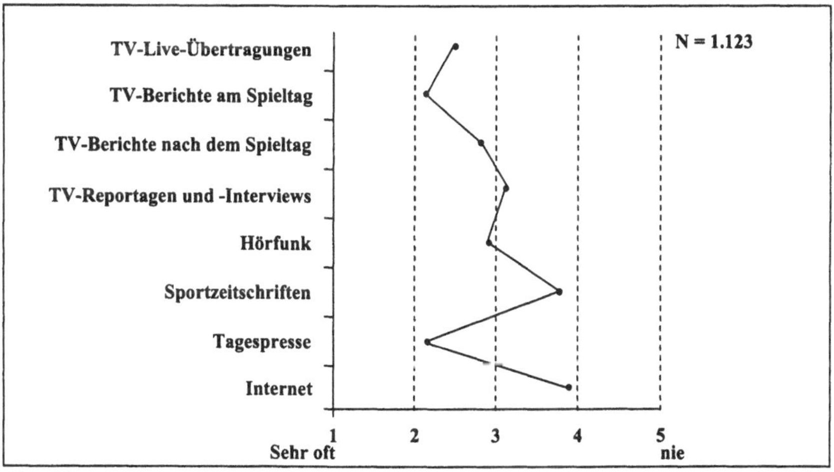

Abb. 22: Mittlere Beurteilung der Sportrezeptionsintensität über unterschiedliche Medien bzw. Medienformate

418 Aufgrund dieser Zweiteilung der Erhebung musste der Fragebogen für die Einzelbefragungen jeweils geringfügig nach Plausibilitätsgesichtspunkten angepasst werden. Beide Versionen des Erhebungsinstruments sind dem Anhang II beigefügt.

419 In der vorliegenden Untersuchung wurde der Vor-Ort-Konsum über den Besuch der Heim- oder Auswärtsspiele des FC Hansa Rostock in der Vorsaison 2002/03 gemessen.

3 Vorstellung des statistischen Auswertungsverfahrens

Die Auswertung der erhobenen Daten erfolgt mit Hilfe des Softwarepakets SPSS.[420] Um empirisch zu prüfen, ob und in welchem Ausmaß das theoretische Hypothesenmodell geeignet ist, die wesentlichen Bestimmungsgrößen der Sportrezeption zu repräsentieren, wurde der **AMOS-Ansatz**[421] (Analysis of Moment Structures) **der Kausalanalyse**[422] gewählt. Gegenstand des statistischen Verfahrens ist es, die Übereinstimmung zwischen komplexen theoretischen Zusammenhängen und ihrer Repräsentation im empirisch gewonnenen Datenmaterial zu prüfen und durch entsprechende Koeffizienten zu beschreiben. Damit ist der AMOS-Ansatz der konfirmatorischen Kausalanalyse zuzurechnen, die der Bestätigung theoretisch postulierter Hypothesen über kausale Beziehungen dient.[423] Neben direkt beobachtbaren (manifesten) können mit Hilfe des AMOS-Ansatzes auch nicht direkt beobachtbare (latente) Variablen in das Hypothesenmodell integriert werden.[424] Zur Prüfung des kausalen Systems werden dazu faktorenanalytische und regressionsanalytische Methoden kombiniert.[425] Ausgangspunkt des Modelltests sind die Varianzen, Kovarianzen und Korrelationen des empirischen Datenmaterials.[426]

---

420 Das Programmsystem SPSS (Statistical Product and Service Solutions) kann als eine Sammlung von Programmen für statistische Auswertungen unter einer gemeinsamen Benutzeroberfläche bezeichnet werden und hat in der Praxis sowie im Hochschulbereich eine weite Verbreitung gefunden. Vgl. weiterführend zum Programmsystem SPSS Backhaus, K. et al. (2002): Multivariate Analysemethoden, a.a.O., S. 15 ff.

421 Auf eine ausführliche Darstellung des Ansatzes kann im Folgenden verzichtet werden, da an vielfacher Stelle bereits umfangreiche Abhandlungen zu den mathematischen Routinen, Funktionalitäten sowie zu den Einzelheiten der Softwarenutzung durch den Anwender existieren. Vgl. Byrne, B. M. (2001): Structural equation modeling with AMOS: Basic concepts, applications, and programming, Mahwah (NJ); Arbuckle, J. L. Wothke, W. (1999): AMOS User's Guide, Chicago; Baltes-Götz, B. (2001): Analyse von Strukturgleichungsmodellen mit AMOS 4.0, in: Universitäts-Rechenzentrum Trier (Hrsg.), Trier, S. 1-60 sowie die dort zitierte Literatur.

422 Zur weiterführenden Auseinandersetzung mit dem Kausalbegriff vgl. Homburg, C. (1992): Die Kausalanalyse, in: WiSt, 21. Jg., Heft 10, S. 499 ff.; Homburg, C., Hildebrandt, L. (1998): Die Kausalanalyse: Bestandsaufnahme, Entwicklungsrichtungen, Problemfelder, in: Hildebrandt, L., Homburg, C. (Hrsg.): Die Kausalanalyse: ein Instrument der empirischen betriebswirtschaftlichen Forschung, Stuttgart, S. 17 ff.

423 Bei der konfirmatorischen Kausalanalyse geht man von vorher getroffenen Annahmen über die Datenstruktur bzw. von Modellvorstellungen über die Faktor- und Faktor-Indikator-Beziehungen aus und stellt auf dessen Überprüfung ab. Im Gegensatz dazu ist die explorative Analyse ein Instrument zur Entdeckung von Strukturen aus vorhandenen empirischen Daten. Vgl. Jöreskog, K. G., Sörbom, D. (1988): LISREL 7: A guide to the Program and Applications, Chicago u.a., S. 96 ; Homburg, C., Giering, A. (1996): Konzeptualisierung und Operationalisierung komplexer Konstrukte, a.a.O, S. 8 f.

424 Das Softwareprogramm AMOS berücksichtigt zudem Messfehler und Fehler in den Strukturgleichungen, lässt Beziehungen zwischen den Fehlern zu und errechnet neben den direkten Pfadkoeffizienten auch die über Zwischenvariablen vermittelten indirekten Effekte sowie die Totaleffekte. Vgl. Arbuckle, J. L., Wothke, W. (1999): AMOS User's Guide, a.a.O., S. 3 ff.

425 Die Beziehungen zwischen theoretischen Konstrukten und direkt messbaren Indikatorvariablen lassen sich mit Hilfe der Faktorenanalyse bestimmen, während die Bestimmung der Beziehungen zwischen einzelnen theoretischen Konstrukten mit Hilfe der Regressionsanalyse erfolgt. Vgl. Backhaus, K. et al. (2002): Multivariate Analysemethoden, a.a.O., S. 348 f.

426 Vgl. Homburg, C., Hildebrandt, L. (1998): Die Kausalanalyse, a.a.O., S. 17.

Das AMOS-Modell lässt sich im Vergleich zu konkurrierenden Ansätzen als außerordentlich leistungsfähiges Verfahren kennzeichnen. Durch die Möglichkeit zur grafischen Aufstellung des Strukturmodells ermöglicht es dem Nutzer, mathematisch sehr komplexe Zusammenhänge mit relativ geringem Aufwand abzubilden. Dies erleichtert den Umgang mit dem Programm und trägt zudem in besonderer Weise dazu bei, Fehler bei der Modellspezifikation zu vermeiden.[427] Ein weiterer Vorteil liegt im vorhandenen Methodenvorrat des AMOS-Modells. So stehen dem Anwender zur Schätzung des Strukturmodells eine Vielzahl von Verfahren zur Verfügung. Zudem enthält AMOS umfangreiche Statistiken zur Beurteilung des Modell-Fits.[428]

Der grundsätzliche **Ablauf der Kausalanalyse** bei Verwendung des AMOS-Ansatzes lässt sich durch sechs Teilschritte konkretisieren:[429]

(1) Hypothesenbildung
(2) Erstellung eines Pfaddiagramms
(3) Spezifikation der Modellstruktur
(4) Identifikation der Modellstruktur
(5) Parameterschätzung
(6) Beurteilung der Schätzergebnisse

Im **ersten Teilschritt** erfolgt die Entwicklung eines **Hypothesensystems** aufgrund theoretisch fundierter Vorüberlegungen. Dazu ist es erforderlich, festzulegen, welche Konstrukte im AMOS-Modell Berücksichtigung finden sollen und wie sich die Beziehungen zwischen diesen Variablen beschreiben lassen. Gleichzeitig müssen geeignete Operationalisierungen gefunden werden, die eine Messung der Konstrukte und damit die kausalanalytische Überprüfung der Ursache-Wirkungs-Zusammenhänge ermöglichen.

Mit dem **zweiten Teilschritt** beginnt die Phase der Prüfung des Hypothesensystems. Dabei ist es aufgrund der Komplexität des zu prüfenden Modells zunächst sinnvoll, die Konstruktbeziehungen grafisch in einem **Pfaddiagramm** zu visualisieren. Der Aufbau eines vollständigen AMOS-Modells wird anhand eines Pfaddiagramms in Abbildung 23 veranschaulicht. Die hypothetischen Konstrukte werden in der Abbildung durch Kreise, die direkt messbaren Indikatorvariablen durch Rechtecke symbolisiert.

427 Vgl. Hildebrandt, L., Görtz, N. (1998): Zum Stand der Kausalanalyse mit Strukturgleichungsmodellen: Methodische Trends und Software-Entwicklungen, in: Hildebrandt, L., Görtz, N. (Hrsg.): Sonderforschungsbericht 373: Quantifikation und Simulation ökonomischer Prozesse, Berlin, S. 1 f.

428 Vgl. Byrne, B. M. (2001): Structural equation modeling with AMOS, a.a.O., S. 76 ff.; Baltes-Götz, B. (2001): Analyse von Strukturgleichungsmodellen mit AMOS 4.0, a.a.O., S. 4.

429 Vgl. Backhaus, K. et al. (2002): Multivariate Analysemethoden, a.a.O., S. 352.

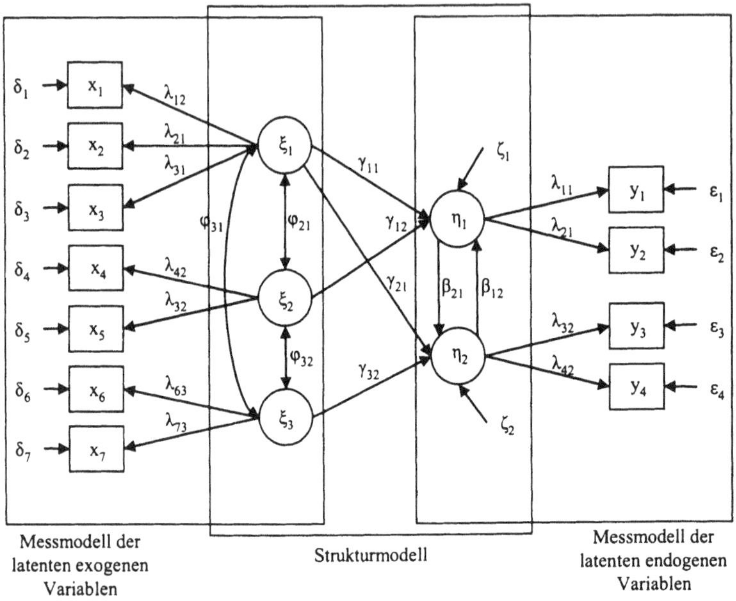

<u>Legende</u>

x	Indikatoren der latenten exogenen Variablen
y	Indikatoren der latenten endogenen Variablen
ξ	latente exogene Variable
η	latente endogene Variable
γ	Pfadkoeffizienten zwischen latenten endogenen und exogenen Variablen
β	Pfadkoeffizienten zwischen latenten endogenen Variablen
φ	Pfadkoeffizienten zwischen latenten exogenen Variablen
λ	Pfadkoeffizienten zwischen Indikatoren und latenten Variablen
δ	Residuen der x-Indikatoren
ε	Residuen der y-Indikatoren
ζ	Residuen der latenten endogenen Variablen

Abb. 23: Darstellung eines vollständigen AMOS-Modells
Quelle: Forberger (2000): Emotionale Determinanten der Dienstleistungsqualität, a.a.O., S. 134.

Wie die Abbildung verdeutlicht, besteht ein vollständiges Kausalmodell aus einem Strukturmodell, das die beiden Messmodelle der latenten exogenen und der latenten endogenen Variablen zusammenführt.[430]

---

[430] Vgl. Hildebrandt, L., Görtz, N. (1998): Zum Stand der Kausalanalyse mit Strukturgleichungsmodellen, a.a.O., S. 2 f.; Förster, F., et al. (1984): Der LISREL-Ansatz der Kausalanalyse und seine Bedeutung für die Marketing-Forschung, a.a.O., S. 349 ff.

Das **Strukturmodell** determiniert den Einfluss der exogenen latenten Variablen ξ auf die endogenen latenten Variablen η. Im Modell werden die latenten endogenen Variablen durch die latenten exogenen Variablen erklärt. Das Strukturmodell drückt damit die vermuteten Beziehungen zwischen den hypothetischen Konstrukten der Theorie aus. Es kennzeichnet die kausale Struktur und wird daher auch als „inneres Modell" bezeichnet.[431] Die postulierten kausalen Abhängigkeiten entsprechen dabei einem regressionsanalytischen Denkmodell.[432]

Das **Messmodell der latenten exogenen Variablen** beschreibt die Erfassung der latenten Variablen ξ durch beobachtbare Messindikatoren x.[433] Es repräsentiert damit die vermuteten Beziehungen zwischen empirischen Indikatoren und den durch sie operationalisierten exogenen Variablen.[434] Die Ausführungen gelten für das Messmodell der latenten endogenen Variablen analog. Beide Messmodelle lassen sich als faktorenanalytischer Bestandteil des Ansatzes kennzeichnen. Mit ihrer Hilfe kann eine Validitäts- und Reliabilitätsprüfung der zur Bestimmung der hypothetischen Variablen herangezogenen Messindikatoren vorgenommen werden.[435]

Im Rahmen des **dritten Teilschritts** gilt es zunächst, die einzelnen Modellparameter zu spezifizieren. Generell lassen sich Parameter auf der Grundlage theoretischer Überlegungen[436] als fest, frei und restringiert festlegen.[437] Darauf aufbauend werden die verbal formulierten und grafisch im Pfaddiagramm dargestellten Beziehungszusammenhänge in ein **mathematisches Gleichungssystem** überführt und somit das Gesamtmodell spezifiziert.[438]

---

431 Vgl. Fritz, W. (1992): Marktorientierte Unternehmensführung und Unternehmenserfolg, a.a.O., S. 117.

432 Vgl. Jöreskog, K. G., Sörbom, D. (1988): LISREL 7, a.a.O., S. 404.; Backhaus, K. et al. (2000): Multivariate Analysemethoden: Eine anwendungsorientierte Einführung, 9. überarb. und erw. Aufl., Berlin u.a., S. 401.

433 Vgl. Förster, F., et al. (1984): Der LISREL-Ansatz der Kausalanalyse und seine Bedeutung für die Marketing-Forschung, a.a.O., S. 350.

434 Die Vorgehensweise basiert auf der Tatsache, dass die latenten Variablen nicht direkt beobachtbar sind und somit hypothetische Konstrukte darstellen. Zur Messung der Größen geht man von der Annahme aus, dass über beobachtbare Indikatoren ein Rückschluss auf die Ausprägung des Konstrukts möglich ist. Diese Indikatoren werden als Messvariablen genutzt und das hypothetische Konstrukt durch sie operationalisiert. Die Identifikation der Indikatoren erfolgt im Allgemeinen über ihre inhaltliche Aussagekraft. Vgl. Backhaus, K. et al. (2002): Multivariate Analysemethoden, a.a.O., S. 335 f.

435 Vgl. Hildebrandt, L. (1984): Kausalanalytische Validierung in der Marketingforschung, in: Marketing ZFP, 6. Jg. Heft 1, S. 41 ff.; Homburg, C., Giering, A. (1996): Konzeptualisierung und Operationalisierung komplexer Konstrukte, a.a.O., S. 9 f.

436 Vgl. Bagozzi, R. P. (1980): Causal Models in Marketing, S. 91 ff.

437 Dazu bietet das Programm AMOS unterschiedlichste Optionen. Vgl. Byrne, B. M. (2001): Structural equation modeling with AMOS, a.a.O., S. 45 ff.; Baltes-Götz, B. (2001): Analyse von Strukturgleichungsmodellen mit AMOS 4.0, a.a.O., S. 21.

438 AMOS ermöglicht es dem Nutzer, die Phase der Spezifikation zu vereinfachen, indem der Anwender lediglich die Parameterzuordnung und -spezifikation im Pfaddiagramm vornehmen muss. Das Programm übernimmt dann die Aufstellung der für die Berechnungen wichtigen Matrizen.

Damit eine Schätzung der Modellparameter möglich wird, ist in der folgenden **vierten Phase** zu prüfen, ob das gegebene Gleichungssystem eindeutig lösbar und damit das **Modell identifiziert** ist. Notwendige Voraussetzung dafür ist, dass die Anzahl der ermittelten Gleichungen der Anzahl der zu schätzenden Parameter entspricht oder sie übertrifft.[439] Das Modell ist nicht identifiziert, wenn die berechneten Kovarianz- oder Korrelationsmatrizen der beobachteten Variablen nicht ausreichen, um die unbekannten Modellparameter konsistent zu schätzen.[440] Ist dies der Fall, kann durch Veränderung der Parameterrestriktionen die Anzahl der unbekannten Variablen verringert werden.[441]

Nach erfolgreicher Modellidentifikation sind im **fünften Teilschritt** die **Modellparameter zu schätzen**. Zur Parameterbestimmung stehen unter AMOS sowohl iterative als auch nicht-iterative Schätzverfahren zur Verfügung.[442]

Den **letzten Schritt** der Analyse bildet die **Beurteilung der Schätzergebnisse** und die daraus abzuleitende Entscheidung über die Annahme oder Ablehnung des Modells.[443] Ausgehend von allgemeinen Plausibilitätsprüfungen werden dabei neben dem Gesamtmodell auch die Teilstrukturen unter Zuhilfenahme von Gütemaßen[444] bewertet, die den Grad der Anpassung des theoretischen Modells an den vorliegenden Datensatz beschreiben.[445]

Die Analyse des Sportrezeptionsmodells wird grundlegend an den beschriebenen sechs Phasen ausgerichtet. Als Voraussetzung der Spezifikation und Prüfung der Kausalstrukturen ist zunächst die Operationalisierung der hypothetischen Untersuchungsgrößen hinsichtlich der zu ihrer Messung notwendigen beobachtbaren Indikatoren vorzunehmen. Darauf aufbauend

---

439 Vgl. Arbuckle, J. L., Wothke, W. (1999): AMOS User's Guide, a.a.O., S. 112; Backhaus, K. et al. (2002): Multivariate Analysemethoden, a.a.O., S. 334 ff.

440 Vgl. Fritz, W. (1992): Marktorientierte Unternehmensführung und Unternehmenserfolg, a.a.O., S. 353.

441 Vgl. bspw. Baltes-Götz, B. (2001): Analyse von Strukturgleichungsmodellen mit AMOS 4.0, a.a.O., S. 34.

442 Zu den Vorteilen der jeweiligen Schätzverfahren vgl. Jöreskog, K. G., Sörbom, D. (1988): LISREL 7, a.a.O., S. 1.27-1.35. Im Fall komplexer Modelle zeigen iterative Verfahren höhere Flexibilität. Sie nutzen simultan alle Informationen der empirischen Datenmatrizen zur Parameterschätzung und verbessern ihre Berechnung, bis lediglich eine geringe Änderung der Funktionswerte auftritt. Vgl. Backhaus, K. et al. (2002): Multivariate Analysemethoden, a.a.O., S. 362. Auch in der vorliegenden Analyse wurde daher ein iteratives Verfahren gewählt. Zu den wichtigsten iterativen Verfahren vgl. Hildebrandt, L., Görtz, N. (1998): Zum Stand der Kausalanalyse mit Strukturgleichungsmodellen, a.a.O., S. 7 f.

443 Für den Fall der Ablehnung ermöglicht AMOS durch die Ausgabe von Modifikationsindizes die Verbesserung des Modell-Fits. Prinzipiell ist eine solche Anpassung des Modells an die empirische Datenstruktur aber nicht anzuraten, da das Vorgehen nicht dem ursprünglichen Anliegen der konfirmatorischen Analyse, sondern vielmehr einem hypothesengenerierenden, explorativen Vorgehen entspricht. Vgl. zur Kritik an der Modellmodifikation bspw. Fritz, W. (1992): Marktorientierte Unternehmensführung und Unternehmenserfolg, a.a.O., S. 143.

444 Zu den Anpassungs- bzw. Gütemaßen von Kausalmodellen vgl. vor allem Homburg, C., Baumgartner, H. (1995): Beurteilung von Kausalmodellen, in: Hildebrandt, L., Homburg, C. (Hrsg.): Die Kausalanalyse: ein Instrument der empirischen betriebswirtschaftlichen Forschung, Stuttgart, S. 351 ff.

445 Vgl. Byrne, B. M. (2001): Structural equation modeling with AMOS, a.a.O., S. 79 ff.; Homburg, C., Hildebrandt, L. (1998): Die Kausalanalyse, a.a.O., S. 35 f.; Förster, F., et al.. (1984): Der LISREL-Ansatz der Kausalanalyse und seine Bedeutung für die Marketing-Forschung, a.a.O., S. 357 ff.

soll die Modellprüfung mit Hilfe des AMOS-Ansatzes dargestellt werden. Dementsprechend befasst sich der folgende Abschnitt C 4 mit den Unterpunkten Vorbereitung und Durchführung der Parameterschätzung (Analyseschritte 2-5), Auswertung der Parameterschätzungen und Beurteilung der lokalen und globalen Anpassungsgüte des Hypothesenmodells (Analyseschritt 6).

4 Prüfung des Erklärungsmodells der Sportrezeption am Beispiel des Bundesligafußballs

4.1 Operationalisierung der Modellkonstrukte

Zur empirischen Überprüfung des Sportrezeptionsmodells bedarf es einer geeigneten **Operationalisierung der Modellkonstrukte**.[446] Dies soll im Folgenden dargelegt werden.

Die Messung der Verhaltenskonstrukte Vor-Ort- und Medien-Konsum stellt sich diesbezüglich als wenig problembehaftet heraus. Beide Konstrukte sind nicht direkt beobachtbar, da sie aggregierte Größen darstellen, die über die Nutzung verschiedener Rezeptionsangebote verwirklicht werden können. Der Konsum einzelner Rezeptionsangebote ist dagegen direkt messbar und eine Zuordnung zur jeweiligen Konsumform eindeutig möglich. Sie können somit als Indikatoren zur Konstruktmessung bezeichnet werden. Aufgrund der Vielzahl möglicher Indikatoren stellt sich die Frage nach der Auswahl geeigneter Messvariablen und damit der **Operationalisierung der Verhaltenskonstrukte**. In der vorliegenden Untersuchung wurde die Erfassung des Vor-Ort-Konsums über die Anzahl der besuchten Heimspiele des FC Hansa Rostock in der Saison 2002/03 vorgenommen.[447] Die Operationalisierung des Medien-Konsums erfolgte anhand der wesentlichen medialen Rezeptionsangebote im Fußballsport. Aufgrund der Bedeutung des Fernsehens als Leitmedium für Sportübertragungen wurde der Anteil der Medienformate des Fernsehens zur Konstruktmessung übergewichtet.[448] Zur Erfassung der Indikatoren wurde jeweils eine Likert-Skala mit fünf

[446] Vgl. Jöreskog, K. G., Sörbom, D. (1988): LISREL 7, a.a.O., S. 2/76.

[447] Damit wurde hier eine sehr restriktive Form der Messung des Vor-Ort-Konsums gewählt, die Stadionbesucher früherer Spielzeiten nicht integriert. Grund für die strenge Messvorschrift war der Versuch, das Konstrukt des Vor-Ort-Konsums nicht durch zufällig im Stadion anwesende Zuschauer zu verzerren. Diesem Vorgehen liegt die Annahme zugrunde, dass Vor-Ort-Konsumenten in jeder Spielzeit durch das Interesse am Zuschauen im Stadion gekennzeichnet sind

[448] Aufgrund der für die Gesamtheit der Bevölkerung relativ geringen Bedeutung des Internets als Sportrezeptionsmedium wurde auf dessen Integration in das Messmodell verzichtet.

Abstufungen gewählt.[449] Die Abbildung 24 stellt die Operationalisierung und damit das Messmodell der Verhaltenskonstrukte im Zusammenhang dar.

Latente endogene Variable: Vor-Ort-Konsum

Wie oft haben Sie in der letzten Saison Bundesligaspiele „live" im Stadion gesehen?

Heimspiele des FC Hansa im Ostseestadion **Anzahl: 1 - 17**

Latente endogene Variable: Medien-Konsum

Wie oft nutzen Sie die folgenden Medienangebote, um sich über Fußball zu informieren?

	sehr oft 1	2	3	4	nie 5
TV-Liveübertragungen	□	□	□	□	□
TV-Spielberichte am Spieltag	□	□	□	□	□
TV-Spielberichte nach dem Spieltag	□	□	□	□	□
TV-Reportagen, -Berichte, - Interviews	□	□	□	□	□
Hörfunk	□	□	□	□	□
Sportzeitschriften	□	□	□	□	□
Tagespresse	□	□	□	□	□

Abb. 24: Operationalisierung der Formen der Sportrezeption

Die **Bestimmungsgrößen der Sportrezeption** bezeichnen Zustände im Innern des Konsumenten, die nicht beobachtbar und dem Konsumenten in der Regel nicht bewusst sind. Dennoch kann eine verbale Messung dieser organismusseitigen Konstrukte vorgenommen werden, da sie durch Nachdenken und Abfragen bewusst gemacht werden können.[450] Dabei entziehen sich die hypothetischen Größen einer direkten Abfrage. Sie sind im Rahmen der Operationalisierung in konkrete Indikatoren zu transferieren, die von den befragten Zuschauern und Passanten eingeschätzt werden können. Die identifizierenden Messindikatoren lassen sich somit als empirische Repräsentation der latenten Bestimmungsgrößen definieren.[451] Geeignete Indikatoren müssen sich dabei unmittelbar aus den hypothetischen Größen ableiten lassen und sollten möglichst überschneidungsfrei sein.[452]

---

[449] Vgl. zu den unterschiedlichen Skalierungsmethoden im Allgemeinen und zur Likert-Skala im Speziellen Stier, W. (1996): Empirische Forschungsmethoden, Berlin u.a., S. 49 ff. sowie Trommsdorff, V. (1979): Neuere Anwendungen in der Einstellungsforschung, in: Handelsforschung heute, Festschrift zum 50jährigen Bestehen der Forschungsstelle für Handel, Berlin, S. 216.

[450] Vgl. Trommsdorff, V. (2003): Konsumentenverhalten, a.a.O., S. 114 f.; Meffert, H. (1992): Marketingforschung und Käuferverhalten, a.a.O., S. 201.

[451] Vgl. Backhaus, K. et al. (2002): Multivariate Analysemethoden, a.a.O., 334 f. S. 393, Hodapp, V. (1984): Analyse linearer Kausalmodelle, Bern u.a., S. 47.

[452] Vgl. Becker, L. (1979): Measuring of Gratifications, in: Communication Research, Vol. 1/1979, S. 54 ff.

Zur **Operationalisierung des sportbezogenen Involvement** werden unterschiedliche Messskalen vorgeschlagen.[453] Der dieser Untersuchung zugrunde liegende Involvement-Begriff kennzeichnet das Involvement als mehrdimensionales Konstrukt.[454] Die Auswahl der Messindikatoren wurde daher an der mehrdimensionalen Involvement-Skala von KERSTETTER/KOVICH orientiert.[455] Dazu wurden die Indikatoren ins Deutsche übersetzt und die ursprüngliche Skala auf sechs Items verkürzt. Der Grund für dieses Vorgehen liegt in der Notwendigkeit zur Beschränkung des Fragebogenumfangs sowie in der in hohem Maße vorhandenen Ähnlichkeit in den verbalen Formulierungen der Messindikatoren. In der zur Messung herangezogenen 6-Item-Skala dominieren vor allem die Indikatoren der Dimensionen Wichtigkeit und Identitätsbedeutung, die in früheren Studien als wesentliche sportbezogene Involvement-Faktoren bestätigt wurden.[456] Die Erhebung der Indikatoren erfolgte mit Hilfe einer 5-Punkte-Likert-Skala, wie in Abbildung 25 verdeutlicht wird.

Latente endogene Variable: Involvement

Bitte sagen Sie uns, inwieweit Sie persönlich den folgenden Aussagen zur Bedeutung des Fußballs zustimmen?

	stimme ich voll zu 1	2	3	4	stimme ich gar nicht zu 5
Fußball ist wichtig für mich.	□	□	□	□	□
Andere Freizeitaktivitäten sind mir wichtiger als ein Fußballspiel.	□	□	□	□	□
Meine Fußballbegeisterung sagt viel über mich aus.	□	□	□	□	□
Wenn ich ein schlechtes Fußballspiel gesehen habe, ärgert mich das sehr.	□	□	□	□	□
Ich kann einschätzen, wer ein Fußballfan ist und wer nicht.	□	□	□	□	□
Fußball ist mir niemals gleichgültig.	□	□	□	□	□

Abb. 25: Operationalisierung des Involvement-Konstrukts

Die **Operationalisierung des Identifikations-Konstrukts** erfolgt anhand der von WANN eingeführten „Sport Spectator Identification Scale".[457] Dazu wurden die Items inhaltlich

---

453 Zunehmend werden mehrdimensionale Ansätze zur Messung des Involvement herangezogen. So entwickelten SHANK/BEASLEY eine 8-Item-Skala zur Messung des kognitiven und affektiven Involvement. KERSTETTER/KOVICH schlagen demgegenüber eine aus 15 Indikatoren bestehende Messskala vor, die das Involvement hinsichtlich der von LAURENT/KAPFERER identifizierten Involvement-Dimensionen operationalisieren, Vgl. dazu Shank, M. D., Beasley, F. M. (1998): Fan or Fanatic, a.a.O., S. 435 ff.; Kerstetter, D. L., Kovich, G. M. (1997): An Involvement Profile of Division I Woman's Basketball Spectators, a.a.O., S. 240; Laurent, G., Kapferer, J.-N. (1985): Measuring Consumer Involvement Profiles, a.a.O., S. 41 ff.

454 Vgl. dazu die Ausführungen des Abschnitts B 3.1.4.

455 Vgl. Kerstetter, D. L., Kovich, G. M. (1997): An Involvement Profile of Division I Woman's Basketball Spectators, a.a.O., S. 240.

456 Die Dimension „Spaß am Sportkonsum" wurde nicht zur Messung herangezogen, da sie als Involvement-Faktor eher kontrovers diskutiert wird. So wird der hedonistische Wert des Sportkonsums, der sich in der Fähigkeit emotionale, affektive Reaktionen wie Spaß und Freude hervorzurufen konkretisiert, häufig als eigenständiges Motiv definiert. Vgl. Sloan, L. R. (1989): The Motives of Sport Fans, a.a.O., S. 188; Gabler, H. (1998): Zuschauen im Sport – Sportzuschauer, a.a.O., S. 125.

457 Vgl. Wann, D. L., Branscombe, N. R. (1993): Sport Fans, a.a.O., S. 5.

übersetzt und die ursprüngliche 8-Punkte- in eine 5-Punkte-Likert-Skala überführt. Aufgrund der in einer Reihe von Studien geprüften Validität und Reliabilität des Messinstruments wurden zur Erfassung des Konstrukts alle sieben Indikatoren der Ausgangsskala genutzt.[458] Die Formulierungen der Indikatoren sind der Abbildung 26 zu entnehmen.

Latente endogene Variable: Identifikation

	sehr 1	2	3	4	gar nicht 5
Wie sehr sehen Sie sich als Anhänger des FC Hansa Rostock?	□	□	□	□	□

Inwieweit stimmen Sie den folgenden Aussagen über ihre Verbindung zum FC Hansa Rostock zu?

	stimme ich voll zu 1	2	3	4	stimme ich gar nicht zu 5
Meine Freunde sehen mich als einen großen Fan des FC Hansa.	□	□	□	□	□
Es ist mir sehr wichtig, dass der FC Hansa gewinnt.	□	□	□	□	□
Ich verfolge jedes Spiel bzw. Spielberichte des FC Hansa.	□	□	□	□	□
Ich habe eine große Abneigung gegenüber den gegnerischen Mannschaften.	□	□	□	□	□
Ich zeige offen meine Verbundenheit mit dem Verein.	□	□	□	□	□
Ich bin ein Hansa-Fan und das ist für mich sehr wichtig.	□	□	□	□	□

Abb. 26: Operationalisierung des Identifikations-Konstrukts

In den Untersuchungen zu den Motiven der Sportrezeption konnten eine Vielzahl von Einzelmotiven identifiziert werden. Eine **Operationalisierung** hinsichtlich der Identifikation **der wesentlichen Rezeptiomotive** wurde im Rahmen dieser Untersuchung bereits vorgenommen.[459] Die verbale Messung der Motivausprägungen erfordert im Folgenden die Festlegung geeigneter Indikatoren.[460] Notwendige Bedingung zur quantitativen Erfassung der Einzelmotive ist die Definition mindestens eines Messindikators.[461] Um eventuelle Verzerrungen der Indikatorvariablen sowie mit der Messung verbundene Fehler aufzufangen,

458 Vgl. Strauß, B. (1995): Die Messung der Identifikation mit einer Sportmannschaft, a.a.O., S. 135 ff.; Wann, D. L., Branscombe, N. R. (1993): Sport Fans, a.a.O., S. 10.

459 Siehe Abschnitt B 3.

460 Für die Messung von Motiven stehen in der Marktforschung eine Vielzahl von Instrumenten zur Verfügung. Dabei werden vor allem Gruppen- und Tiefeninterviews aber auch experimentelle Verfahren hervorgehoben. Ein Blick in die Literatur zeigt aber, dass in der empirischen Forschung dennoch vor allem Befragungen zur Erfassung von Motiven genutzt werden. Dabei wird die Motivmessung zumeist mit Hilfe verbaler Indikatoren über Rating-Skalen durchgeführt. Ein weiteres, im Rahmen schriftlicher Befragungen zur Anwendung kommendes Instrument stellt das Verfahren der Bildassoziation dar. Diesem liegt die Annahme zugrunde, dass Bildinformationen im Gegensatz zu Textinformationen keiner direkten gedanklichen Kontrolle unterliegen. Zur Motivmessung zeigt man den Befragten Bilder, die unterschiedliche Erklärungen des visualisierten Geschehens zulassen. Dazu werden den Probanden Interpretationsvorschläge in Form von kurzen Geschichten unterbreitet. Je nach bevorzugter Interpretation lassen sich nun Rückschlüsse auf die Motivation der Befragten treffen. Ein solches Vorgehen scheint zur Bestimmung von Motiven und deren Ausprägungen in besonderer Weise geeignet. Im Rahmen dieser Studien sollen Bildassoziations-Skalen dennoch nicht zur Anwendung kommen, da sie eine bedeutend aufwendigere und zeitintensivere Erhebung bedingen. Vor allem aber lassen sich die spezifischen Rezeptionsmotive nur schwer in Bilderskalen übersetzen. Vgl. Puca, R. M., Langens, T. A. (2002): Motivation, a.a.O., S. 242 f.

461 Vgl. Backhaus, K. et al. (2002): Multivariate Analysemethoden, a.a.O., S. 335.

ist es dennoch sinnvoll, die Konstruktmessung über mehrere Indikatoren vorzunehmen.[462] Aufgrund der Vielzahl zu erhebender Rezeptionsmotive wurde in vorliegender Untersuchung die Anzahl der Messindikatoren auf maximal zwei beschränkt.[463] Die Nutzung von lediglich zwei Indikatoren zur Konstruktmessung ist hinsichtlich der zu erwartenden Validitäts- und Reliabilitätsmaße der Skala eher kritisch zu bewerten.[464] Dennoch lässt sich dieser Mangel teilweise durch den Rückgriff auf bereits in vorangegangenen Studien bestätigte Indikatoren abschwächen. Dementsprechend wurden bei der Auswahl und Formulierung der Items vorhandene Motiv-Skalen genutzt.[465]

Latente exogene Variablen:

Warum sehen Sie sich gerne Fußballspiele an bzw. informieren sich über Fußball?
bzw.
Ich sehe mir Fußballspiele an, lese und diskutiere mit anderen über Fußball, ...

	stimme ich voll zu 1	2	3	4	stimme ich gar nicht zu 5
Spannung					
weil Fußball sehr spannend und aufregend ist.	□	□	□	□	□
weil ich durch das Fußballspiel körperlich und seelisch wachgerüttelt werde.	□	□	□	□	□
Eskapismus					
weil ich mich beim Fußball entspannen kann.	□	□	□	□	□
weil ich beim Fußball meine Probleme vergessen kann.	□	□	□	□	□
Steigerung des Selbstwertgefühls					
weil Siege auch mein Selbstvertrauen steigern.	□	□	□	□	□
weil ich mit meinem Verein Sieg und Niederlage teilen möchte.	□	□	□	□	□
Wissenserwerb					
weil ich dabei mein Wissen über Fußball und Fußballer erweitern kann.	□	□	□	□	□
weil ich dabei viel über Taktik und Technik lernen kann.	□	□	□	□	□
...					

Abb. 27: Operationalisierung der Motive der Sportrezeption (verkürzte Darstellung)[466]

Für die Messung der Motive Atmosphäre und Aggressionsabbau konnte jeweils nur ein Indikator herangezogen und somit lediglich die Mindestanforderung zur Konstruktmessung

---

462 Vgl. Homburg, C. (1992): Die Kausalanalyse, a.a.O., S. 501.

463 Ein Blick in die Literatur zeigt, dass ein solches Vorgehen als durchaus üblich bezeichnet werden kann. Vgl. Riedmüller, F. (2003): Dienstleistungsqualität bei professionellen Sportveranstaltungen, a.a.O., S. 187.

464 Vgl. dazu bspw. Homburg, C., Giering, A. (1996): Konzeptualisierung und Operationalisierung komplexer Konstrukte, a.a.O., S. 6 ff.

465 Insbesondere wurden die „Sport Fan Motivation Scale" (SFMS) von WANN, die „Motivation Scale for Sport Consumption" (MSSC) von TRAIL/JAMES sowie die Skalen zur Motivmessung von KAHLE et al. und MILNE/MCDONALD genutzt. Vgl. dazu Wann, D. L. (1995): Preliminary validation of the Sport Fan Motivation Scale, a.a.O., S. 393; Trail, G. T., James, J. D. (2001): The Motivation Scale for Sport Consumption, a.a.O., S. 119 f.; Kahle, L. R., Kambara, K. M., Rose G. M. (1996): A Functional Model of Fan Attendance Motivations for College Football, a.a.O., S. 55; Milne, G.R., McDonald, M. A. (1999): Sport Marketing, a.a.O., S. 29 ff.

466 Die vollständige Darstellung ist dem Anhang I zu entnehmen.

erfüllt werden.[467] Die Erfassung der Indikatoren erfolgte mit Hilfe einer 5-Punkte-Likert-Skala. Das generelle Vorgehen zur Messung der Rezeptionsmotive veranschaulicht Abbildung 27.

4.2 Durchführung der statistischen Analyse

Nach erfolgter Modellstrukturierung sowie Operationalisierung der hypothetischen Konstrukte muss das Rezeptionsmodell in AMOS überführt, spezifiziert und identifiziert werden.[468] Dazu ist es sinnvoll, ein grafisches **Pfaddiagramm** zu erstellen, das alle Modellbeziehungen im Zusammenhang darstellt.

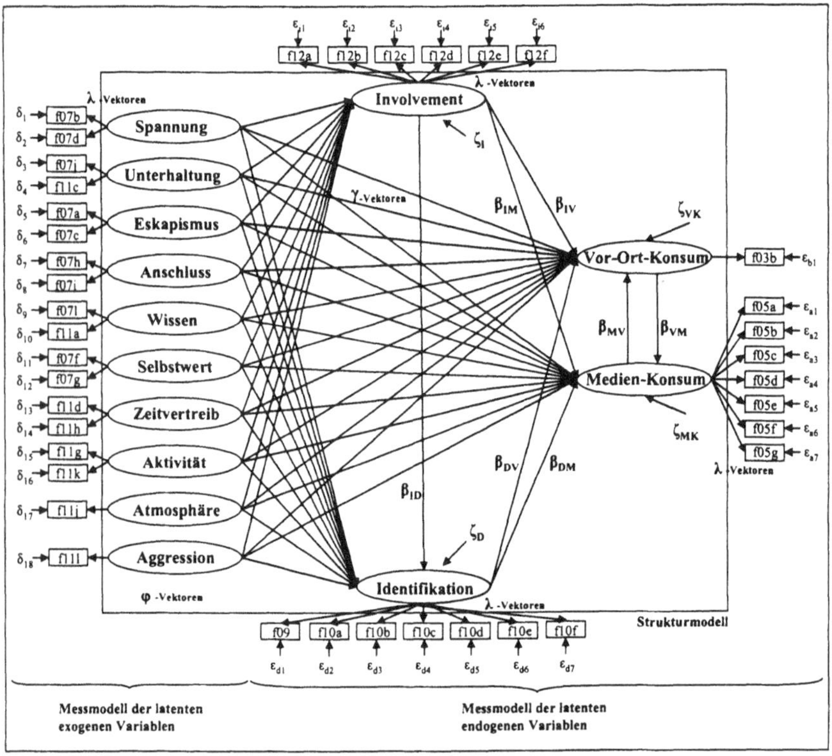

Abb. 28: Vollständiges AMOS-Pfaddiagramm des Sportrezeptionsmodells am Beispiel des Bundesligafußballs

467 Damit wird das Rezeptionsmotiv jeweils direkt über den zugeordneten Indikator gemessen. Die Motive lassen sich damit als feste Parameter des Modells bezeichnet. Vgl. Backhaus, K. et al. (2002): Multivariate Analysemethoden, a.a.O., S. 388.

468 Siehe Analyseschritte 2-4. in C 3.

Für die Aufstellung des mathematischen Gleichungssystems benötigt das Programm AMOS 4.0 lediglich die Zuordnung der Messindikatoren zu den latenten Variablen sowie eine eindeutige Spezifikation aller Pfadbeziehungen.[469] Abbildung 28 veranschaulicht das **AMOS-Modell** zur Prüfung des entwickelten Hypothesensystems.[470]

Das **Messmodell der latenten exogenen Variablen** verdeutlicht die vermuteten Zusammenhänge zwischen den empirischen Indikatoren (x) und den durch sie operationalisierten latenten Motivvariablen (ξ). Die kausalen Strukturen (λ) werden durch Pfeile symbolisiert. Da anzunehmen ist, dass bei der empirischen Erhebung der Indikatoren Messfehler auftreten, werden für jeden Indikator Residualvariablen in das AMOS-Modell aufgenommen.[471] In der Analyse wird davon ausgegangen, dass die Motive Atmosphäre und Aggressionsabbau durch jeweils einen Indikator gemessen werden können. Damit repräsentiert der Indikator gleichzeitig das Konstrukt. Im AMOS-Modell ist folglich der Pfadkoeffizient zwischen beiden Größen auf 1 festzulegen. Gleichzeitig sollen bei der Erfassung der Indikatoren Messfehler ausgeschlossen werden. Die Fixierung der Parameter basiert auf der Annahme, dass sie die jeweils zentralen Indikatoren der Rezeptionsmotive darstellen. Beide exogenen Variablen stehen damit in fester Beziehung zueinander, was durch die Fixierung determiniert wird.[472]

Das **Messmodell der latenten endogenen Variablen** spiegelt die Beziehungen zwischen den Bestimmungsgrößen Involvement und Identifikation sowie den primär zu erklärenden Größen Vor-Ort-Konsum und Medien-Konsum wider. Alle endogenen Variablen werden entsprechend ihrer Operationalisierung von Indikatoren repräsentiert. Die Beziehungen werden durch Pfeile dargestellt. Jedem Indikator wird eine Residualvariable zugeordnet, die im Kausalmodell mögliche Messfehler bzw. nicht betrachtete Drittvariablen repräsentiert. Die Messung des Vor-Ort-Konsums erfolgt direkt über die beobachtbare Variable „Anzahl besuchter Heimspiele der Vorsaison". Da bezüglich der Erfassung dieser Variable keine Messfehler zu erwarten sind, wurde das Regressionsgewicht zwischen beiden Variablen auf 1 sowie die Varianz der zughörigen Fehlervariable auf Null fixiert. Die weiteren Parameter werden frei geschätzt und fließen damit ohne Vorgaben in die Modellstruktur ein.

469 Sowohl die Zuordnung der Indikatoren als auch die Spezifikation der Pfadbeziehungen lässt sich bei Verwendung des Programms AMOS 4.0 auf der grafischen Benutzeroberfläche vornehmen. Eine Aufstellung des mathematischen Gleichungssystems durch den Nutzer kann damit entfallen, ist dennoch optional mit Hilfe des Programmtools AMOSBasic möglich. Vgl. Arbuckle, J. L., Wothke, W. (1999): AMOS User's Guide, a.a.O., S. 20 ff.; Baltes-Götz, B. (2001): Analyse von Strukturgleichungsmodellen mit AMOS 4.0, a.a.O., S. 9 f.

470 Auf eine grafische Darstellung der Phi-Vektoren, die die Beziehungen zwischen den Rezeptionsmotiven symbolisieren, wurde aus Gründen der Übersichtlichkeit der Darstellung verzichtet. Sie werden im Pfaddiagramm nur über die Bezeichnung „φ-Vektoren" angedeutet.

471 Sie werden hier durch die von außen gerichteten Pfeile an die Indikatoren dargestellt. Vgl. Backhaus, K. et al. (2002): Multivariate Analysemethoden, a.a.O., S. 348 f.

472 Damit trifft man gleichzeitig die Annahme, dass beide Konstrukte ohne Messfehler gemessen werden können. Dies ist aber zur Identifikation des Modells unumgänglich. Vgl. Byrne, B. M. (2001): Structural equation modeling with AMOS, a.a.O., S. 50 f.

Für beide Messmodelle gilt: Um eine Schätzung der Parameter zu ermöglichen, muss zudem mindestens ein Pfad jeder latenten Größe zu einer ihrer Messvariablen auf 1 normiert werden. Ein solches Vorgehen ist zwingend, um jeder latenten Variable eine Skala zuzuweisen.[473]

Das **Strukturmodell** verdeutlicht die direkten Beziehungen zwischen den Bestimmungsgrößen und den Variablen des Sportrezeptionsverhaltens über die Gamma-Vektoren (γ). Sie werden durch Pfeile im Pfaddiagramm manifestiert. Gleichzeitig werden im Strukturmodell die Beziehungen der latenten Variablen untereinander berücksichtigt. Damit lassen sich die theoretisch erwarteten Wechselbeziehungen zwischen den Bestimmungsgrößen auch in das AMOS-Modell integrieren.[474] Im vorliegenden Modell ist davon auszugehen, dass die exogenen Rezeptionsmotive untereinander korreliert sind. Diese Beziehungen werden durch den Vektor Phi (φ) ausgedrückt.[475] Da Rezeptionsmotive nicht ausschließlich direkt auf den Konsum wirken, sondern auch indirekt über die endogenen Variablen Involvement und Identifikation, werden auch diese Beziehung über Gamma-Vektoren (γ) in das Modell aufgenommen.[476] Zudem erlaubt AMOS auch die Betrachtung von kausalen Beziehungen zwischen den latenten endogenen Variablen.[477] Im Rahmen der Hypothesenbildung wurden die Beziehung zwischen Involvement und dem Identifikations-Konstrukt sowie ein gegenseitiger Einfluss der Sportrezeptionsformen untereinander postuliert. Diese Beziehungen werden über Beta-Vektoren (β) in das Modell integriert und durch Pfeile symbolisiert. Hinzuweisen ist in diesem Zusammenhang auf eine weitere Modellspezifikation. Theoretische Vorüberlegungen haben gezeigt, dass die gegenseitige Beeinflussung zwischen den Variablen Vor-Ort- und Medien-Konsum in etwa als gleich stark anzusehen ist. Dementsprechend wurden die beiden Beta-Vektoren im AMOS-Modell mit Hilfe eines Regressionsgewichtes gleichgesetzt.[478]

473 Vgl. Backhaus, K. et al. (2002): Multivariate Analysemethoden, a.a.O., S. 388.

474 Hieraus ergibt sich ein hohes Maß an Flexibilität der Kausalanalyse hinsichtlich der Prüfung komplexer Abhängigkeitsstrukturen. Durch die Integration von Mess- und Kausalhypothesen in einen ganzheitlichen Ansatz, entspricht die Strukturgleichungsanalyse den Anforderungen an die Theorienprüfung in höherem Maße als die klassischen multivariaten Analysemethoden. Vgl. Homburg, C. (1992): Die Kausalanalyse, a.a.O., S. 501 f.; Fritz, W. (1992): Marktorientierte Unternehmensführung und Unternehmenserfolg, a.a.O., S. 121; Arbuckle, J. L., Wothke, W. (1999): AMOS User's Guide, a.a.O., S. 174.

475 Sie stellen nicht durch die Kausalstruktur interpretierte Beziehungen dar. Die Beziehungen zwischen den einzelnen Rezeptionsmotiven sind über Korrelationsmatrizen in das Modell aufgenommen. Vgl. Backhaus, K. et al. (2002): Multivariate Analysemethoden, a.a.O., S. 433.

476 Siehe zur Fundierung und Begründung der Hypothesen Abschnitt B 3.2.

477 Man spricht in diesem Zusammenhang von rekursiven Modellen. Vgl. Arbuckle, J. L., Wothke, W. (1999): AMOS User's Guide, a.a.O., S. 174.

478 Dieses Vorgehen entspricht der folgerichtigen Umsetzung der Modellhypothesen, in denen postuliert wurde, dass jede Form der Sportrezeption das Interesse an der jeweils anderen Form bedingt. Die Parameter können somit als restringiert bezeichnet werden.

Zusätzlich werden den latenten endogenen Variablen im AMOS-Modell Messfehlervariablen zugeordnet.[479]

Damit kann das Rezeptionsmodell als spezifiziert betrachtet werden. Zur Prüfung der Identifikation des Modells ist nun die **Festlegung eines geeigneten** Schätzverfahrens vorzunehmen. Das in der Praxis am häufigsten angewandte Verfahren ist die Maximum-Likelihood-Methode (ML). Die Anwendung dieses Schätzverfahrens ist aber streng genommen nur möglich, wenn die beobachteten Daten (Indikatorvariablen x und y) multi-normalverteilt sind.[480] Diese Anforderungen werden von empirischen Daten im Allgemeinen nicht erfüllt.[481] Der im Vorfeld der Analysen durchgeführte Verteilungstest bestätigte, dass einige Messindikatoren im vorliegenden Datensatz als nicht normalverteilt anzusehen sind.[482] Daher soll die Modellschätzung mit Hilfe verschiedener Schätzverfahren vorgenommen werden. Aufgrund der besonderen Eignung des ML-Schätzers für likert-skalierte Merkmale, der Vielfalt an verfügbaren Teststatistiken sowie dessen häufig angeführter asymptotischer Robustheit gegenüber Abweichungen von der Multinormalverteilung soll das Verfahren auch im vorliegenden Fall zur Anwendung kommen.[483] Dennoch wird zur Prüfung der Stabilität der Parameter eine zusätzliche Schätzung mit dem „Scale-free-least-square-Verfahren" (SLS) durchgeführt.[484] Dieses Verfahren stellt im Wesentlichen keine Anforderungen an die Verteilung der Daten, ermöglicht aber nur eine beschränkte Verfügbarkeit von einzelnen Teststatistiken.[485] Eine dritte Vergleichsschätzung soll mit Hilfe des „Generalized-Least-Squares"-Verfahrens (GLS)

---

479 Ein solches Vorgehen ist notwendig, da in der Realität nicht davon ausgegangen werden kann, dass die endogenen Variablen vollständig über die erwarteten kausalen Beziehungen erklärbar sind. Grund dafür ist, dass in einem theoretischen Hypothesensystem nur selten alle relevanten Variablen erfasst werden. Nicht erfasste Variablen werden als Drittvariablen bezeichnet. Zusammen mit eventuell auftretenden Messfehlern sind sie ebenfalls in das Kausalmodell in Form einer Residualvariable Zeta (ζ) zu übernehmen. Vgl. Backhaus, K. et al. (2002): Multivariate Analysemethoden, a.a.O., S. 405.

480 Vgl. Backhaus, K. et al. (2002): Multivariate Analysemethoden, a.a.O., S. 363 ff.

481 Dennoch wird das Verfahren in vielen Analysen genutzt. Vergleichende Untersuchungen ergaben, dass in nur etwa 19 % der Studien die Multinormalverteilung als Voraussetzung angenommen wurde. Ein expliziter Verteilungstest wurde dabei aber nur in weniger als 10 % der Studien vorgenommen. Vgl. Byrne, B. M. (2001): Structural equation modeling with AMOS, a.a.O., S. 267 f.

482 Der Verteilungstest ist mit Hilfe des AMOS-Programms durchführbar. Vgl. Arbuckle, J. L., Wothke, W. (1999): AMOS User's Guide, a.a.O., S. 2.

483 Vgl. Förster, F., et al. (1984): Der LISREL-Ansatz der Kausalanalyse und seine Bedeutung für die Marketing-Forschung, a.a.O., S. 355; Homburg, C., Hildebrandt, L. (1998): Die Kausalanalyse, a.a.O., S. 22; zur Kritik an der Annahme asymptotischer Effizienz vgl. Hildebrandt, L., Görtz, N. (1998): Zum Stand der Kausalanalyse mit Strukturgleichungsmodellen, a.a.O., S. 7 f.

484 Vgl. Hildebrandt, L., Buzzel, R. (1998): Ein Kausalmodell zu den Bestimmungsgründen der Profitabilität, in: Hildebrandt, L., Homburg, C. (Hrsg.): Die Kausalanalyse: ein Instrument der empirischen betriebswirtschaftlichen Forschung, Stuttgart, S. 223 f. Ein weiteres Verfahren zur Umgehung der Anforderung an die Multinormalverteilung der Ausgangsdaten ist das „Bootstrapping". Diese komplexe und rechenaufwendige Prozedur wurde erstmals von EFRON theoretisch hergeleitet. Für die heutige Computergeneration stellt sie kaum Probleme dar, was sich in einem moderaten Rechenzeitaufwand niederschlägt. Vgl. Byrne, B. M. (2001): Structural equation modeling with AMOS, a.a.O., S. 268 ff.

485 Inferenzstatistische Auswertungen sind bei Anwendung des ULS- und des SLS-Verfahrens nicht möglich. Vgl. Backhaus, K. et al. (2002): Multivariate Analysemethoden, a.a.O., S. 365 sowie zu den Diskrepanzfunktionen der Schätzverfahren Arbuckle, J. L., Wothke, W. (1999): AMOS User's Guide, a.a.O., S. 391 ff.

durchgeführt werden. Auch das GLS-Verfahren stellt erhöhte Anforderungen an die Normalverteilung der Daten, dennoch zeigt es sich deutlich robuster als das ML-Verfahren und bietet gleichzeitig einen hohen Methodenvorrat zur Beurteilung der Parameterschätzung.

Im Rahmen einer ersten Prüfung der **Identifikation des Modells** zeigten sich Probleme bezüglich der Plausibilität der Parameterschätzungen.[486] Obgleich die verfügbaren Daten für eine Parameterschätzung ausreichend sind, ist die Schätzung aufgrund einer nicht positiv definierten Kovarianzmatrix abzulehnen.[487] Die häufigste Ursache für nicht positiv definierte Kovarianzmatrizen ist die Multikollinearität der beobachteten Variablen.[488] Bei der Prüfung der Auswertung zeigte sich, dass die hohen Korrelationen zwischen den Messindikatoren der Variablen Unterhaltung und Spannung lediglich auf ein hypothetisches Konstrukt hindeuten. Betrachtet man die Definition der beiden Motive, lässt sich dieses Ergebnis auch theoretisch bestätigen.[489] Für die folgenden Untersuchungen werden die Motive Spannung und Unterhaltung daher als ein Motiv betrachtet.[490] Zur Messung des Konstrukts wurden die vorhandenen vier Indikatoren genutzt. Das beschriebene Vorgehen verdeutlicht Abbildung 29.

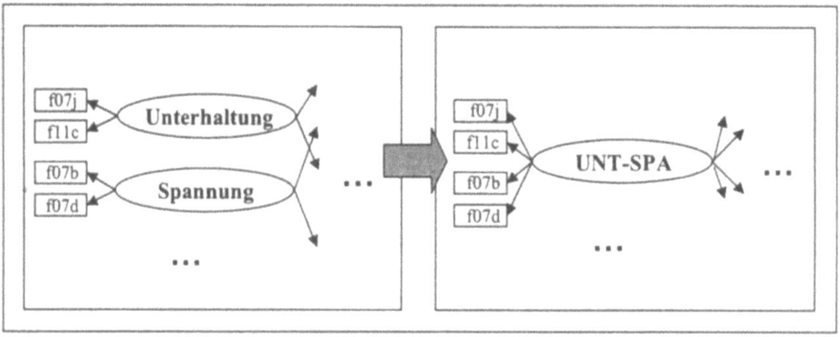

Abb. 29: Anpassung des Pfaddiagramms (Ausschnitt des angepassten Pfaddiagramms)[491]

486 Vgl. zu möglichen entarteten Schätzwerten Homburg, C., Hildebrandt, L. (1998): Die Kausalanalyse, a.a.O., S. 37.

487 AMOS liefert in seiner Auswertung den Hinweis auf eine nicht positiv definierte Kovarianzmatrix, benennt aber keine Ursache.

488 Vgl. Byrne, B. M. (2001): Structural equation modeling with AMOS, a.a.O., S. 149 f.

489 So ist es durchaus einsichtig, dass der „Spaß am Zuschauen“ sowie der „Unterhaltungswert“ in besonderem Maße mit der durch den Wettkampf vermittelten Spannung in Beziehung stehen. Siehe dazu Abschnitt B 4.1.1.

490 Zur Plausibilität dieser Vorgehensweise vgl. Fritz, W. (1992): Marktorientierte Unternehmensführung und Unternehmenserfolg, a.a.O., S. 192.

491 Das vollständige angepasste Pfaddiagramm ist dem Anhang I zu entnehmen.

Die anschließende Prüfung der Modellidentifikation zeigt, dass 156 Parameterschätzungen vorzunehmen sind. Dafür stehen 820 Gleichungen zur Verfügung, so dass das Modell mit 664 Freiheitsgraden überidentifiziert und damit lösbar ist.[492] Bei der Prüfung der Parameterschätzung konnten weder für die ML- noch für die SLS- bzw. GLS-Schätzungen entartete Schätzwerte nachgewiesen werden.[493] Die Voraussetzungen für eine Prüfung der Anpassungsgüte des Sportrezeptionsmodells am Beispiel der Zuschauer eines Fußballbundesligisten sind damit als erfüllt anzusehen.

4.3 Bewertung der Ergebnisse der Parameterschätzung

Die Beurteilung der Modellanpassung ist im Wesentlichen in drei Teilschritten durchzuführen. Zunächst ist die lokale Anpassung der Teilstrukturen des Modells zu prüfen. Dies beinhaltet sowohl die Beurteilung der Messmodelle als auch die Prüfung der Anpassungsgüte des Strukturgleichungsmodells.[494] Die Bewertungen sollen im Folgenden nur anhand der ML-Schätzung durchgeführt werden, da die SLS-Schätzung nahezu identische Werte lieferte.[495] Für die Annahme bzw. Ablehnung des Sportrezeptionsmodells ist es schließlich entscheidend, in einem dritten Schritt den Gesamtmodell-Fit zu beurteilen.

4.3.1 Beurteilung der lokalen Modellanpassung: Analyse der Messmodelle

Zur Beurteilung des Sportrezeptionsmodells ist zunächst zu prüfen, ob die Messindikatoren in der Lage sind die latenten Variablen des Modells hinreichend zu operationalisieren. Dazu sind zunächst die Parameterschätzungen der Messmodelle der latent exogenen sowie der latent endogenen Variablen zu betrachten.

---

492 Vgl. bspw. Baltes-Götz, B. (2001): Analyse von Strukturgleichungsmodellen mit AMOS 4.0, S. 34.

493 Die Plausibilitätsprüfung ist ein notwendiger Bestandteil der Modellidentifikation. Werden entartete Schätzwerte beobachtet, erübrigt sich die eine weiterführende Modellbeurteilung. Alle Versuche der Interpretation der Daten sind abzulehnen. Vgl. Homburg, C., Baumgartner, H. (1995): Beurteilung von Kausalmodellen, a.a.O., S. 362.

494 Vgl. ebenda, S. 351 ff.

495 Siehe dazu die Ergebnisse beider Schätzung in Anhang III.

Als **Testkriterien** sollen dabei:

(1) die Faktorladungen, die Standardfehler der Schätzungen und die Critical-Ratio-Werte,

(2) die Indikatorreliablilitäten und die Faktorreliabilitäten als Reliabilitätsmaße [496] sowie

(3) die Diskriminanzvalididät[497] als Validitätsmaß

herangezogen werden.

Die Messmodelle der latenten Variablen haben faktorenanalytischen Charakter. Die **Faktorladungen**[498] zwischen Indikatoren und latenten Variablen (Faktoren) bestätigen die erwartete Richtung des vermuteten Zusammenhangs[499] und sind sämtlich größer als 0,4.[500] Der Faustregel der explorativen Faktorenanalyse folgend deutet dies darauf hin, dass ein starker Zusammenhang zwischen Indikatoren und Faktoren besteht.[501] Betrachtet man die **Standardfehler der Schätzungen**, zeigt sich, dass von sicheren Parameterschätzungen ausgegangen werden kann.[502] Letztlich ist noch zu prüfen, ob die Parameterschätzungen signifikant von Null verschieden sind. Die Ablehnung der Nullhypothese kann mit Hilfe der **Critical-Ratio-Werte** erfolgen. Der Grenzwert von 1,96 wird bei keinem der jeweiligen Schätzwerte überschritten, die Faktorladungen können somit als von Null verschieden angenommen werden.[503]

Zur Überprüfung der Zuverlässigkeit (Reliabilität)[504] werden auf der Ebene der Messmodelle vor allem die Indikator- und der Faktorreliabilität herangezogen. Die **Indikatorreliabilität**

---

496 HOMBURG/BAUMGARTNER schlagen zur Betrachtung der Messmodelle eine Beschränkung auf die Indikator- und die Faktorreliabilität vor. Vgl. Homburg, C., Baumgartner, H. (1995): Beurteilung von Kausalmodellen, a.a.O., S. 363.

497 Zu den vollständigen Validitätsanforderungen vgl. Hildebrandt, L. (1984): Kausalanalytische Validierung in der Marketingforschung, a.a.O., S. 42 ff.

498 Auf eine vollständige Auflistung der Faktorladungen soll aufgrund der Vielzahl an latenten Variablen und deren Indikatoren abgesehen werden. Die Ausprägung der standardisierten Faktorladungen ist den Auswertungen der Parameterschätzungen in Anhang III unter der Überschrift „Standardized Regression Weights" zu entnehmen.

499 Lediglich für einen Indikator wurde ein negativer Zusammenhang erwartet (f12b←Involvement). Diese Beziehung wurde mit einer Faktorladung von -0,622 bestätigt.

500 Die Faktorladungen zwischen dem jeweiligen Indikator und den Motiven Atmosphäre und Aggressionsabbau wurden aufgrund der getroffenen Modellspezifikation auf 1 festgesetzt und sind damit nicht zu interpretieren.

501 Insbesondere bei praktischen Anwendungen haben sich derartige Faustregeln durchgesetzt. Letztlich muss der Anwender dennoch selbst entscheiden, welche Ladungshöhe zur Zuordnung der Variable zum Faktor zu akzeptieren ist. Vgl. Meffert, H. (1992): Marketingforschung und Käuferverhalten, a.a.O., S. 264.

502 Die Standardfehler sind ein Maß für die Streuung der jeweiligen Parameterschätzungen. Sie geben an, mit welchen Abweichungen zu rechnen ist, wenn man eine weitere Stichprobe der Grundgesamtheit zur Prüfung der unterstellten Zusammenhänge heranziehen würde. Bei sehr großen Standardfehlern ist demnach mit hohen Abweichungen zu rechnen und die Parameterschätzung kann als unzuverlässig gekennzeichnet werden. Dabei sind leider keine verbindlichen Grenzwerte definiert.

503 Vgl. Backhaus, K. et al. (2002): Multivariate Analysemethoden, a.a.O., S. 404.

504 Unter dem Reliabilitätsbegriff wird der Grad der Messfehlerfreiheit der Parameterschätzung verstanden. Sie ist damit ein Maß für die Übereinstimmung unabhängiger Messungen gleicher Zusammenhänge. Vgl. Hildebrandt, L. (1984): Kausalanalytische Validierung in der Marketingforschung, a.a.O., S. 41 f.

entspricht der quadrierten Korrelation zwischen Faktor und zugehörigem Indikator und gibt damit an, welcher Anteil der Varianz des Faktors durch den zugrunde liegenden Faktor erklärt wird.[505] Je höher die Reliabilität, desto positiver ist die Qualität der Messung des Faktors durch den Indikator zu bewerten.[506] Zur Beurteilung der Reliabilität wird ein Mindestwert von 0,3 bzw. 0,4 gefordert.[507] Diese Anforderung ist im Wesentlichen als erfüllt anzusehen. Insgesamt zeigen lediglich 4 von 39 Indikatoren eine (bezüglich der Grenzwerte) ungenügende Indikatorreliabilität. Dabei besitzt die Variable Medien-Konsum mit einer erklärten Varianz von 0,080 die geringste Verlässlichkeit bezüglich der Erklärung des „Hörfunks als Sportmedium".[508]

Die teilweise negativen Testergebnisse der Prüfung der Indikatorreliabilitäten sollen dennoch nicht zu einer Ablehnung der Parameterschätzung führen. So bemerken BAGOZZI/BAUMGARTNER, dass die Güte eines Messmodells nicht von der Frage abhängt, wie gut einzelne Indikatoren den zugrunde liegenden Faktor messen, sondern wie gut ein Faktor durch die Gesamtheit seiner Indikatoren repräsentiert wird.[509] Zur Messung dieses Zusammenhangs sind die **Faktorreliabilitäten**[510] heranzuziehen. Sie werden aus der Tabelle 4 ersichtlich.[511]

---

505 Vgl. Homburg, C., Giering, A. (1996): Konzeptualisierung und Operationalisierung komplexer Konstrukte, a.a.O., S. 10; Fritz, W. (1992): Marktorientierte Unternehmensführung und Unternehmenserfolg, a.a.O., S.130 f. So erklärt bspw. das theoretische Konstrukt Identifikation 76 % der Varianz der Variable „Fan-Intensität" (f09). Lediglich 23 % der Einheitsvarianz der Variablen sind somit auf Messfehler bzw. nicht berücksichtigte Variableneffekte zurückzuführen.

506 Dabei ist die Ausprägung durch die Standardisierung auf einen Bereich zwischen 0 und 1 normiert. Ein Werte nahe 1 ist damit gleichbedeutend mit einer hohen Indikatorreliabilität.

507 Vgl. Fritz, W. (1992): Marktorientierte Unternehmensführung und Unternehmenserfolg, a.a.O., S. 131. Insbesondere BALDERJAHN stellt nur geringe Anforderungen an die Indikatorreliabilität. Vgl. Balderjahn, I. (1985): Strukturen sozialen Konsumbewusstseins: Eine empirische Studie, in: Marketing ZFP, 7. Jg. , Heft 4, S. 256 f.; Fritz, W. (1992): Marktorientierte Unternehmensführung und Unternehmenserfolg, a.a.O., S. 131.

508 Die Ausprägungen der Indikatorreliabilitäten sind vollständig im Anhang III.1. unter der Überschrift „Squared Multiple Correlations" abgedruckt.

509 Vgl. Bagozzi, R., Baumgartner, H. (1994): The Evaluation of Structural Equation Models and Hypothesis Testing, in: Bagozzi, R. (Hrsg.): Principles of Marketing Research, Cambridge, S. 402.

510 Die Faktorreliabilitäten werden durch AMOS nicht direkt berechnet. Zur Berechnungsformel vgl. Homburg, C., Giering, A. (1996): Konzeptualisierung und Operationalisierung komplexer Konstrukte, a.a.O., S. 10. Die dazugehörigen Daten sind dem Anhang III zu entnehmen.

511 Die Messung der Faktorreliabilitäten der latenten endogenen Variablen erfolgte mit Hilfe der Auswertung der Teilstrukturen der Messmodelle. Die Reliabilitäten der endogenen Variable Vor-Ort-Konsum sowie der exogenen Motive Aggressionsabbau und Atmosphäre wurden nicht berücksichtigt, da ein Messfehler durch die Fixierung der Fehlervariablen bereits aufgrund theoretischer Vorüberlegungen ausgeschlossen wurde.

Latente Variable	Faktorreliabilität
Spannung-Unterhaltung	0,844
Eskapismus	0,656
Wissenserwerb	0,783
Anschluss	0,736
Zeitvertreib	0,675
Steigerung des Selbstwertgefühls	0,768
Aktivität	0,864
Involvement	0,825
Identifikation	0,884
Medien-Konsum	0,811

Tab. 4: Faktorreliabilitäten der latenten Variablen

Ein üblicher Grenzwert zur Beurteilung der Faktorreliablitäten liegt bei 0,6.[512] Dieses Kriterium wird von allen Konstrukten erfüllt. Somit lässt sich festhalten, dass die Messmodelle bezüglich der Reliablitätskennzahlen nicht abzulehnen sind.

Neben der Reliabilitätsbetrachtung ist es für eine vollständige Beurteilung der Messmodelle notwendig, auch deren Validität (Gültigkeit) zu prüfen. In diesem Zusammenhang stellt sich insbesondere die **Diskriminanzvalidität** als wichtiges Prüfkriterium heraus.[513] Sie misst die Unabhängigkeit der einzelnen latenten exogenen Variablen und prüft, ob die Faktoren unterschiedliche Konstrukte messen. Damit wird im vorliegenden Sportrezeptionsmodell die Unabhängigkeit der einzelnen Rezeptionsmotive überprüft. Eine zur Beurteilung der Diskriminanzvalidität herangezogene Teststatistik stellt das FORNELL/LARCKER-Kriterium[514] dar. Dieses fordert, dass die durchschnittlich erfasste Varianz einer latenten exogenen Variable größer ist als jede quadrierte Korrelation dieser Variable mit einer anderen Variable.[515] Die Beurteilung der Diskriminanzvalidität fällt zu Ungunsten der hypothetischen Struktur des Sportrezeptionsmodells aus, bestätigt damit aber die theoretischen Vorüberlegungen.[516] So sei in diesem Zusammenhang erneut darauf hingewiesen, dass selbst eine eindeutige theoretische Abgrenzung der Rezeptionsmotive nur schwer zu erreichen ist.

512 Vgl. Homburg, C., Baumgartner, H. (1995): Beurteilung von Kausalmodellen, a.a.O., S. 363.

513 Vgl. Hildebrandt, L. (1984): Kausalanalytische Validierung in der Marketingforschung, a.a.O., S. 42 f.

514 Vgl. Fornell, C., Larcker, D. (1981): Evaluating Structural Equation Models with Unobserved Variables and Measurement Error, in: Journal of Marketing Research, 18. Jg., S. 46.

515 Die durchschnittlich erfasste Varianz muss selbständig berechnet werden. Sie ist aber sehr einfach mit Hilfe der AMOS-Auswertungen durchführbar. Vgl. dazu bspw. Homburg, C., Giering, A. (1996): Konzeptualisierung und Operationalisierung komplexer Konstrukte, a.a.O., S. 11. Demgegenüber sind die quadrierten Korrelationen direkt den AMOS-Auswertungen zu entnehmen. Siehe dazu die Auswertungen in Anhang III.

516 Auf eine ausführliche Darstellung der Ergebnisse der Diskriminanzuntersuchung soll verzichtet werden.

Unterschiedlichste Motivuntersuchungen haben bestätigt, dass Einzelmotive empirisch nicht voneinander unabhängig sind und hohe Interkorrelationen aufweisen. Verdichtet man Rezeptionsmotive zu weitestgehend unabhängigen Motivkategorien, ist dies zwangsläufig mit einem Informationsverlust verbunden. Differenzierte Aussagen über die spezifische Motivationsstruktur von Sportzuschauern lassen sich daraus nur schwer ableiten. Daher soll im vorliegenden Rezeptionsmodell der Versuch unternommen werden, diesen Informationsverlust durch Integration einer Vielzahl spezifischer Rezeptionsmotive[517] zu minimieren und damit eine exaktere Vorhersage des rezeptiven Sportkonsums zu ermöglichen. Unter Berücksichtigung dieser theoretischen Überlegungen kann die Beurteilung der Diskriminanzvalidität nicht zur Ablehnung des Hypothesensystems führen.

4.3.2 Beurteilung der lokalen Modellanpassung: Analyse des Strukturmodells

Zur Beurteilung der lokalen Anpassungsgüte auf der Ebene des Strukturmodells sind:

(1) die Standardfehler sowie die Critical-Ratio-Werte der Regressionsgewichte sowie

(2) die quadrierten multiplen Korrelationen der latenten endogenen Variablen

zu prüfen.[518]

Die Ergebnisse der Parameterschätzungen, insbesondere die Pfadkoeffizienten, sowie die dazugehörigen Standardfehler der Schätzung und das Verhältnis zwischen Parameter und Standardabweichung gibt Tabelle 5 im Überblick wieder.

---

517 Gleichwohl fand dabei eine Beschränkung auf wesentliche Motive statt. Siehe Abschnitt B 4.1.1.

518 Vgl. Backhaus, K. et al. (2002): Multivariate Analysemethoden, a.a.O., S. 403 f.; Homburg, C., Baumgartner, H. (1995): Beurteilung von Kausalmodellen, a.a.O., S. 364.

Regression Weights:	Estimate	S.E.	C.R.	
Involvement <-------------- UNT-SPA	**0,539**	**0,115**	**4,704**	
Involvement <------------------ ESK	-0,230	0,546	-0,422	
Involvement <------------------ WIS	0,026	0,158	0,163	
Involvement <------------------ ANS	-0,041	0,115	-0,353	
Involvement <------------------ ZEI	0,138	0,271	0,508	
Involvement <------------------ SEL	0,548	0,910	0,602	
Involvement <------------------ AKT	0,086	0,489	0,175	
Involvement <------------------ ATM	-0,030	0,040	-0,742	
Involvement <------------------ AGG	0,059	0,081	0,734	
Identifikation <--------------- AGG	0,021	0,089	0,234	
Identifikation <--------------- ATM	0,004	0,042	0,103	
Identifikation <--------------- AKT	-0,038	0,508	-0,075	
Identifikation <--------------- SEL	0,596	1,005	0,593	
Identifikation <--------------- ZEI	0,096	0,296	0,325	
Identifikation <--------------- ANS	-0,125	0,124	-1,008	
Identifikation <--------------- WIS	-0,209	0,167	-1,247	
Identifikation <--------------- ESK	-0,224	0,589	-0,380	
Identifikation <----------- UNT-SPA	0,174	0,140	1,247	
VK <---------------------- UNT-SPA	-0,118	1,014	-0,116	
VK <--------------------------- ESK	1,222	3,858	0,317	
VK <--------------------------- WIS	-0,737	1,127	-0,654	
VK <--------------------------- ANS	0,986	0,855	1,154	
VK <--------------------------- ZEI	-1,369	1,961	-0,698	
VK <--------------------------- SEL	-2,835	6,607	-0,429	
VK <--------------------------- AKT	1,237	3,247	0,381	
VK <--------------------------- ATM	-0,011	0,291	-0,037	
VK <--------------------------- AGG	0,041	0,583	0,070	
MK <---------------------- UNT-SPA	**0,283**	**0,120**	**2,354**	
MK <--------------------------- ESK	0,078	0,400	0,195	
MK <--------------------------- WIS	0,105	0,118	0,889	
MK <--------------------------- ANS	0,022	0,091	0,248	
MK <--------------------------- ZEI	0,020	0,204	0,099	
MK <--------------------------- SEL	-0,002	0,680	-0,004	
MK <--------------------------- AKT	-0,085	0,336	-0,254	
MK <--------------------------- ATM	-0,040	0,034	-1,170	
MK <--------------------------- AGG	-0,047	0,061	-0,767	
Identifikation <------- Involvement	**0,497**	**0,121**	**4,110**	
VK <------------------- Involvement	**1,545**	**0,779**	**1,983**	
MK <------------------- Involvement	**0,432**	**0,095**	**4,564**	
MK <--------------- Identifikation	-0,013	0,069	-0,185	
VK <--------------- Identifikation	**3,213**	**0,572**	**5,617**	
MK <---------------------------- VK	0,008	0,005	1,622	a
VK <---------------------------- MK	0,008	0,005	1,622	a

Tab. 5: Pfadkoeffizienten der ML-Parameterschätzung (Ausschnitt)[519]

Betrachtet man die **Pfadkoeffizienten**, so lässt sich feststellen, dass die empirischen Ergebnisse im Allgemeinen den theoretischen Voraussagen entsprechen, jedoch auch einige Abweichungen erkennbar sind. Inwieweit eine detaillierte Interpretation dieser Ergebnisse zulässig ist, muss aber zunächst geprüft werden.

519 Siehe für eine vollständige Darstellung den Anhang III.

Ein Blick auf die **Standardfehler der Parameterschätzungen** zeigt, dass diese als teilweise unverhältnismäßig hoch zu bezeichnen sind. Eine mögliche Fehlerquelle ist zum einen die fehlende Unabhängigkeit der einzelnen Rezeptionsmotive (Multikollinearität). Dies führt in der Konsequenz dazu, dass auch die Operationalisierung der Einzelmotive hohe Herausforderungen an die Modellspezifikation stellt. Bedenkt man ferner, dass aus aufwandstechnischen und befragungstaktischen Gründen nur maximal zwei Messindikatoren zur Repräsentation des Konstrukts genutzt wurden, sind die teilweise hohen Standardfehler zu erklären. Sie deuten damit auf einen Mangel der empirischen Datenstruktur hin, der dennoch nur bedingt durch Verdichtung der Rezeptionsmotive zu Motivkategorien aufgehoben werden kann.[520] Eine andere mögliche Erklärung ergibt sich aus der Nicht-Normalität der empirischen Daten. Die hier abgebildete Maximum-Likelihood-Schätzung bietet zwar – im Gegensatz zum SLS-Verfahren – eine Berechnung der Standardfehler zur Beurteilung der Genauigkeit der Parameterschätzungen. Bei Abweichungen von der Multinormalverteilung lassen sich diese Werte aber nicht korrekt berechen, so dass auch hier eine mögliche Erklärung der erhöhten Standardabweichungen zu suchen ist.[521]

Die Höhe der Standardfehler der Schätzung der Gamma- bzw. Beta-Vektoren führt schließlich zur Ablehnung der Nullhypothese. Beleg dafür sind die **Critical-Ratio-Werte**, die das Verhältnis der Pfadkoeffizienten zu ihren Standardfehlern widerspiegeln. Sie liegen betragsmäßig zumeist unter dem kritischen Wert von 1,96.[522] Die betreffenden Pfadkoeffizienten sind damit nicht signifikant von Null verschieden. Obgleich diese Abweichungen auf der mit dem ML-Verfahren verbundenen nicht korrekten Schätzung der Standardfehler beruhen könnten, soll eine Interpretation dieser Koeffizienten nicht erfolgen. Betrachtet man ausschließlich die interpretierbaren Parameterschätzungen, die durch Hervorhebung in der Tabelle 2 gekennzeichnet sind, so zeigen sich die diesbezüglichen Pfadkoeffizienten als hypothesenkonform. Als besonders auffällig sind die starken Beziehungen zwischen Involvement und Identifikation (0,548)[523], Identifikation und Vor-Ort-Konsum (0,604) sowie Involvement und Medien-Konsum (0,641) zu kennzeichnen. Diese Ergebnisse bestätigen die Hypothese, dass Zuschauer mit hoher Identifikation in besonderem Maße die direkte Interaktion mit den Sportlern am Ort des Sportgeschehens suchen. Ebenso zeigt das Involvement einen hohen Beitrag zu Erklärung des Medien-Konsums. Betrachtet

520 Ein solches Vorgehen ist prinzipiell möglich. Es führt aber wiederum zu dem bereits angesprochenen Verlust an Informationen bezüglich der spezifischen Motivationsstruktur von Medien- und Stadion-Zuschauern.

521 Vgl. Jöreskog, K. G., Sörbom, D. (1988): LISREL 7, a.a.O., S. 44 sowie Fritz, W. (1992): Marktorientierte Unternehmensführung und Unternehmenserfolg, a.a.O., S. 128.

522 Vgl. Byrne, B. M. (2001): Structural equation modeling with AMOS, a.a.O., S. 241 f.; Backhaus, K. et al. (2002): Multivariate Analysemethoden, a.a.O., S. 404.

523 Aufgrund der besseren Interpretationsmöglichkeiten sind hier die standardisierten Regressionsgewichte angeführt. Sie sind normiert auf den Bereich zwischen 0 und 1, wobei Werte um 1 starke Beziehungen anzeigen. Siehe dazu Anhang III.

man den direkten Effekt des Involvement auf die Sportrezeption, bestätigt sich, dass involvierte Zuschauer den höheren Aufwand des Vor-Ort-Konsums nur teilweise in Kauf nehmen. Gleichzeitig belegt der positive Pfadkoeffizient zwischen Involvement und Identifikation den theoretisch erwarteten Konstruktzusammenhang. Die Begeisterung für bzw. das Interesse am Sport erklärt damit auch in hohem Maße das „Fan-Sein". Das Gesamtmodell ist aufgrund der Beurteilungen der Standardfehler der Schätzung sowie der Critical-Ratio-Werte nicht abzulehnen. Dennoch lässt die fehlende Genauigkeit der Parameterschätzungen keine detaillierten Betrachtungen der Pfadkoeffizienten zu.

Als wesentliches Kriterium zur Beurteilung des Strukturmodells gilt die **Quadrierte multiple Korrelation (QMK)**.[524] Diese Kennzahl setzt die geschätzte Varianz eines Konstrukts in Beziehung zur geschätzten Varianz der zugehörigen Fehlervariable. Auch diese Größe liegt zwischen 0 und 1. Sie beschreibt den Anteil der durch die spezifizierten Modellbeziehungen erklärten Varianz einer endogenen latenten Variable. Die nicht erklärte Varianz entfällt damit auf die Fehlervariable. Im Allgemeinen erscheint es nicht sinnvoll, einen Mindestwert für die Quadrierte multiple Korrelation zu fordern, da das Ziel der Kausalanalyse vor allem in der Prüfung der hypothetischen Modellbeziehungen liegt. Im hier vorliegenden Fall erstreckt sich das Erkenntnisziel der Untersuchung aber auch auf eine möglichst vollständige Erklärung des rezeptiven Sportkonsums. Zur Beurteilung der quadrierten multiplen Korrelation wird in diesem Fall ein Grenzwert von 0,4 vorgeschlagen.[525] Eine Übersicht der Quadrierten multiplen Korrelation gibt Tabelle 6.

Latente Variable	Grenzwert	Quadrierte multiple Korrelation
Involvement	0,4	0,897
Identifikation		0,782
Medien-Konsum		0,739
Vor-Ort-Konsum		**0,389**

Tab. 6: Quadrierte Multiple Korrelationen der endogenen Modellvariablen

Es zeigt sich, dass etwa 90 % der Varianz des Konstrukts Involvement durch die vermuteten Beziehungen zwischen den Rezeptionsmotiven und dem Involvement erklärt werden können. Damit stellen die Rezeptionsmotive eine sehr gute Erklärung für das Involvement der Sportzuschauer dar. Dies entspricht den Modellhypothesen, zudem wurde der gesetzte Grenzwert deutlich überschritten. Betrachtet man ferner das Konstrukt Identifikation, bestätigen sich auch hier die vermuteten Beziehungen. Das Identifikations-Konstrukt wird zu etwa 78 % durch die direkten Effekte der Rezeptionsmotive bzw. des Involvement sowie zusätzlich –

524 Vgl. Arbuckle, J. L., Wothke, W. (1999): AMOS User's Guide, a.a.O., S. 27 ff.; Byrne, B. M. (2001): Structural equation modeling with AMOS, a.a.O., S. 163.

525 Vgl. Homburg, C., Baumgartner, H. (1995): Beurteilung von Kausalmodellen, a.a.O., S. 362 f.

über die Verbindung zum Involvement-Konstrukt – indirekt durch die Rezeptionsmotive erklärt.[526] Dabei trägt, bestätigt durch den Pfadkoeffizienten zwischen Involvement und Identifikation[527], vor allem das Involvement zur Erklärung des Konstrukts bei.

Ferner ist zu prüfen, inwieweit die hypothetische Modellstruktur geeignet ist, das Konsumverhalten der Sportzuschauer abzubilden. Betrachtet man die entsprechenden Werte der Quadrierten multiplen Korrelation, bestätigt sich ein insgesamt hoher Erklärungsbeitrag zur Bestimmung der Konsumformen Medien-Konsum und Vor-Ort-Konsum. Dabei zeigt vor allem der Anteil der erklärten Varianz des Konstrukts Medien-Konsum (ca. 74 %) die hohe Relevanz der vermuteten Pfadbeziehungen an. Demgegenüber sind durch die Modellstrukturen nur etwa 39 % der Einheitsvarianz der Variable Vor-Ort-Konsum repräsentiert. Dieser Wert liegt knapp unter dem selbst gesetzten Grenzwert und macht deutlich, dass etwa 71 % der Konstruktvarianz nicht durch das Modell erklärt werden können. Sie entfallen auf den Messfehler sowie auf nicht im Modell spezifizierte, weitere Einflussparameter auf den Konsum.

4.3.3 Beurteilung der globalen Modellanpassung

Zur Entscheidung über die Annahme des Sportrezeptionsmodells ist nun abschließend die Anpassungsgüte des Gesamtmodells an den vorliegenden Datensatz zu prüfen.

Als wichtige Indikatoren zur Beurteilung der globalen Anpassungsgüte dienen die **Fit-Indizes** Goodness-of-Fit-Index (GFI), Adjusted-Goodness-of-Fit-Index (AGFI), der Root-Mean-Square-Residual-Wert (RMR) sowie der Root-Mean-Squared-Error-of-Approximation (RMSEA).[528] Sie sollen auch bei der Prüfung des Sportrezeptionsmodells zur Anwendung kommen. Der häufig zur Beurteilung herangezogene Chi-Quadrat-Wert soll dagegen keine Beachtung finden und wird durch den RMSEA als inferenzstatistisches Anpassungsmaß

526 Die indirekten und totalen kausalen Effekte können ebenfalls durch AMOS errechnet werden. Vgl. Arbuckle, J. L., Wothke, W. (1999): AMOS User's Guide, a.a.O., S. 171. Indirekte Effekte ergeben sich durch einfache multiplikative Verknüpfung entlang der Pfadkoeffizienten. Die totalen Effekte sind durch die Addition der direkten und indirekten Effekte zu berechnen. Zur Bestimmung und Interpretation von direkten und indirekten kausalen Effekten vgl. Backhaus, K. et al. (2002): Multivariate Analysemethoden, a.a.O., S. 399 f.

527 Siehe Tabelle 2 in diesem Unterpunkt.

528 Zur Berechung und den Hintergründen der einzelnen Teststatistiken vgl. bspw. Byrne, B. M. (2001): Structural equation modeling with AMOS, a.a.O., S. 79 ff.; Förster, F., et al. (1984): Der LISREL-Ansatz der Kausalanalyse und seine Bedeutung für die Marketing-Forschung, a.a.O., S. 361 ff.; Homburg, C., Baumgartner, H. (1995): Beurteilung von Kausalmodellen, a.a.O., S. 354 ff.

ersetzt.[529] Die angeführten Fit-Indizes sind sämtlich als „Stand Alone"-Maße zu kennzeichnen, die eine Beurteilung der Modelle isoliert ohne Bezug zu einem Basismodell vornehmen.[530]

Aufgrund der Abweichungen der zugrunde liegenden Daten von der Normalverteilung soll die Entscheidung über die Modellannahme nicht allein von der Maximum-Likelihood-Schätzung (ML) abhängig gemacht werden. Zusätzlich wurde eine Berechnung der Teststatistiken auch über das „Scale-Free-Least-Square"-Verfahren (SLS) durchgeführt, das keine Anforderungen an die Verteilungsstruktur der empirischen Daten stellt. Als drittes Vergleichsverfahren wurde das „General-Least-Squares"-Verfahren (GLS) zu Beurteilung herangezogen.[531]

Eine Zusammenfassung der Fit-Statistiken sowie der Mindestanforderungen für eine gute Modellanpassung ist der Tabelle 7 zu entnehmen.

Anpassungs-maß	**Schwellenwert**	**Maximum-Likelihood**	**Genreal-Least-Squares**	**Scale-Free-Least-Squares**
GFI	>=0,9	0,854	0,916	0,992
AGFI	>=0,9	0,819	0,895	0,990
RMR (unstandardi-siert)	<=0,1	0,113	0,273	0,103
RMSEA	<= 0,05 bzw. 0,08	0,059	0,042	-

Tab. 7: Aufstellung der globalen Anpassungsmaße für das Gesamtmodell

Dabei ist generell für die kritischen Schwellenwerte zu beachten, dass sie nicht als absolutes Falsifikationskriterium zu verstehen sind. Kritische Werte zeigen vielmehr an, ob für ein spezifisches Hypothesensystem von einer besseren bzw. schlechteren Anpassung an die empirischen Daten ausgegangen werden kann. Vor diesem Hintergrund haben Schwellenwerte eher den Charakter einer Faustregel, die sich in der Praxis zur Modellevaluation

529 Der Chi-Quadrat-Test ist mit einigen gravierenden Schwächen behaftet. Seine Adäquanz wird daher zunehmend in Frage gestellt. Das Kernproblem des Tests liegt in dessen Ansatz, die „absolute" Richtigkeit eines Modells zu prüfen. Modelle stellen zumeist aber lediglich Approximationen der Realität dar, was den Ansatz des Tests zur Modellbeurteilung generell in Frage stellt. Homburg, C., Baumgartner, H. (1995): Beurteilung von Kausalmodellen, a.a.O., S. 353 sowie die dort zitierte Literatur. Zudem ist die Interpretationsfähigkeit des Tests an die Normalverteilungshypothese sowie den Stichprobenumfang geknüpft. So führen bei großen Stichproben (n > 1000) kleinste Abweichungen von der Normalverteilung zur Ablehnung des Modells. Vgl. Homburg, C., Hildebrandt, L. (1998): Die Kausalanalyse, a.a.O., S. 24.

530 Vgl. Jöreskog, K. G., Sörbom, D. (1988): LISREL 7, a.a.O., S. 43.

531 Vgl. zu den Vorteilen des GLS-Schätzverfahrens Homburg, C., Sütterlin, S. (1990): Kausalmodelle in der Marketingforschung, a.a.O., S. 187.

etabliert hat.[532] So geben HOMBURG/BAUMGARTNER zu bedenken, dass die Ausprägung der Anpassungsmaße vom Stichprobenumfang sowie von der Komplexität der Modelle abhängig ist. Bei Modellen hoher Komplexität – wie im vorliegenden Untersuchungsfall – sollten die kritischen Werte eher niedriger spezifiziert werden. Hohe Stichprobenumfänge wiederum sollten generell zu schärferen Kriterien führen.[533] Ein weiteres Problem besteht im negativen Zusammenhang zwischen Anpassungsgüte und der Stärke der Beziehungen zwischen den beobachteten Variablen. So führen schwache Beziehungen der Messindikatoren zu einer tendenziell höheren Anpassungsgüte des Gesamtmodells.[534] Für die hier vorliegende empirische Datenstruktur trifft dies in keinem Fall zu.[535] Somit sollten auch geringfügig schlechtere Anpassungsmaße akzeptiert werden.

Der **GFI** beschreibt den Anteil der durch die Modellstruktur erklärten Varianzen und Kovarianzen der empirisch beobachteten Variablen der Stichprobe. Er lässt sich analog dem Bestimmtheitsmaß der Regressionsanalyse interpretieren.[536] Der GFI des vorliegenden Modells entspricht im Rahmen der ML-Schätzung lediglich 0,854. Das Gesamtmodell erklärt damit etwa 85 % der Streuung der zugrunde liegenden Datenmatrix. Zieht man die beiden Vergleichsschätzungen zur Beurteilung der Modellanpassung heran, zeigt sich dagegen ein positives Ergebnis. Der Schwellenwert von 0,9 wird in beiden Schätzungen übertroffen. Ein solches Ergebnis kann bspw. aufgrund der Abweichungen von der Normalverteilung einiger Indikatorvariablen erklärt werden. Obgleich der GFI generell als robuster Fit-Index gekennzeichnet wird, zeigen sich bezüglich der verwendeten Schätzverfahren teilweise deutliche Abweichungen.[537] Bereits bei Anwendung des im Vergleich zum ML-Verfahren verteilungsunabhängigeren GLS-Schätzverfahrens, zeigt der GFI-Index die Annahme der Modellstruktur an.

Der **AGFI** bezeichnet eine Erweiterung des GFI, bei dem die Anzahl der Freiheitsgrade Berücksichtigung findet. Hintergrund der Entwicklung des Fit-Index ist die Eigenschaft deskriptiver Gütemaße, eine positivere Modellanpassung bei Integration zusätzlicher Modellparameter anzuzeigen. Diese Maße berücksichtigen demnach nicht, wie effizient ein Modell

532 Zur Kritik an einer starren Auslegung der Schwellenwerte vgl. Balderjahn, I. (1998): Kreuzvalidierung von Kausalmodellen, in: Hildebrandt, L., Homburg, C. (Hrsg.): Die Kausalanalyse: ein Instrument der empirischen betriebswirtschaftlichen Forschung, Stuttgart, S. 386 f.; Fritz, W. (1992): Marktorientierte Unternehmensführung und Unternehmenserfolg, a.a.O., S. 141.

533 Vgl. Homburg, C., Baumgartner, H. (1995): Beurteilung von Kausalmodellen, a.a.O. S. 363.; Fritz, W. (1992): Marktorientierte Unternehmensführung und Unternehmenserfolg, a.a.O., S. 127 f.

534 Vgl. Förster, F., et al. (1984): Der LISREL-Ansatz der Kausalanalyse und seine Bedeutung für die Marketing-Forschung, a.a.O., S. 362.

535 Verwiesen sei hierzu erneut auf die Problematik der – theoretisch erklärbaren – Abhängigkeiten der Rezeptionsmotive untereinander, die auch durch die empirischen Analysen bestätigt werden konnten.

536 Vgl. Arbuckle, J. L., Wothke, W. (1999): AMOS User's Guide, a.a.O., S. 412; Jöreskog, K. G., Sörbom, D. (1988): LISREL 7, a.a.O., S. 42.

537 Vgl. Fritz, W. (1992): Marktorientierte Unternehmensführung und Unternehmenserfolg, a.a.O., S. 127.

parametrisiert ist.[538] Betrachtet man die Vielzahl der erwarteten Konstruktbeziehungen des zu untersuchenden Sportrezeptionsmodells, bestätigt sich die Notwendigkeit der Berücksichtigung des AGFI zur Modellbeurteilung. Der AGFI misst somit ebenfalls die durch das Modell erklärte Streuung der Beobachtungsdaten, betrachtet aber gleichzeitig die Anzahl der integrierten Modellparameter, wobei Modelle mit einer geringeren Anzahl an Parametern bevorzugt werden. Er weist für die ML-Schätzungen wie der GFI einen Wert unter dem Schwellenwert von 90 % erklärter Varianz aus, so dass diesbezüglich nicht von einer guten, sondern einer lediglich akzeptablen Modellanpassung ausgegangen werden kann. Betrachtet man die angestrengten Vergleichsschätzungen, zeigt sich aber bereits bei der GLS-Schätzung eine Verbesserung des Index. Schließlich deutet die verteilungsunabhängige SLS-Schätzung auf eine gute Modellanpassung hin. Dementsprechend soll der AGFI nicht zu Ablehnung des Modells führen.

Das **RMR-Maß** misst die durchschnittliche Größe der Residuen zwischen den Elementen der empirischen und der vom Modell reproduzierten Kovarianzmatrix.[539] Der RMR lässt sich damit mit dem Standardfehler der Regressionsanalyse vergleichen.[540] Er beschreibt, wie gut sich die empirische Kovarianzmatrix der theoretischen annähert. Im Vergleich zu GFI und AGFI ist der RMR-Index zudem vollständig unabhängig von der Stichprobengröße.[541] Im Gegensatz zu den positiven Werten von GFI und AGFI überschreitet der RMR-Index für die SLS-Schätzung mit 0,103 und die ML-Schätzung mit 0,113 geringfügig den festgesetzten Schwellenwert. Die GLS-Schätzung ergibt mit einem Werte von 0,273 dagegen eine deutlich höhere Abweichung vom Schwellenwert. Im Rahmen der Beurteilung des RMR-Index ist darauf hinzuweisen, dass die Fehlervariablen generell in Relation zur Größe der beobachteten Variablen sowie der dazugehörigen Kovarianzen betrachtet werden sollten. Dementsprechend wird eine Standardisierung des RMR gefordert. AMOS weist allerdings lediglich den unstandardisierten Index aus, der aufgrund der genannten Schwächen nur schwer zu interpretieren ist. Generell ist durch die Standardisierung des Index aber eine Verbesserung des RMR-Maßes in Relation zum Schwellenwert zu erwarten.[542] Da auf diese Statistik aber nicht zurückgegriffen werden kann, ist abschließend zu konstatieren, dass der unstandardisierte RMR auf eine nicht optimale Modellanpassung hindeutet.

---

538 Vgl. Homburg, C., Baumgartner, H. (1995): Beurteilung von Kausalmodellen, a.a.O. S. 359.

539 Vgl. Arbuckle, J. L., Wothke, W. (1999): AMOS User's Guide, a.a.O., S. 415; Förster, F., et al. (1984): Der LISREL-Ansatz der Kausalanalyse und seine Bedeutung für die Marketing-Forschung, a.a.O., S. 360.

540 Bei der Regressionsanalyse werden die Standardabweichungen der Residuen der Grundgesamtheit durch den Standardfehler ausgedrückt. Unterschiede in der Skalierung der Daten berücksichtigt der RMR-Index aber nicht. Er kann daher nur zum Vergleich von Modellen, die auf Basis der gleichen Stichprobenerhebung getestet wurden herangezogen werden. Vgl. Jöreskog, K. G., Sörbom, D. (1988): LISREL 7, a.a.O., S. 44; Backhaus, K. et al. (2002): Multivariate Analysemethoden, a.a.O., S. 39.

541 Vgl. Balderjahn, I. (1998): Kreuzvalidierung von Kausalmodellen, a.a.O., S. 386 f.

542 Zur Modellbeurteilung erweist sich standardisierte RMR, der zur Indexberechnung die standardisierten Residuen heranzieht, generell besser geeignet. Vgl. Byrne, B. M. (2001): Structural equation modeling with AMOS, a.a.O, S. 82.

Unter den globalen Anpassungsmaßen wird insbesondere die Bedeutung des **RMSEA** herausgehoben. Der RMSEA ermöglicht einen Test auf „gute Modellanpassung", indem er prüft, ob das Modell die Realität gut approximiert.[543] Dabei wird untersucht, wie gut die Anpassung des Modells mit Hilfe unbekannter optimaler Parameterwerte an die empirische Kovarianzstruktur der Stichprobe gelingt.[544] Ausprägungen des RMSEA unter 0,05 symbolisieren einen sehr guten Modell-Fit, Werte unter 0,08 weisen auf eine gute bis akzeptable Modellanpassung hin. Vergleicht man die RMSEA-Werte des vorliegenden Modells mit den akzeptierten Schwellenwerten, so zeigt sich insgesamt eine gute – im Fall der GLS-Schätzung sogar ein sehr gute – Modellanpassung.

Insgesamt ist, unter Berücksichtigung der eher negativen Modellbeurteilung durch den RMR-Index, von einer guten, dennoch nicht optimalen Modellanpassung auszugehen.

5 Kreuzvalidierung des Sportrezeptionsmodells: Entwicklung des Rival Models

5.1 Operationalisierung der Modellkonstrukte und Durchführung der statistischen Analyse

Aufgrund der – bezogen auf die Prüfung einzelner Hypothesen unzureichenden – Ergebnisse des Modelltests, soll nun im Rahmen der Kreuzvalidierung[545] der Versuch einer Modifikation des Grundmodells vorgenommen werden. Dabei werden die mit der Modellmodifikation verbundenen Probleme einer Angleichung der Modellstruktur an die empirische Verteilung in Kauf genommen.[546] Ausgangspunkt der Modifikation ist das bereits mehrfach erwähnte Multikollinearitätsproblem der exogenen latenten Variablen, das eine exakte Schätzung der

---

[543] Der RMSEA gilt als informativstes Gütemaß der Kausalanalyse und geht auf die Forschungen von STEIGER zurück. Vgl. dazu den ursprünglichen Aufsatz: Steiger, J. H. (1990): Structural Model Evaluation and Modification: An internal Estimation Approach, in: Multivariate Behavioral Research, Vol. 25, S. 173-180 sowie Homburg, C., Baumgartner, H. (1995): Beurteilung von Kausalmodellen, a.a.O., S. 353.

[544] Vgl. Browne, M. W., Cudeck, R. (1993): Alternative Ways of Assessing Model Fit: in: Bollen, K. A., Long, J. S. (Hrsg.): Testing Structural Equation Models, Newbury Park, S. 137 f.

[545] Dem Verfahren der Kreuzvalidierung liegt die Annahme zugrunde, dass mit Hilfe der Kausalanalyse keine „wahren" Modelle identifiziert werden können, sondern lediglich mehr oder wenige überzeugende Approximationen der Realität. Dementsprechend steht das Finden brauchbarer Modelle im Mittelpunkt des Interesses. Ziel ist es, mit Hilfe verschiedener konkurrierender Kausalmodelle ein besseres Abbild der Realität zu erzeugen. Das Verfahren der Kreuzvaliderung dient damit vor allem zum Vergleich konkurrierender Modelle. Vgl. Balderjahn, I. (1998): Kreuzvalidierung von Kausalmodellen, a.a.O., S. 388 ff.; Homburg, C., Baumgartner, H. (1995): Beurteilung von Kausalmodellen, a.a.O., S. 362; Byrne, B. M. (2001): Structural equation modeling with AMOS, a.a.O., S. 247 ff.

[546] Zur Modellmodifikation in der Kausalanalyse vgl. Backhaus, K. et al. (2002): Multivariate Analysemethoden, a.a.O., S. 404 f.; Byrne, B. M. (2001): Structural equation modeling with AMOS, a.a.O., S. 90 ff.

Gamma-Vektoren des Strukturmodells aufgrund hoher Standardfehler der Schätzung behindert.

Dementsprechend wurde der Versuch unternommen, eine **Verdichtung der Informationsstrukturen der Rezeptionsmotive** vorzunehmen. Dazu wurde das Verfahren der explorativen Faktorenanalyse herangezogen. Im Allgemeinen ist ein solches Vorgehen kontraproduktiv. So ist es das Ziel der explorativen Faktorenanalyse – im Sinne einer Hypothesengenerierung –, übergeordnete Faktoren mit Hilfe einer empirischen Stichprobe zu identifizieren. Im Gegenzug werden durch den AMOS-Ansatz der Kausalanalyse diese empirisch gefundenen Faktoren im Rahmen der konfirmatorischen Analyse auf ihre Anpassung an die empirische Datenstruktur geprüft, die aufgrund der vorhergehenden Bestimmung der Superfaktoren aus den gleichen Daten automatisch gegeben ist. Diese Vorgehensweise wird dennoch gewählt, da das Ziel der Teiluntersuchung nicht in der Validierung der faktorenanalytischen Messmodelle, sondern in der Prüfung der kausalen Beziehungen des regressionsanalytischen Strukturmodells liegt.

In die **explorative Faktorenanalyse**[547] wurden alle zur Operationalisierung der Rezeptionsmotive herangezogenen Messindikatoren einbezogen. Als Extraktionsmethode wurde das Verfahren der Hauptkomponentenanalyse angewendet. Die Bestimmung der zu berücksichtigenden Faktoranzahl erfolgte anhand des Kaiser-Kriteriums[548]. Danach lassen sich drei Motivfaktoren identifizieren.[549] Betrachtet man den Anteil der erklärten Varianz, zeigt sich, dass bereits der erste Faktor einen Anteil von 47 % der Gesamtvarianz der Stichprobe repräsentiert. Die beiden folgenden Faktoren erklären mit jeweils unter 10 % bereits einen deutlich geringeren Anteil der Gesamtstreuung der Daten. Insgesamt gelingt es, durch drei Faktoren etwa 60 % der Ausgangsvarianz zu reproduzieren. Um eine interpretationsfähige Positionierung des Faktor-Koordinatensystems zu erreichen, wurde das ermittelte Faktorladungsmuster mit Hilfe der Varimax-Methode[550] rotiert. Faktorladungen unter 0,5 wurden unterdrückt und nicht betrachtet. Indikatoren, die keinem Faktor bzw. keinem Faktor eindeutig zugeordnet werden konnten, wurden eliminiert.[551] Die extrahierten Faktoren lassen sich folgendermaßen interpretieren: Faktor 1 lässt sich zusammenfassend als das Zuschauerinteresse an Unterhaltung und Spannung kennzeichnen. Faktor 2 lässt sich durch die Motive

547 Tiefergehende Ausführungen zum multivariaten Verfahren der explorativen Fakorenanalyse sollen an dieser Stelle nicht vermittelt werden. Vgl. zum Verfahren z.B. Backhaus, K. et al. (2002): Multivariate Analysemethoden, a.a.O., S. 259 ff.; Meffert, H. (1992): Marketingforschung und Käuferverhalten, a.a.O, S. 257 ff.

548 Vgl. Backhaus, K. et al. (2002): Multivariate Analysemethoden, a.a.O., S. 295 f.

549 Zu den vollständigen Auswertungen der explorativen Faktorenanalyse siehe Anhang III.

550 Vgl. Backhaus, K. et al. (2002): Multivariate Analysemethoden, a.a.O., S. 300.

551 Vgl. Homburg, C., Rudolph, B. (1998): Die Kausalanalyse als Instrument zur Messung der Kundenzufriedenheit im Industriegütermarketing, in: Hildebrandt, L., Homburg, C. (Hrsg.): Die Kausalanalyse: ein Instrument der empirischen betriebswirtschaftlichen Forschung, Stuttgart, S. 253.

Wissen, Aggressionsabbau und Selbstwert beschreiben. Der dritte Motivfaktor besteht lediglich aus zwei Items und kann auf die Motive Zeitvertreib und Entspannung zurückgeführt werden. Die zur Operationalisierung der Faktoren – nach der oben angeführten Auswahlmethode – herangezogenen Indikatoren gibt Abbildung 26 im Überblick wieder.

Frage	**Itemformulierung (Kurzform)** **Fußball bietet:**	**Faktorladungen**		
		Motiv-kategorie 1: „Spannung/ Unterhal-tung“	**Motiv-kategorie 2: “Selbstwert /Agression/ Wissen”**	**Motiv-kategorie 3: “Zeitvertreib/ Entspannung**
f07b	... Spannung und Anregung	0,731	-	-
f07j	... Unterhaltung	0,767	-	-
f07i	... Zuschauen in der Gruppe	0,534	-	-
f11c	... Spaß haben	0,768	-	-
f11h	... einfache Form der Freizeit-gestaltung	0,638	-	-
f11j	... begeisternde Atmosphäre	0,765	-	-
f07d	... körperliches und seelisches Wachrütteln	-	0,726	-
f07c	... Vergessen der Alltagsprobleme	-	0,651	-
f07l	... Wissen erweitern	-	0,545	-
f11a	... Wissen über Technik und Taktik erweitern	-	0,577	-
f07f	... steigert mein Selbstvertrauen	-	0,775	-
f11k	... Abbau von angestauten Ener-gien	-	0,668	-
f07a	... Entspannung	-	-	0,724
f11d	... angenehmen Zeitvertreib	-	-	0,721

Tab. 8: Operationalisierung der Motivkategorien (Orientierung an der Faktorladungsmatrix)

Entsprechend der Ergebnisse der explorativen Faktorenanalyse wurden in das modifizierte Kausalmodell anstelle der bisherigen 9 Rezeptionsmotive die extrahierten 3 Motivfaktoren integriert. Die Operationalisierung der weiteren latenten Variablen wurde beibehalten, gleiches gilt für die festgelegten Restriktionen. Die **Modellstruktur des Rival Models** veranschaulicht Abbildung 30.

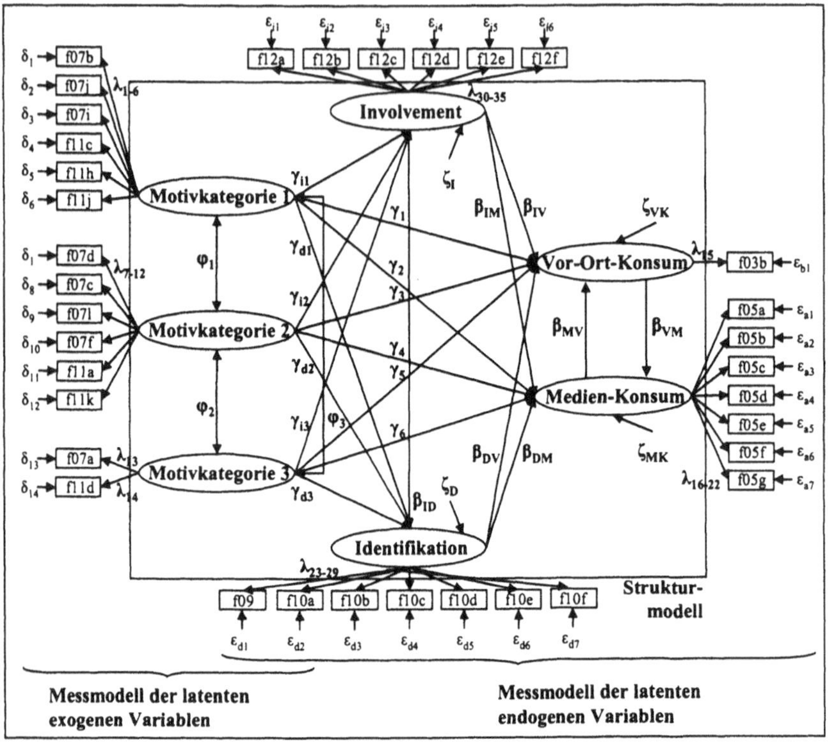

Abb. 30: Vollständiges Pfaddiagramm des modifizierten Sportrezeptionsmodells am Beispiel des Bundesligafußballs

Zur Schätzung der Parameter des Modells wird erneut dass ML-Verfahren angewendet. Zum Vergleich der Ergebnisse der Parameterschätzungen wurden das GLS- und das SLS-Verfahren herangezogen. Das modifizierte Modell (Rival Model) enthält 86 zu schätzende Parameter und ist mit 544 Freiheitsgraden identifiziert und damit eindeutig lösbar. Die Bildung von Motivkategorien verringert die Korrelation zwischen den latenten exogenen Variablen und führt in der Konsequenz zu einer eindeutig positiv definierten Kovarianzmatrix. Eine weitere Spezifikation des Modells ist nicht notwendig.

Die Ergebnisse der Parameterschätzung zeigen sich, bezogen auf die Anwendung unterschiedlicher Schätzverfahren, im Wesentlichen stabil.[552] Für die weiteren Auswertungen sollen daher die ML-Schätzer herangezogen werden. Im Folgenden sind – analog zur Prüfung des ursprünglichen Sportrezeptionsmodells (Ausgangsmodell) – die Güte der lokalen und

552 Siehe Anhang III.

globalen Modellstrukturen zu beurteilen sowie die Ergebnisse der Parameterschätzung darzustellen und kritisch zu interpretieren.

5.2 Bewertung der Ergebnisse der Parameterschätzung

5.2.1 Beurteilung der lokalen Modellanpassung

Eine wiederholte **Beurteilung der Messmodelle** soll an dieser Stelle nicht angetrebt werden, da bis auf die Einführung von Motivkategorien keine Änderungen vorgenommen wurden. Die Güte der Messmodelle ist damit als positiv im Sinne einer Annahme des modifizierten Modells zu bewerten.

Zur **Beurteilung des Strukturmodells** sind:

(1) die Standardfehler sowie die Critical-Ratio-Werte der Pfadkoeffizienten sowie
(2) die quadrierten multiplen Korrelationen der latenten endogenen Variablen

zu betrachten. [553]

Die **Standardfehler der Pfadkoeffizienten** zeigen für den Fall des Rival Models keine inakzeptablen Werte. Diese Ergebnisse bestätigen die Vermutung des Multikollinearitätsproblems als Ursache der unzureichenden Genauigkeit der Parameterschätzung des Ausgangsmodells. Dementsprechend bestätigen die Critical-Ratio-Werte ebenfalls die Beeinflussungswirkung der latenten Variablen. Critical-Ratio-Werte unter dem Schwellenwert von 1,96[554] erklären sich aufgrund der niedrigen Ausprägungen der Gamma-Vektoren[555], die eine sehr schwache Beziehung zwischen den jeweiligen latenten Variablen, bezogen auf die zugrunde liegende Stichprobe, anzeigen. Aufgrund der niedrigen Critical-Ratio-Werte lassen sich diese Vektoren nicht als kausal repräsentierte Strukturen bestätigen. Die Pfadkoeffizienten der Vektoren entsprechen damit dem Wert Null. Die wesentlichen Ergebnisse der Parameterschätzung veranschaulicht Tabelle 9.

---

553 Vgl. Backhaus, K. et al. (2002): Multivariate Analysemethoden, a.a.O., S. 403 f.; Homburg, C., Baumgartner, H. (1995): Beurteilung von Kausalmodellen, a.a.O., S. 364.

554 Siehe dazu die Erläuterungen des Abschnitts C 4.

555 Die maximale Ausprägung dieser Gamma-Vektoren beträgt 0,22.

Gamma- bzw. Beta-Vektoren	Regressions-gewichte (standardisiert)	Standard Estimates (S.E.)	Critical Ratio	Interpretierbares stand. Regres-sionsgewicht
Involvement ← MF1	0,637	0,075	12,055	**0,637**
Involvement ← MF2	0,617	0,051	10,525	**0,617**
Involvement ← MF3	-0,325	0,113	-4,055	**-0,325**
Identifikation ← MF1	0,131	0,120	1,449	**0**
Identifikation ← MF2	0,005	0,091	0,056	**0**
Identifikation ← MF3	-0,045	0,108	-0,546	**0**
VK ← MF1	-0,054	0,887	-0,454	**0**
VK ← MF2	-0.220	0,578	-1,789	**0**
VK ← MF3	-0,031	0,810	-0,287	**0**
MK ← MF1	0,096	0,132	0,793	**0**
MK ← MF2	-0,110	0,102	-0,854	**0**
MK ← MF3	0,235	0,124	2,040	**0,235**
Ident. ← Inv.	0,769	0,103	5,902	**0,769**
VK ← Identifikation	0,527	0,345	8,754	**0,527**
VK ← Involvement	0,320	0,829	2,048	**0,320**
MK ← Identifikation	-0.047	0,050	-0,758	**0**
MK ← Involvement	0,705	0,125	4,273	**0,705**
MK ← VK	0,042	0,004	1,357[a]	**0**
VK ← MK	0,001	0,004	1,357[a]	**0**

Tab. 9: Ergebnisse der Parameterschätzung des Rival Models (Ausschnitt)[556]

Die Schätzung des Rival Models bestätigt die Ergebnisse der Parameterschätzungen des ursprünglichen Sportrezeptionsmodells. Aufgrund der Verdichtung der Rezeptionsmotive zu Motivkategorien schafft das Rival Model im Vergleich aber eine bessere Interpretationsfähigkeit der Daten.

Betrachtet man die **Quadrierte multiple Korrelation** (QMK) als Maß für die erklärte Varianz der latenten endogenen Variablen, so bestätigt auch das Rival Model seine generelle Eignung zur Erklärung der Variablen. Im Vergleich zum Ausgangsmodell repräsentieren die theoretisch vermuteten kausalen Beziehungen des informationsverdichteten Rival Models nahezu einen gleich hohen Anteil der Gesamtstreuung der Variablen. Lediglich die Variable Vor-Ort-Konsum ist nur zu unter 40 % durch das Modell erklärt. Die Ursachen hierfür liegen

556 Für eine vollständige Darstellung siehe Anhang III.

in möglichen Messfehlern bzw. nicht in das Modell integrierten weiteren Einflussfaktoren. Tabelle 10 veranschaulicht die Ergebnisse im Vergleich zum Ausgangsmodell.

Latente Variable	**Grenzwert**	**QMK Ausgangsmodell**	**QMK Rival Model**
Involvement	0,4	0,897	0,882
Identifikation		0,782	0,742
Medien-Konsum		0,739	0,708
Vor-Ort-Konsum		**0,389**	**0,360**

Tab. 10: Quadrierte multiple Korrelationen der endogenen latenten Variablen (Rival Model)

Zusammenfassend lässt sich feststellen, dass das Gesamtmodell aufgrund der Beurteilungen zur lokalen Anpassungsgüte nicht abzulehnen ist.

5.2.2 Beurteilung der globalen Modellanpassung

Für eine Beurteilung der Gesamtgüte des Rival Models ist abschließend die Anpassungsgüte des Hypothesenmodells an den vorliegenden Datensatz zu prüfen.

Die Beurteilung orientierte sich dabei an den bereits dargestellten **Anpassungsmaßen GFI, AGFI, RMR (unstandardisiert)** sowie dem **RMSEA**.[557] In Anlehnung an die Prüfung des ursprünglichen Sportrezeptionsmodells sollen – aufgrund der bekannten Abweichungen der Datenstruktur von der Multinormalverteilung – neben der ML-Schätzung ebenfalls die Ergebnisse der weitaus robusteren Schätzverfahren GLS und SLS herangezogen werden. Die Ergebnisse der Prüfung des Rival Models im Vergleich zum Ausgangsmodell sind der Tabelle 11 zu entnehmen.

[557] Siehe dazu die Ausführungen in Abschnitt C 4.

Anpassungsmaß	Schwellenwert	Maximum-Likelihood		General-Least-Squares		Scale-Free-Least-Squares	
		Rival Model	Ausg.-modell	**Rival Model**	Ausg.-modell	**Rival Model**	Ausg.-modell
GFI	>=0,9	**0,866**	0,854	**0,912**	0,916	**0,992**	0,992
AGFI	>=0,9	**0,844**	0,819	**0,898**	0,895	**0,991**	0,990
RMR (unstand.)	<=0,1	**0,112**	0,113	**0,305**	0,273	**0,108**	0,103
RMSEA	<= 0,05 <= 0,08	**0,058**	0,059	**0,044**	0,042	-	-

Tab. 11: Aufstellung der globalen Anpassungsmaße für das Rival Model

Anhand der Ergebnisse ist auch für das Rival Model von einem akzeptablen Gesamt-Fit auszugehen. Im Vergleich der Maximum-Likelihood-Schätzungen zeigt die theoretische Struktur des Rival Models sogar eine bessere Anpassung an die empirische Datenmatrix. Erneut signalisiert der RMR-Index einen nicht optimalen Modell-Fit. Da die Schwellenwerte aber als Faustregeln für die empirische Praxis zu interpretieren sind, soll eine leichte Abweichung nicht automatisch zur Ablehnung des Modells führen. Insbesondere der RMSEA mit Werten um den Schwellenwert von 0,05 bestätigt als bestimmendes Testkriterium eine gute Modellanpassung.[558]

6 Prüfung der Untersuchungshypothesen unter Betrachtung der zentralen Ergebnisse der Parameterschätzungen

Das Sportrezeptionsmodell zeigt insgesamt eine gute Approximation an die empirischen Daten, liefert aber keine befriedigenden Informationen bezüglich der kausalen Beziehungen zwischen Bestimmungsgrößen und den Formen der Sportrezeption. Um Fehlerquellen auszuschalten und damit besser interpretierbare Ergebnisse zu generieren, wurde ein Rival Model entwickelt.

Die Ergebnisse der Parameterschätzung des Rival Models ermöglichen eine **Prüfung der** zuvor aufgestellten **Hypothesen des Sportrezeptionsmodells**, da lediglich eine Informationsverdichtung auf Seiten der latenten exogenen Rezeptionsmotive vorgenommen wurde. Die postulierten Beziehungen der Modellkonstrukte zur Erklärung der Sportrezeption wurden in jeder Form bei der Konzeption des Rival Models beibehalten. Die zentralen Ergebnisse der

558 Vgl. Byrne, B. M. (2001): Structural equation modeling with AMOS, a.a.O., S. 85.

Analyse des Ausgangsmodells wurden durch das Rival Modell bestätigt. Sowohl die Richtung als auch die Stärke der Kausalbeziehungen konnte im Wesentlichen reproduziert werden.

Zusammenfassend deuten die Ergebnisse der Parameterschätzungen insgesamt auf die Bestätigung des theoretischen Hypothesenmodells hin. So stellen die Konstrukte Identifikation und Involvement wesentliche Einflussfaktoren des rezeptiven Sportkonsums dar. Die Sportrezeptionsmotive wirken über kausale Beziehungen zum Involvement-Konstrukt indirekt auf das tatsächliche Sportrezeptionsverhalten. Direkte Effekte der Rezeptionsmotive lassen sich dagegen im Allgemeinen nicht bestätigen. Detaillierte Aufschlüsse über die Relevanz des Hypothesenmodells der Sportrezeption gibt die Prüfung der einzelnen Untersuchungshypothesen anhand der Parameterschätzungen beider empirischer Modelle.

Untersuchungshypothese 1:

Die hohe Abhängigkeit der Rezeptionsmotive konnte durch die empirische Untersuchung bestätigt werden. Dennoch ist kritisch anzumerken, dass eine Ursache der Abhängigkeit der Variablen auch in einer unzureichenden Operationalisierung der Modellkonstrukte durch Messindikatoren bzw. in Fehlern bei der Messung[559] gesucht werden kann.

Untersuchungshypothese 2:

Die vermuteten Beziehungen zwischen dem Involvement-Konstrukt und den Rezeptionsmotiven kann bestätigt werden. Während für die Analyse des Ausgangsmodells eine Interpretation der Gammavektoren aufgrund hoher Standardfehler nicht gerechtfertigt ist, ermöglichen die Parameter der Schätzung des Rival Models zumindest teilweise eine Prüfung der Untersuchungshypothese. Es zeigt sich ein stark positiver Zusammenhang zwischen der Motivkategorie 1: Unterhaltung, Spaß, Atmosphäre (0,637) sowie der durch die Motive Selbstwert, Aktivität, Aggressionsabbau und Wissen geprägten Motivkategorie 2 (0,617). Damit kann der vermutet starke Zusammenhang zwischen Wissen sowie Unterhaltung und Involvement bestätigt werden. Die dritte Motivkategorie: Zeitvertreib, Abschalten vom Alltag hat dagegen einen negativen Einfluss auf das sportbezogene Involvement (-0,325). Dieser Zusammenhang wurde nicht explizit vermutet, ergibt sich aber generell aus den Überlegungen zum Involvement-Konstrukt. So lässt sich auch theoretisch herleiten, dass Individuen, die zum Zweck des Zeitvertreibs Sportdarbietungen verfolgen, eher kein hohes sportspezifisches Involvement besitzen.

559 Messfehler können bspw. dadurch auftreten, dass alle Motiv-Indikatoren in zeitlich naher Abfolge erfasst wurden. Ein solches Vorgehen birgt immer die Gefahr einer gleichgerichteten Tendenz in der Beantwortung der Teilfragen. Siehe dazu die Fragebögen im Anhang II der Arbeit.

Untersuchungshypothese 3:

Ein direkter Einfluss der Rezeptionsmotivation auf die Identifikation kann durch die Daten der Untersuchungsstichprobe nicht bestätigt werden. Vielmehr ist aufgrund der niedrigen Pfadkoeffizienten in Verbindung mit der Ausprägung der Critical-Ratio-Werte davon auszugehen, dass zwischen diesen Konstrukten keine kausalen Beziehungen existieren. Damit muss auch die Hypothese, dass die Motivation des „basking in reflected glory" (Selbstwertmotiv) den individuellen Grad der Identifikation mit einem Sportler oder Team bestimmt, abgelehnt werden.

Untersuchungshypothese 4:

Der theoretisch erwartete positive Zusammenhang zwischen Involvement und Identifikation lässt sich mit Hilfe beider Kausalmodelle eindeutig belegen. Dies wird durch die Höhe des standardisierten Regressionsgewichts (0,538 für das Ausgangsmodell sowie 0,769 für das Rival Model) bestätigt.

Untersuchungshypothese 5:

Die Hypothesen bezüglich des Einflusses des Involvement-Konstrukts auf den Vor-Ort- sowie den Medien-Konsum werden durch die Ergebnisse der Parameterschätzungen bestätigt. Es ist davon auszugehen, dass das Involvement-Konstrukt vor allem zur Erklärung der Formen des medialen Sportkonsums herangezogen werden kann. Gleichzeitig ist aber auch der vermutete direkte positive Effekt auf den Konsum vor Ort kausal repräsentiert. Die Ergebnisse der Parameterschätzungen (Standardisierte Regressionsgewichte für das Ausgangsmodell: MK$\leftarrow$ Involvement = 0,567; VK$\leftarrow$ Involvement = 0,290[560] sowie für das Rival Modell: MK$\leftarrow$ Involvement: 0,705; VK$\leftarrow$ Involvement: 0,320[561]) bestätigen die Annahme der Untersuchungshypothese.

Untersuchungshypothese 6:

Die vermuteten Zusammenhänge zwischen dem Identifikations-Konstrukt und den Formen der Sportrezeption lassen sich nur teilweise bestätigen. Der erwartet hohe Erklärungsbeitrag der Variable Identifikation auf den Vor-Ort-Konsum wird durch beide Untersuchungen belegt. Der Zusammenhang lässt sich wiederum durch die standardisierten Regressionsgewichte konkretisieren. Für das Ausgangsmodell beträgt er 0,559 sowie für das Rival Model 0,527.[562] Demgegenüber kann ein kausaler Zusammenhang zwischen Identifikation und

---

560 Siehe dazu die Auswertungen der ML-Paramterschätzung in Anhang III.

561 Siehe ebenda.

562 Eine Interpretation der Pfadkoeffizienten ist dabei für beide Modelle zulässig. Siehe dazu auch die Auswertungen in Anhang III.

Medien-Konsum bei Berücksichtigung der vorliegenden Stichprobe nicht angenommen werden. Die empirischen Daten bestätigen die diesbezüglichen Hypothesen nicht. Damit lässt sich das Identifikations-Konstrukt vor allem als wichtige Voraussetzung für das Interesse am Zuschauen vor Ort kennzeichnen.

Untersuchungshypothese 7:

Der direkte Einfluss der Rezeptionsmotive auf die Formen der Sportrezeption ist durch die Ergebnisse der empirischen Untersuchungen nicht belegbar. Die Gamma-Vektoren zwischen Motiv- und Konsumvariablen der Schätzungen des Ausgangsmodells lassen keine Interpretation der Ergebnisse zu. Die Ursache für die nicht interpretierbaren Beziehungen des Ausgangsmodells liegt vor allem in den hohen Standardfehlern der Parameterschätzung. Durch Verdichtung der Motivinformationen bei der Gestaltung des Rival Models konnten diese Probleme abgemildert werden. Die Ergebnisse der Parameterschätzungen des Rival Models zeigen aufgrund der niedrigen Werte der Pfadkoeffizienten von durchschnittlich ca. 0,100[563] keinen signifikant von Null verschiedenen Einfluss auf den Konsum. Lediglich der erwartete positive Zusammenhang zwischen den Rezeptionsmotiven Zeitvertreib und Eskapismus sowie dem Medien-Konsum konnte empirisch belegt werden.

Untersuchungshypothese 8:

Die wechselseitige Beeinflussung zwischen dem Konsum vor Ort und dem medialen Konsum konnte im Rahmen der empirischen Analysen nicht bestätigt werden. Die diesbezüglichen Regressionsgewichte liegen für beiden Untersuchungen deutlich unter 0,010.[564]

Eine Zusammenfassung des Hypothesentests anhand der empirischen Daten der Befragung der Zuschauer des Fußballbundesligisten FC Hansa Rostock veranschaulicht die Tabelle 8.

563 Siehe Tabelle 5 in Abschnitt C 5.2.1.

564 Siehe dazu für das Ausgangsmodell sowie das Rival Model die ML-Parameterschätzungen in Anhang III.

Hypothese		Erwarteter Zusammenhang	Bestätigung durch Prüfung der Kausalstruktur
1:	Abhängigkeit der Rezeptionsmotive	+	JA
2:	Involvement ← Rezeptionsmotive	+	JA
3:	Identifikation ← Rezeptionsmotive	+	NEIN
4:	Identifikation ← Involvement	+	JA
5a:	MK ← Involvement	++	JA
5b:	VK ← Involvement	+	JA
5c:	Effekt 5a > Effekt 5b		JA
6a:	MK ← Identifikation	+	NEIN
6b:	VK ← Identifikation	++	JA
6c:	Effekt 6a < Effekt 6b		JA
7a:	MK ← Rezeptionsmotive	+	NEIN
7b:	VK ← Rezeptionsmotive	+	NEIN
8:	Vor-Ort-Konsum ↔ Medien-Konsum	++	NEIN

Tab. 12: Ergebnisse der Hypothesenprüfung

7 Kritische Würdigung der Ergebnisse der empirischen Analysen

Trotz der positiven Entscheidung über eine Annahme der Modelle zur Erklärung des rezeptiven Sportkonsums sind die Ergebnisse der kausalanalytischen Auswertungen durchaus kritisch zu betrachten. Sie konnten die theoretisch hergeleiteten Hypothesen zum Einfluss der Bestimmungsgrößen Involvement, Identifikation und Motivation auf die Formen des rezeptiven Sportkonsums nur zum Teil stützen.

In diesem Zusammenhang ist erneut darauf hinzuweisen, dass die im Modell spezifizierten Parameter lediglich ca. 40 % der Varianz des Konstrukts Vor-Ort-Konsum repräsentieren. Damit bleibt mehr als die Hälfte der Streuung der direkten Form der Sportrezeption durch die untersuchten Bestimmungsgrößen unerklärt.

Als dritter Kritikpunkt ist die nicht optimale Anpassung der theoretischen Modellstruktur an das empirische Datenmaterial anzuführen. So weisen die Goodness-of-Fit-Statistiken auf eine gute bzw. akzeptable nicht aber auf eine optimale Modellanpassung hin.

Diese Ergebnisse lassen sich im Wesentlichen auf drei **Fehlerquellen** zurückführen.

Ein möglicher Grund für die Nichtbestätigung theoretischer Hypothesen liegt in deren **Fehlspezifikation**. So ist es durchaus denkbar, dass das theoretisch abgeleitete Hypothesensystem teilweise auf falschen Annahmen beruht.

Eine andere Erklärung der Abweichungen zwischen theoretischen Modellvorhersagen und den Ergebnissen der empirischen Auswertungen liegt in möglichen **Fehlern bei der Messung der Konstrukte**. Als Fehlerquellen anzuführen sind hier vor allem die Operationalisierung der Konstrukte, die Auswahl der Stichprobe sowie die Durchführung der Befragungen. Im Zusammenhang mit Messfehlern ist auch die Festlegung der zu untersuchenden Sportart kritisch zu hinterfragen. So lässt sich zwar theoretisch ableiten, dass von einer sportartenübergreifenden Relevanz des Sportrezeptionsmodells ausgegangen werden kann. Inwieweit sich diese Vermutung allerdings auch empirisch bestätigen lässt, ist nicht untersucht. Dementsprechend könnten Untersuchungen der Zuschauer bei anderen Sportarten zu unterschiedlichen Ergebnissen führen.

Bedenkt man insbesondere die Komplexität des Konsumentscheidungsprozesses, erscheint es durchaus einsichtig, dass nicht alle Bestimmungsgrößen in das Modell integriert werden konnten. Als dritte mögliche Fehlerquelle lassen sich daher weitere, **im Modell nicht betrachtete Drittvariablen** zusammenfassen, die ebenfalls zur Erklärung der Sportrezeption beitragen. Für eine verbesserte Erklärungsfähigkeit sind diese Drittvariablen als Einflussgrößen zu identifizieren und im Modell zu spezifizieren.

Diese kritischen Anmerkungen sind der generellen Aussagekraft der Analyseergebnisse gleichwohl nicht abträglich. So konnte im Rahmen der Prüfung der kausalen Strukturen nicht erwartet werden, dass das Sportrezeptionsmodell als ein absolut vollständiges Abbild der Realität bestätigt werden kann. Ebenso konnte nicht davon ausgegangen werden, dass sich Fehlerquellen im Rahmen empirischer Forschung vollständig ausschließen lassen. Vielmehr lässt sich das vorliegende Sportrezeptionsmodell als pragmatisches, praxisorientiertes Abbild der Realität kennzeichnen. Die empirischen Untersuchungen bestätigen die sinnvolle Strukturierung des Erklärungsmodells, das bezüglich der integrierten Bestimmungsgrößen und deren Abhängigkeiten validiert werden konnte. Insgesamt bestätigen die Ergebnisse der empirischen Analysen weitgehend die postulierten Hypothesen und untermauern somit die konzeptionellen Überlegungen der vorliegenden Arbeit. Damit kann das entwickelte Modell als relevanter Beitrag zur Erklärung des rezeptiven Sportkonsums angesehen werden.

D Schlussbetrachtungen und Implikationen

1 Zusammenfassung der Untersuchungsergebnisse

Sportveranstalter und Medienunternehmen als Anbieter von Zuschauermarktleistungen befinden sich heute in einer kritischen Wettbewerbssituation. Vor dem Hintergrund zunehmender Sättigungserscheinungen auf Freizeitmärkten und der damit einhergehenden Intensivierung des Wettbewerbs zwischen den Anbietern, der im „Kampf um den Zuschauer"[565] gipfelt, wird der Sportrezipient zunehmend zur bestimmenden Marktdeterminante. In diesem Zusammenhang kommt insbesondere dem Wissen um die Bedürfnisse und Motive des Zuschauers ein besonderer Stellenwert zur Generierung von Wettbewerbsvorteilen zu.

Um den steigenden Anforderungen der Zuschauer an sportbezogene Rezeptionsangebote gerecht zu werden und sich im intensiven Wettbewerbsumfeld zu behaupten, sind die Veranstalter in zunehmendem Maße gezwungen, die sportbezogene Publikumsforschung als wesentliche Voraussetzung für den wirtschaftlichen Erfolg zu begreifen und die daraus gewonnenen Erkenntnisse gezielt im Rahmen der marktgerichteten Unternehmenstätigkeit umzusetzen.

Aufgrund der – insbesondere im deutschsprachigen Raum – bislang weitestgehend vernachlässigten wissenschaftlichen Auseinandersetzung mit dem Thema der Sportrezeption war es Gegenstand der vorliegenden Arbeit, die Theorie des Konsumentenverhaltens von Sportzuschauern zu erweitern und damit einen zusätzlichen Beitrag zur Erklärung des Zuschauerphänomens zu leisten. Dabei bestand die Zielstellung der Arbeit vor allem in der **integrierten Betrachtung der grundlegenden Formen des rezeptiven Sportkonsums** direkter Konsum vor Ort und indirekter Konsum über Medien in einem Erklärungsmodell.

Um dieser Zielstellung gerecht zu werden, erfolgte zunächst eine grundlegende Einordnung der Untersuchung in die Kaufverhaltensforschung. Orientiert am S-O-R-Ansatz, konnte der **Konsumentscheidungsprozess** eines Zuschauers **bei sportlichen Wettkämpfen** abgebildet werden. Dies ermöglichte einen umfassenden Überblick über die verschiedenen Determinanten der Nachfrage nach Rezeptionsangeboten. Letztendlich konnte festgestellt werden, dass sich die Ursachen für eine positive bzw. negative Konsumentscheidung alleinig auf die organismusseitigen und damit nicht direkt beobachtbaren emotionalen und kognitiven Zustände und Prozesse zurückführen lassen. So entscheiden Stimuli der Situation, wie bspw.

565 Vgl. dazu die Ausführungen bei Trosien, G. (2003): Sportökonomie, a.a.O., S. 82 f. und Schwier, J., Schauerte, T. (2002): Sport und Massenmedien, a.a.O., S. 45 f. sowie die dort zitierte Literatur.

das Wetter oder die Stärke des Gegners zwar durchaus darüber, ob und in welcher Form Zuschauer an einem speziellen sportlichen Wettkampf teilhaben. Sie sind letztlich aber nicht in der Lage, eine generelle Erklärung für das Interesse an sowie die prinzipielle Bereitschaft zur Sportrezeption zu geben.

Anschließend erfolgte eine intensive **Kennzeichnung und Abgrenzung der Formen des rezeptiven Sportkonsums**. Aufgrund der außergewöhnlichen ökonomischen Relevanz medialer Rezeptionsangebote sowie der ebenfalls weiter steigenden Bedeutung des direkten Konsums vor Ort wurden im Rahmen der Untersuchung beide Konsumalternativen integriert untersucht. Betrachtet man die offensichtlichen Unterschiede der Konsumformen, lässt sich hypothetisch ableiten, dass unterschiedliche Bestimmungsgrößen bzw. differenzierte Ausprägungen der Bestimmungsgrößen die tatsächliche Wahl der Konsumalternative determinieren. Dementsprechend war es zunächst notwendig, eine detaillierte Darstellung der Formen der Sportrezeption vorzunehmen. Nur so konnten die spezifischen Gratifikationen der jeweiligen Formate von Sportveranstaltungen bzw. Sportübertragungen für den Zuschauer identifiziert werden, um daraus Hypothesen bezüglich der Ursachen der Konsumalternativenwahl abzuleiten.

Anschließend wurden, basierend auf der spezifischen Zielstellung der Arbeit, Anforderungen an ein Modell des rezeptiven Sportkonsums definiert. Zur **Identifikation eines Erklärungsmodells bzw. wesentlicher Bestimmungsgrößen** wurden zunächst vorhandene Forschungsansätze auf ihre Übertragbarkeit auf den Untersuchungskontext mit Hilfe der Anforderungskriterien geprüft. Die untersuchten Hypothesenmodelle zeigten sich generell nicht für eine integrierte Betrachtung der Konsumalternativen geeignet, lieferten aber dennoch Hinweise auf wesentliche, den Anforderungen entsprechende und damit in das Modell zu integrierende Bestimmungsfaktoren. Im Sinne eines theoretisch deduktiven Vorgehens bilden sie damit die Grundlage für das zu entwickelnde Sportrezeptionsmodell.

Darauf aufbauend erfolgte die umfassende Kennzeichnung der Modellkonstrukte. Dazu wurden die Konstrukte zunächst für den Untersuchungskontext definiert. Zur Identifikation und Ableitung von Forschungshypothesen wurden insbesondere die Bedeutung der Modellvariablen als Erklärungsgrößen der Sportrezeption sowie eventuelle Beziehungen der Konstrukte untereinander herausgearbeitet. Als Ergebnis der konzeptionellen Untersuchungen konnte ein **Hypothesenmodell zur Bestimmung des rezeptiven Sportkonsums** aufgestellt werden. Dazu wurden Forschungshypothesen formuliert und die vermuteten Beziehungen der Modellvariablen in Form eines Strukturmodells dargestellt.

Das konzeptionell hergeleitete sportbezogene Rezeptionsmodell wurde anhand einer Untersuchung von Zuschauern des Bundesligafußballs einer **empirischen Analyse** unterzogen. Ziel der Untersuchung war es zu prüfen, inwieweit sich die direkte („Vor Ort“)

als auch die indirekte („über Medien") Form des rezeptiven Sportkonsums über die identifizierten grundlegenden Bestimmungsgrößen erklären lassen.

Die hypothetische Modellstruktur zeigt eine gute, dennoch nicht optimale Anpassung an die empirischen Daten. Die Analyseergebnisse bestätigen im Wesentlichen die theoretisch hergeleiteten Modellhypothesen. Die Relevanz des entwickelten Modells zur Erklärung der Konsumformen der Sportrezeption kann damit bestätigt werden.

2 Implikationen für das Marketing-Management

Die zentrale Aufgabe der Publikumsforschung besteht in der Generierung zuschauerspezifischer Informationen, die zur Befriedigung der Bedürfnisse und Erwartungen der Konsumenten genutzt werden können. Ziel aller marktgerichteten Aktivitäten ist letztlich die Gestaltung der angebotenen Dienstleistungen entsprechend den Bedürfnissen der Zielgruppe. Diese Überlegungen entsprechen dem Grundgedanken des Marketing.[566]

Gegenstand des folgenden Kapitels ist es daher darzustellen, welche Schlussfolgerungen aus den Erkenntnissen über die Bestimmungsgrößen der Sportrezeption abzuleiten sind und wie die ermittelten Erklärungszusammenhänge in Analyse- und Steuerungsinstrumente überführt werden können.

Die identifizierten Modellzusammenhänge gewähren einen grundlegenden Einblick in den Konsumentscheidungsprozess des Sportzuschauers. Für das Marketing der Unternehmen lassen sich die Erkenntnisse folgendermaßen umsetzen:

(1) Die modellinternen Bestimmungsgrößen konnten als wichtige Voraussetzungen für den Konsum sportbezogener Rezeptionsangebote bestätigt werden. Für das Marketing stellt sich daher die Aufgabe, die Ausprägung dieser teilweise unbewussten, organismusseitigen Zustände des Konsumenten entsprechend den identifizierten Erklärungszusammenhängen zu beeinflussen.[567] Dazu bieten insbesondere die über Rezeptionsmotive gewonnenen Erkenntnisse wichtige Hinweise. Mit Hilfe der Instrumente des Marketing-Mix lassen sich die **Zuschauermarktangebote entsprechend der Bedürfnisse der Konsumenten gestalten**, so dass die hinter dem Rezeptionsinteresse stehenden Motivationen der Individuen optimal bedient werden

566 Vgl. Meffert , H. (2000): Marketing, a.a.O., S. 7.
567 Vgl. Trommsdorff, V. (2003): Konsumentenverhalten, a.a.O., S. 28.

können.[568] In diesem Zusammenhang ergeben sich insbesondere aus den Differenzen in den Motivationsstrukturen der Medien- und Vor-Ort-Konsumenten wichtige zielgruppenspezifische Informationen, die für das Management von Medienunternehmen und Sportveranstaltern von besonderem Interesse sind. Zum einen lassen sich direkte Zuschauer vor Ort und Medien-Zuschauer entsprechend ihrer Konsummotivationen zielgruppenadäquat erreichen. Zum anderen geben die identifizierten Differenzen Hinweise für die Erschließung neuer Kundenpotenziale. So ist es durchaus denkbar, die Sportveranstaltung Stadionbesuch mit Gratifikationen aufzuladen bzw. das Rezeptionsangebot derart abzuwandeln, dass die spezifischen Motivationen der medialen Zuschauer angesprochen werden. Gelingt es dem Marketing-Management eines Sportveranstalters, mediale Zuschauer in dieser Form zu erreichen und für den direkten Konsum vor Ort zu interessieren, so eröffnen sich enorme, bislang ungenutzte Zuschauerpotenziale.

(2) Im Rahmen der Durchführung konkreter Marketing-Maßnahmen zur Steuerung der Zuschauernachfrage bietet das Sportrezeptionsmodell zudem einen entscheidenden Vorteil. Im Sinne eines Analyseinstruments lassen sich die hypothetischen Modellkonstrukte mit Hilfe der modellimmanenten Konstruktoperationalisierungen in der Grundgesamtheit erfassen und ermöglichen somit im Rahmen eines SOLL-IST-Vergleichs der Konstruktausprägungen ein effektives **Controlling der operativen Marketing-Mix-Aktivitäten**.[569]

(3) Eine weitere Möglichkeit zur Nutzung der Untersuchung als Instrument zur Marktanalyse bietet die **Segmentierung der Sportzuschauer** anhand der Bestimmungsgrößen des rezeptiven Konsums. Mit Hilfe der Zuschauersegmentierung lassen sich lukrative Kundensegmente identifizieren, die durch segmentspezifische Marketing-Maßnahmen im Sinne einer Orientierung an den Konsummotivationen differenziert bearbeitet werden. Ein solches Vorgehen ermöglicht eine effektive zielbezogene Ausrichtung der marktgerichteten Unternehmensaktivitäten am Kunden.[570]

---

[568] Die Instrumente des Marketing und die dahinter stehenden operativen Marketingmaßnahmen lassen sich damit als Steuerungsinstrumente zur Beeinflussung des Konsums von Sportzuschauern begreifen. Vgl. zu den Marketing-Mix Instrumenten bspw. Benkenstein, M. (2001): Entscheidungsorientiertes Marketing, a.a.O., S. 130 ff.

[569] Vgl. zur Bedeutung des Controlling im Marketing Benkenstein, M. (2002): Strategisches Marketing, a.a.O., S. 250 ff.

[570] Vgl. zum Konzept der Marktsegmentierung zusammenfassend Kohrmann, O. (2003): Mehrstufige Marktsegmentierung zur Neukundenakquisition, Wiesbaden, S. 12.

3 Ansatzpunkte für die weitere Forschung

Neben den Implikationen für die Managementpraxis ergeben sich aus dem entwickelten Erklärungsmodell des rezeptiven Sportkonsums auch Ansatzpunkte für die weitere wissenschaftliche Forschung, auf denen die folgenden Ausführungen basieren.

Die Entscheidung für den Konsum eines sportbezogenen Rezeptionsangebots kann als komplexer Prozess gekennzeichnet werden. Dementsprechend lassen sich bei der Analyse der Ursachen des Rezeptionsverhaltens lediglich Teilaspekte dieses Prozesses beleuchten und damit nur ein unvollständiges Abbild der tatsächlichen Kaufentscheidung zeichnen. Gegenstand weiterer konzeptioneller Forschungen sollte es daher sein, weitere im vorliegenden Modell der Sportrezeption **nicht betrachteten Einflussgrößen bzw. Drittvariablen** zu identifizieren, um schließlich eine bessere Erklärung für das Zuschauerinteresse bei sportlichen Wettkämpfen zu geben.

Die Ergebnisse der empirischen Prüfung des Rezeptionsmodells weisen auf eine hohe Güte der vermuteten Konstruktzusammenhänge hin, lassen aber dennoch Spielraum für eine Verbesserung der Anpassung an reale Daten. Vor diesem Hintergrund erscheint es sinnvoll, unter Nutzung der hier identifizierten Modellvariablen in Verbindung mit möglichen Drittvariablen weitere **konkurrierende Modelle des rezeptiven Sportkonsums** zu entwickeln und im Rahmen einer Kreuzvalidierung gegeneinander zu testen. Dabei kann das in der vorliegenden Arbeit entwickelte Hypothesensystem als Basis für einen notwendigen Modellvergleich herangezogen werden.

Die intensive Auseinandersetzung mit den Sportrezeptionsmotiven im Rahmen der Untersuchung habt gezeigt, dass bezüglich der Identifikation theoretisch fundierter, relevanter und überschneidungsfreier Einzelmotive bzw. Motivkategorien nach wie vor ein hoher Forschungsbedarf besteht. Dabei erscheint es von besonderer Bedeutung, eine sinnvolle **Strukturierung und Typologisierung der Rezeptionsmotive** zu entwickeln, die geeignet sind, die Vielfalt der häufig phänomenologisch identifizierten Motivkomplexe durch eine umfassende und fundamentale Theorie der Rezeptionsmotivation zu ersetzen.[571]

Die **Messung der Modellkonstrukte** erfolgte – aufgrund der Anforderungen an die Erhebung der Untersuchungsstichprobe – teilweise anhand pragmatischer Gesichtspunkte. Im Rahmen weiterer Forschungsbestrebungen ist dieses Vorgehen unter Berücksichtigung der Notwendigkeit einer validen und reliablen Konstruktmessung hinsichtlich der Integration zusätzlicher Messindikatoren sowie der Suche nach einer geeigneteren verbalen Operationalisierung der Indikatoren kritisch zu hinterfragen. Dies gilt insbesondere für die Variablen der

571 Vgl. Strauß, B. (1994): Orientierungen von Sportzuschauern, a.a.O., S. 24; Gabler, H. (1998): Zuschauen im Sport, a.a.O., S. 124 f.

Rezeptionsmotive, zu deren Messung im Rahmen der vorliegenden Untersuchung lediglich zwei Indikatoren herangezogen werden konnten.

In diesem Zusammenhang erscheint es sinnvoll, die Entwicklung **alternativer Messverfahren** anzuregen. So wird die hier angewendete verbale Messung der Modellkonstrukte von vielen Autoren eher kritisch betrachtet. Die Möglichkeiten der Messung von Motiven mit Hilfe von Bilderskalen weisen diesbezüglich einen viel versprechenden alternativen Weg.[572]

Zudem bedürfen die Erkenntnisse der vorliegenden Untersuchung im Sinne einer Absicherung der Test-Retest-Reliabilität einer **Überprüfung anhand weiterer empirischer Stichproben.**[573] In diesem Zusammenhang erscheint es notwendig, die postulierte Sportartenunabhängigkeit des Erklärungsmodells im Rahmen von **Vergleichsuntersuchungen der Zuschauer bei unterschiedlichen Sportarten** zu prüfen.

Die Aufzählung verdeutlicht, dass im Rahmen der Erklärung des Sportrezeptionsinteresses nach wie vor eine Vielzahl von Ansatzpunkten und Betätigungsfeldern für die zukünftige wissenschaftliche Forschung bestehen. Die vorliegende Arbeit kann diesbezüglich als ein weiterer Beitrag zum Verständnis der komplexen Prozesse des Konsumentenverhaltens verstanden werden. Zusammenfassend ist erneut zu betonen, dass für den Themenbereich der Publikumsforschung im Sportbereich insgesamt noch ein erheblicher Forschungsbedarf besteht.

---

572 Vgl. zur Motivmessung mit Hilfe von Bildassoziations-Skalen Puca, R. M., Langens, T. A. (2002): Motivation, a.a.O., S. 242 f.

573 Vgl. Hildebrandt, L. (1984): Kausalanalytische Validierung in der Marketingforschung, a.a.O., S. 41 f.

Anhang I

Weiterführende Abbildungen

Abbildungsverzeichnis des Anhangs I:

Warum sehen Sie sich gerne Fußballspiele an bzw. informieren sich über Fußball?
bzw.
Ich sehe mir Fußballspiele an, lese und diskutiere mit anderen über Fußball, ...

	stimme ich voll zu 1	2	3	stimme ich gar nicht zu 4	5
Messinstrument: Spannung					
weil Fußball sehr spannend und aufregend ist.	□	□	□	□	□
weil ich durch das Fußballspiel körperlich und seelisch wachgerüttelt werde.	□	□	□	□	□
Messinstrument: Eskapismus					
weil ich mich beim Fußball entspannen kann.	□	□	□	□	□
weil ich beim Fußball meine Probleme vergessen kann.	□	□	□	□	□
Messinstrument: Steigerung des Selbstwertgefühls					
weil Siege auch mein Selbstvertrauen steigern.	□	□	□	□	□
weil ich mit meinem Verein Sieg und Niederlage teilen möchte.	□	□	□	□	□
Messinstrument: Wissenserwerb					
weil ich dabei mein Wissen über Fußball und Fußballer erweitern kann.	□	□	□	□	□
weil ich dabei viel über Taktik und Technik lernen kann.	□	□	□	□	□
Messinstrument: Unterhaltung					
weil Fußball sehr unterhaltsam ist.	□	□	□	□	□
weil ich dabei Spaß haben kann.	□	□	□	□	□
Messinstrument: Anschluss					
weil die meisten meiner Freunde Sportfans sind.	□	□	□	□	□
weil ich gern in der Gruppe mit anderen Fußballspiele sehe..	□	□	□	□	□
Messinstrument: Zeitvertreib					
weil ich mir dabei die Zeit vertreiben kann.	□	□	□	□	□
weil es eine einfach und schöne Form der Freizeitgestaltung ist.	□	□	□	□	□
Messinstrument: Aktivität					
weil ich aktiv zum Erfolg meiner Lieblingsmannschaft beitragen möchte.	□	□	□	□	□
weil ich so meine Lieblingsmannschaft motivieren kann.	□	□	□	□	□
Messinstrument: Atmosphäre					
weil mich die Atmosphäre bei einem Fußballspiel begeistert.	□	□	□	□	□
Messinstrument: Aggression					
weil ich angestaute Energien loswerden kann.	□	□	□	□	□

Abb. 1: Operationalisierung der Rezeptionsmotive

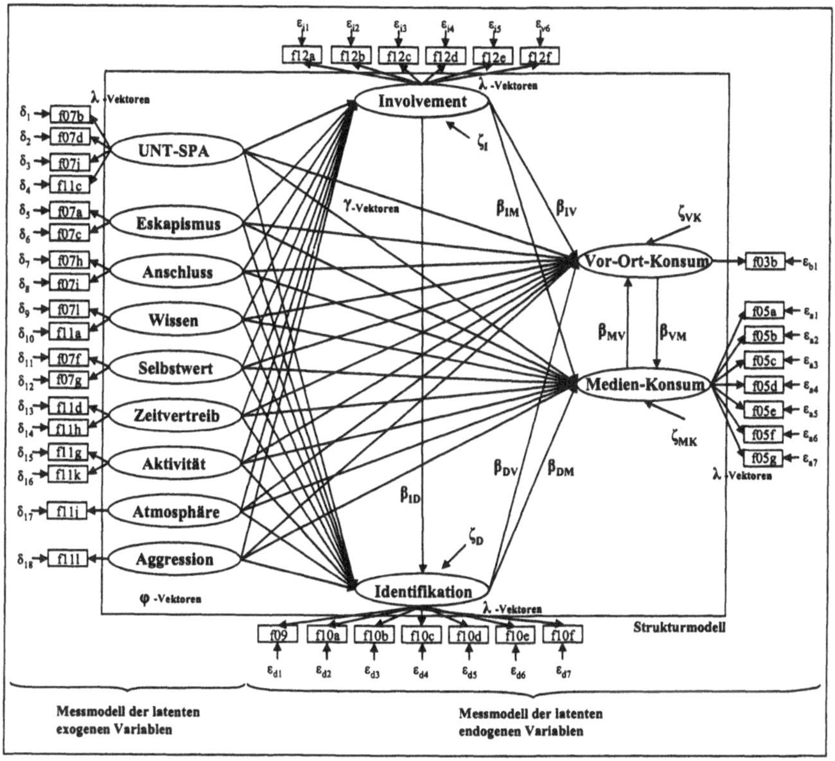

Abb. 2: Endgültiges Pfaddiagramm des Sportrezeptionsmodells für das gewählte Praxisbeispiel

Anhang II

Darstellung der Erhebungsinstrumente

A Fragebogen der Stadionerhebung

Interviewer: [ ]

Spiel/Uhrzeit: Hertha BSC (25.10.) | Kaiserslautern (8.11.) | Borussia Dortmund (30.11.) / [ ]

Fragebogennummer: [ ]

→ *[bitte Fragebogen kennzeichnen!]*

UNIVERSITÄT ROSTOCK
Wirtschafts- und Sozialwissenschaftliche Fakultät
Institut für Marketing & Innovationsmanagement
Direktor: Prof. Dr. M. Benkenstein

F.C. Hansa Rostock

Zuschauerbefragung im Ostseestadion Rostock

Bitte zur Ansprache der Befragten nutzen!

Guten Tag, mein Name ist [*Vorname, Name des Interviewers*]. Ich bin Student/in an der Universität Rostock.

Im Rahmen einer Studie über die Motivationen und Interessen von Zuschauern in der Fußballbundesliga führen das Institut für Marketing und Innovationsmanagement der Universität Rostock und der FC Hansa Rostock eine kurze Befragung durch. Ihre Mitarbeit erm

Wären Sie bereit an der **Befragung teilzunehmen?** Ihre Angaben werden dabei selbstverständlich vertraulich behandelt.

Nur auf Nachfrage die Bearbeitungsdauer nennen!: Das Interview wird ca. 10 Min. in Anspruch nehmen.

---

1. Wie sehr interessieren Sie sich für Fußball?

(interessiert mich: 1=außerordentlich, 2=ziemlich, 3=mittelmäßig, 4=kaum, 5=gar nicht)

interessiert mich außerordentlich 1	2	3	4	interessiert mich gar nicht 5
				→ Abbruch der Befragung

2. Waren Sie vor dem heutigen Spieltag schon einmal in einem Fußballstadion, um ein Spiel "live" zu sehen?

a) ja .... [ ] → *[bitte weiter mit Frage 3]*   b) nein .... [ ] → *[bitte weiter mit Frage 4]*

(Mehrfachantworten zulässig)

a) gar nicht .... [ ]

b) Heimspiele des FC Hansa im Ostseestadion .... ca. [ ] **x Mal in der letzten Saison**

c) Auswärtsspiele des FC Hansa .... ca. [ ] **x Mal in der letzten Saison**

d) andere Bundesligaspiele .... ca. [ ] **x Mal in der letzten Saison**

→ ***[bitte weiter mit Frage 5]***

4. Warum gehen Sie normalerweise nicht als Zuschauer in ein Fußballstadion?

(stimme ich: 1=voll zu, 2=zu, 3=teils/teils, 4=eher nicht zu, 5=gar nicht zu)

	stimme ich voll zu 1	2	3	4	stimme ich gar nicht zu 5
a) schlechtes Preis-Leistungs-Verhältnis					
b) zu hoher Zeitaufwand					
c) das Fernsehen ist eine bessere Alternative					
d) Sonstiges: ________					

5. Wie oft nutzen Sie die folgenden Medienangebote, um sich über Fußball zu informieren?

(1=sehr oft, 2=oft, 3=gelegentlich, 4=selten, 5=nie)

	sehr oft 1	2	3	4	nie 5
a) TV-Live-Übertragungen					
b) TV-Spielberichte am Spieltag (z.B. Sportschau, Sportstudio)					
c) TV-Spielberichte nach dem Spieltag (z.B. DSF-Hattrick, Sonntagsberichte)					
d) TV-Reportagen/ -Berichte/ -Interviews (z.B.Doppelpass, BL-Aktuell)					
e) Hörfunk					
f) Sportzeitschriften					
g) Tagespresse					
h) Gespräche mit anderen Fußballinteressierten					
i) Internet					
j) Sonstiges: ____________________					

6. Wer hat Ihr Interesse am Fußball geweckt?

(stimme ich: 1=voll zu, 2=zu, 3=teils/teils, 4=eher nicht zu, 5=gar nicht zu)

	stimme ich voll zu 1	2	3	4	stimme ich gar nicht zu 5
a) meine Eltern, Großeltern					
b) mein/e Partner/in					
c) meine Freunde					
d) meine Lehrer					
e) meine Arbeitskollegen, Geschäftspartner					
f) die Medien und deren Berichterstattung					
g) Sonstiges: ____________________					

7. Wie sehr beschreiben die folgenden Aussagen Ihre eigene Einstellung zum Fußball?

Ich sehe mir Fußballspiele an, lese und diskutiere mit anderen über Fußball, ...

(stimme ich: 1=voll zu, 2=zu, 3=teils/teils, 4=eher nicht zu, 5=gar nicht zu)

	stimme ich voll zu 1	2	3	4	stimme ich gar nicht zu 5
a) weil ich mich beim Fußball entspannen kann.					
b) weil Fußball sehr spannend und aufregend ist.					
c) weil ich beim Fußball meine Probleme vergessen kann.					
d) weil ich durch das Fußballspiel körperlich und seelisch wachgerüttelt werde.					
e) weil es für mich ein Triumph ist, wenn mein Verein besser ist als der Gegner.					
f) weil Siege auch mein Selbstvertrauen steigern.					
g) weil ich mit meinem Verein Sieg und Niederlage teilen möchte.					
h) weil die meisten meiner Freunde Sportfans sind.					
i) weil ich gern in der Gruppe mit anderen Fußballspiele sehe.					
j) weil Fußball sehr unterhaltsam ist.					
k) weil ich beim Zuschauen mit meiner Familie zusammen sein kann.					
l) weil ich dabei mein Wissen über Fußball und Fußballer erweitern kann.					

8. Was empfinden Sie, wenn Ihr Lieblingsverein verliert?

(stimme ich: 1=voll zu, 2=zu, 3=teils/teils, 4=eher nicht zu, 5=gar nicht zu)

	stimme ich voll zu 1	2	3	4	stimme ich gar nicht zu 5
a) Verärgerung bzw. Zorn					
b) Verachtung					
c) Angst					
d) Unruhe					
e) Kummer					
f) Überraschung					

9. Wie sehr sehen Sie sich als Anhänger des FC Hansa Rostock?

(1=sehr, 2=ziemlich, 3=mittelmäßig, 4=kaum, 5=gar nicht)

sehr 1	2	3	4	gar nicht 5

10. Inwieweit stimmen Sie den folgenden Aussagen über ihre Verbindung zum FC Hansa Rostock zu?

(stimme ich: 1=voll zu, 2=zu, 3=teils/teils, 4=eher nicht zu, 5=gar nicht zu)

	stimme ich voll zu 1	2	3	4	stimme ich gar nicht zu 5
a) Meine Freunde sehen mich als einen großen Fan des FC Hansa.					
b) Es ist mir sehr wichtig, dass der FC Hansa gewinnt.					
c) Ich verfolge jedes Spiel bzw. Spielberichte des FC Hansa.					
d) Ich habe eine große Abneigung gegenüber den gegnerischen Mannschaften.					
e) Ich zeige offen meine Verbundenheit mit dem Verein (z.B. Schals, Trikots).					
f) Ich bin ein Hansa-Fan und das ist für mich sehr wichtig.					

11. Warum sehen Sie sich gerne Fußballspiele an bzw. informieren sich über Fußball?

(stimme ich: 1=voll zu, 2=zu, 3=teils/teils, 4=eher nicht zu, 5=gar nicht zu)

	stimme ich voll zu 1	2	3	4	stimme ich gar nicht zu 5
a) weil ich dabei viel über Taktik und Technik lernen kann					
b) weil ich mich über gelungene kämpferische Leistungen freuen kann					
c) weil ich dabei Spaß haben kann					
d) weil ich mir dabei die Zeit vertreiben kann					
e) weil ich es schon immer getan habe					
f) weil ich das spielerische Können der Fußballer bewundere					
g) weil ich aktiv zum Erfolg meiner Lieblingsmannschaft beitragen möchte					
h) weil es eine einfache und schöne Form der Freizeitgestaltung ist					
i) weil Fußball schauen für mich zu einem Ritual geworden ist					
j) weil mich die Atmosphäre bei einem Fußballspiel begeistert					
k) weil ich so meine Lieblingsmannschaft motivieren kann					
l) weil ich angestaute Energien loswerden kann					
m) weil ich es genieße, wenn der Gegner besiegt wird					
n) weil ich stolz auf meinen Lieblingsverein bin					

12. Bitte sagen Sie uns, inwieweit Sie persönlich den folgenden Aussagen zur Bedeutung des Fußballs zustimmen?
(stimme ich: 1=voll zu, 2=zu, 3=teils/teils, 4=eher nicht zu, 5=gar nicht zu)

	stimme ich voll zu 1	2	3	4	stimme ich gar nicht zu 5
a) Fußball ist wichtig für mich.					
b) Andere Freizeitaktivitäten sind mir wichtiger als ein Fußballspiel.					
c) Meine Fußballbegeisterung sagt viel über mich aus.					
d) Wenn ich ein schlechtes Fußballspiel gesehen habe, ärgert mich das sehr.					
e) Ich kann einschätzen, wer ein Fußballfan ist und wer nicht.					
f) Fußball ist mir niemals gleichgültig.					

13. Wie viel Geld haben Sie für <u>sich persönlich</u> bei Ihrem letzten Besuch im Ostseestadion für ...
(Mehrfachantworten zulässig)

a) den Eintritt ausgegeben?	circa		€
b) Getränke ausgegeben?	circa		€
c) Snacks ausgegeben?	circa		€
d) Fanartikel ausgegeben?	circa		€

[bitte Folgendes vorlesen:]

Bitte beantworten Sie uns abschließend noch einige Fragen zu Ihrer Person!

14. Wie sehr stimmen Sie persönlich den folgenden Aussagen zu?

Ich bin der Überzeugung, dass es wichtig ist, ...
(stimme ich: 1=voll zu, 2=zu, 3=teils/teils, 4=eher nicht zu, 5=gar nicht zu)

	stimme ich voll zu 1	2	3	4	stimme ich gar nicht zu 5
a) körperlich gesund und fit zu sein.					
b) immer Fairness zu üben.					
c) Durchsetzungsvermögen zu zeigen.					
d) Chancengleichheit für Alle zu sichern.					
e) im Team Ziele gemeinsam zu erreichen.					
f) Respekt und Toleranz gegenüber anderen zu zeigen.					

15. Wie schätzen Sie sich selbst bezüglich der folgenden Eigenschaften ein?
(0=indifferent, 1=eher..., 2=eindeutige Eigenschaftszuordnung)

		2	1	0	1	2	
a)	lebhaft						ruhig
b)	ausgeglichen						aufgewühlt
c)	gewissenhaft						unbeschwert
d)	offen für Neues						konservativ
e)	unternehmungslustig						bequem

[Demographie]

Geschlecht ? | männlich | weiblich | → *[nicht abfragen, bitte ankreuzen]*

16. In welchem Jahr sind Sie geboren?

☐

17. Wie viele Personen gehören zu Ihrem Haushalt?

☐ , davon unter 18 Jahre: ☐

18. Welcher ist Ihr höchster schulischer Abschluss?

a) kein Abschluss ☐
b) Hauptschulabschluss ☐
c) Realschule/10 Kl. POS ☐
d) Abitur ☐
e) Berufsausbildung mit Abitur ☐
f) Lehre/Facharbeiter ☐
g) (Fach)Hochschulabschluss ☐
h) Sonstiges ________________ ☐

19. Welcher beruflichen Tätigkeit gehen Sie nach?

a) Arbeiter ☐
b) Angestellter ☐
c) Selbständiger ☐
d) Beamter ☐
e) Student/Azubi ☐
f) Schüler ☐
g) Rentner ☐
h) z.Zt. arbeitssuchend ☐
i) Sonstiges: ________________ ☐

20. Wie lautet die Postleitzahl Ihres Heimatortes?

Angabe der PLZ ☐☐☐☐☐

21. Wie hoch ist das monatliche Nettoeinkommen Ihres Haushaltes?

a) bis 500 € ☐
b) 500 - 1.000 € ☐
c) 1.000 - 1.500 € ☐
d) 1.500 - 2.000 € ☐
e) 2.000 - 2.500 € ☐
f) 2.500 - 3.000 € ☐
g) 3.000 - 3.500 € ☐
h) über 3.500 € ☐

Vielen Dank für Ihre Unterstützung. Sie haben uns sehr geholfen. Ich wünsche Ihnen ein spannendes Spiel und weiterhin einen angenehmen Aufenthalt beim FC Hansa Rostock.
Danke schön und auf Wiedersehen.

B Fragebogen der Passantenerhebung

Interviewer:

Standort:

Datum/Uhrzeit:

Fragebogennummer:

→ ***[bitte Fragebogen kennzeichnen!]***

UNIVERSITÄT ROSTOCK
Wirtschafts- und Sozialwissenschaftliche Fakultät
Institut für Marketing & Innovationsmanagement
Direktor: Prof. Dr. M. Benkenstein

F.C. Hansa Rostock

Passantenbefragung an ausgewählten Standorten

Bitte zur Ansprache der Befragten nutzen!

Guten Tag, mein Name ist [*Vorname, Name des Interviewers*]. Ich bin Student/In an der Universität Rostock.
Im Rahmen einer Studie über die Motivationen und Interessen von Zuschauern in der Fußballbundesliga führen das Institut für Marketing und Innovationsmanagement der Universität Rostock und der FC Hansa Rostock eine kurze Befragung durch. Ihre Mitarbeit erm
Wären Sie bereit an der **Befragung teilzunehmen?** Ihre Angaben werden dabei selbstverständlich vertraulich behandelt.

Nur auf Nachfrage die Bearbeitungsdauer nennen!: Das Interview wird ca. 10 Min. in Anspruch nehmen.

---

1. Wie sehr interessieren Sie sich für Fußball?

(interessiert mich: 1=außerordentlich, 2=ziemlich, 3=mittelmäßig, 4=kaum, 5=gar nicht)

interessiert mich außerordentlich — interessiert mich gar nicht

1	2	3	4	5
				→ Abbruch der Befragung

2. Waren Sie schon einmal als Zuschauer in einem Fußballstadion, um ein Spiel "live" zu sehen?

a) ja .... → *[bitte weiter mit Frage 3]*

b) nein .... → *[bitte weiter mit Frage 4]*
→ *[bitte die Frage 13 nicht stellen!]*

3. Wie oft haben Sie in der letzten Saison Bundesligaspiele "live" im Stadion gesehen?

(Mehrfachantworten zulässig)

a) gar nicht ....

b) Heimspiele des FC Hansa im Ostseestadion.......... ca. ☐ **x Mal in der letzten Saison**

c) Auswärtsspiele des FC Hansa .... ca. ☐ **x Mal in der letzten Saison**

d) andere Bundesligaspiele .... ca. ☐ **x Mal in der letzten Saison**

→ ***[bitte weiter mit Frage 5]***

4. Warum gehen Sie nicht als Zuschauer in ein Fußballstadion?

(stimme ich: 1=voll zu, 2=zu, 3=teils/teils, 4=eher nicht zu, 5=gar nicht zu)

	stimme ich voll zu 1	2	3	4	stimme ich gar nicht zu 5
a) schlechtes Preis-Leistungs-Verhältnis					
b) zu hoher Zeitaufwand					
c) das Fernsehen ist eine bessere Alternative					
d) Sonstiges: ______					

5. Wie oft nutzen Sie die folgenden Medienangebote, um sich über Fußball zu informieren?

(1=sehr oft, 2=oft, 3=gelegentlich, 4=selten, 5=nie)

	sehr oft 1	2	3	4	nie 5
a) TV-Live-Übertragungen					
b) TV-Spielberichte <u>am</u> Spieltag (z.B. Sportschau, Sportstudio)					
c) TV-Spielberichte <u>nach</u> dem Spieltag (z.B. DSF-Hattrick, Sonntagsberichte)					
d) TV-Reportagen/ -Berichte/ -Interviews (z.B.Doppelpass, BL-Aktuell)					
e) Hörfunk					
f) Sportzeitschriften					
g) Tagespresse					
h) Gespräche mit anderen Fußballinteressierten					
i) Internet					
j) Sonstiges: ______________					

6. Wer hat Ihr Interesse am Fußball geweckt?

(stimme ich: 1=voll zu, 2=zu, 3=teils/teils, 4=eher nicht zu, 5=gar nicht zu)

	stimme ich voll zu 1	2	3	4	stimme ich gar nicht zu 5
a) meine Eltern, Großeltern					
b) mein/e Partner/In					
c) meine Freunde					
d) meine Lehrer					
e) meine Arbeitskollegen, Geschäftspartner					
f) die Medien und deren Berichterstattung					
g) Sonstiges: ______________					

7. Wie sehr beschreiben die folgenden Aussagen Ihre eigene Einstellung zum Fußball?

Ich sehe mir Fußballspiele an, lese und diskutiere mit anderen über Fußball, ...

(stimme ich: 1=voll zu, 2=zu, 3=teils/teils, 4=eher nicht zu, 5=gar nicht zu)

	stimme ich voll zu 1	2	3	4	stimme ich gar nicht zu 5
a) weil ich mich beim Fußball entspannen kann.					
b) weil Fußball sehr spannend und aufregend ist.					
c) weil ich beim Fußball meine Probleme vergessen kann.					
d) weil ich durch das Fußballspiel körperlich und seelisch wachgerüttelt werde.					
e) weil es für mich ein Triumph ist, wenn mein Verein besser ist als der Gegner.					
f) weil Siege auch mein Selbstvertrauen steigern.					
g) weil ich mit meinem Verein Sieg und Niederlage teilen möchte.					
h) weil die meisten meiner Freunde Sportfans sind.					
i) weil ich gern in der Gruppe mit anderen Fußballspiele sehe.					
j) weil Fußball sehr unterhaltsam ist.					
k) weil ich beim Zuschauen mit meiner Familie zusammen sein kann.					
l) weil ich dabei mein Wissen über Fußball und Fußballer erweitern kann.					

8. Was empfinden Sie, wenn Ihr Lieblingsverein verliert?

(stimme ich: 1=voll zu, 2=zu, 3=teils/teils, 4=eher nicht zu, 5=gar nicht zu)

	stimme ich voll zu 1	2	3	4	stimme ich gar nicht zu 5
a) Verärgerung bzw. Zorn					
b) Verachtung					
c) Angst					
d) Unruhe					
e) Kummer					
f) Überraschung					

9. Wie sehr sehen Sie sich als Anhänger des FC Hansa Rostock?

(1=sehr, 2=ziemlich, 3=mittelmäßig, 4=kaum, 5=gar nicht)

sehr 1	2	3	4	gar nicht 5

10. Inwieweit stimmen Sie den folgenden Aussagen über ihre Verbindung zum FC Hansa Rostock zu?

(stimme ich: 1=voll zu, 2=zu, 3=teils/teils, 4=eher nicht zu, 5=gar nicht zu)

	stimme ich voll zu 1	2	3	4	stimme ich gar nicht zu 5
a) Meine Freunde sehen mich als einen großen Fan des FC Hansa.					
b) Es ist mir sehr wichtig, dass der FC Hansa gewinnt.					
c) Ich verfolge jedes Spiel bzw. Spielberichte des FC Hansa.					
d) Ich habe eine große Abneigung gegenüber den gegnerischen Mannschaften.					
e) Ich zeige offen meine Verbundenheit mit dem Verein (z.B. Schals, Trikots).					
f) Ich bin ein Hansa-Fan und das ist für mich sehr wichtig.					

11. Warum sehen Sie sich gerne Fußballspiele an bzw. informieren sich über Fußball?

(stimme ich: 1=voll zu, 2=zu, 3=teils/teils, 4=eher nicht zu, 5=gar nicht zu)

	stimme ich voll zu 1	2	3	4	stimme ich gar nicht zu 5
a) weil ich dabei viel über Taktik und Technik lernen kann					
b) weil ich mich über gelungene kämpferische Leistungen freuen kann					
c) weil ich dabei Spaß haben kann					
d) weil ich mir dabei die Zeit vertreiben kann					
e) weil ich es schon immer getan habe					
f) weil ich das spielerische Können der Fußballer bewundere					
g) weil ich aktiv zum Erfolg meiner Lieblingsmannschaft beitragen möchte					
h) weil es eine einfache und schöne Form der Freizeitgestaltung ist					
i) weil Fußball schauen für mich zu einem Ritual geworden ist					
j) weil mich die Atmosphäre bei einem Fußballspiel begeistert					
k) weil ich so meine Lieblingsmannschaft motivieren kann					
l) weil ich angestaute Energien loswerden kann					
m) weil ich es genieße, wenn der Gegner besiegt wird					
n) weil ich stolz auf meinen Lieblingsverein bin					

12. Bitte sagen Sie uns, inwieweit Sie persönlich den folgenden Aussagen zur Bedeutung des Fußballs zustimmen?

(stimme ich: 1=voll zu, 2=zu, 3=teils/teils, 4=eher nicht zu, 5=gar nicht zu)

	stimme ich voll zu 1	2	3	4	stimme ich gar nicht zu 5
a) Fußball ist wichtig für mich.					
b) Andere Freizeitaktivitäten sind mir wichtiger als ein Fußballspiel.					
c) Meine Fußballbegeisterung sagt viel über mich aus.					
d) Wenn ich ein schlechtes Fußballspiel gesehen habe, ärgert mich das sehr.					
e) Ich kann einschätzen, wer ein Fußballfan ist und wer nicht.					
f) Fußball ist mir niemals gleichgültig.					

→ *[Bitte Fr.13 nur stellen, wenn **Fr. 2** mit: " ja, ich war bereits Zuschauer in einem Stadion" beantwortet wurde.]*

13. Wie viel Geld haben Sie für sich persönlich bei Ihrem letzten Besuch im Ostseestadion für ...

(Mehrfachantworten zulässig)

a) den Eintritt ausgegeben?	circa	€
b) Getränke ausgegeben?	circa	€
c) Snacks ausgegeben?	circa	€
d) Fanartikel ausgegeben?	circa	€
e) Ich war bisher noch nicht im Rostocker Ostseestadion.	☐	

[bitte Folgendes vorlesen:]

Bitte beantworten Sie uns abschließend noch einige Fragen zu Ihrer Person!

14. Wie sehr stimmen Sie persönlich den folgenden Aussagen zu?

Ich bin der Überzeugung, dass es wichtig ist, ...

(stimme ich: 1=voll zu, 2=zu, 3=teils/teils, 4=eher nicht zu, 5=gar nicht zu)

	stimme ich voll zu 1	2	3	4	stimme ich gar nicht zu 5
a) körperlich gesund und fit zu sein.					
b) immer Fairness zu üben.					
c) Durchsetzungsvermögen zu zeigen.					
d) Chancengleichheit für Alle zu sichern.					
e) im Team Ziele gemeinsam zu erreichen.					
f) Respekt und Toleranz gegenüber anderen zu zeigen.					

15. Wie schätzen Sie sich selbst bezüglich der folgenden Eigenschaften ein?

(0=indifferent, 1=eher..., 2=eindeutige Eigenschaftszuordnung)

		2	1	0	1	2	
a)	lebhaft						ruhig
b)	ausgeglichen						aufgewühlt
c)	gewissenhaft						unbeschwert
d)	offen für Neues						konservativ
e)	unternehmungslustig						bequem

[Demographie]

Geschlecht ? | männlich | weiblich | → *[nicht abfragen, bitte ankreuzen]*

16. In welchem Jahr sind Sie geboren?

☐

17. Wie viele Personen gehören zu Ihrem Haushalt?

☐ , davon unter 18 Jahre: ☐

18. Welcher ist Ihr höchster schulischer Abschluss?

- **a) kein Abschluss** ☐
- b) Hauptschulabschluss ☐
- **c) Realschule/ 10 Kl. POS** ☐
- d) Abitur ☐
- **e) Berufsausbildung mit Abitur** ☐
- f) Lehre/ Facharbeiter ☐
- **g) (Fach)Hochschulabschluss** ☐
- h) Sonstiges ________________ ☐

19. Welcher beruflichen Tätigkeit gehen Sie nach?

- **a) Arbeiter** ☐
- b) Angestellter ☐
- **c) Selbständiger** ☐
- d) Beamter ☐
- **e) Student/Azubi** ☐
- f) Schüler ☐
- **g) Rentner** ☐
- h) z.Zt. arbeitssuchend ☐
- **i) Sonstiges:** ________________ ☐

20. Wie lautet die Postleitzahl Ihres Heimatortes?

Angabe der PLZ ☐☐☐☐☐

21. Wie hoch ist das monatliche Nettoeinkommen Ihres Haushaltes?

- **a) bis 500 €** ☐
- b) 500 - 1.000 € ☐
- **c) 1.000 - 1.500 €** ☐
- d) 1.500 - 2.000 € ☐
- **e) 2.000 - 2.500 €** ☐
- f) 2.500 - 3.000 € ☐
- **g) 3.000 - 3.500 €** ☐
- h) über 3.500 € ☐

Vielen Dank für Ihre Unterstützung. Sie haben uns sehr geholfen. Ich wünsche Ihnen noch einen angenehmen Tag.

Danke schön und auf Wiedersehen.

Anhang III

Übersichtsdarstellungen zur Modellprüfung

A Parameterschätzungen zur Prüfung des Ausgangsmodells

1 Paramterschätzung mit Hilfe des ML-Schätzverfahrens

Summary of Parameters

	Weights	Covariances	Variances	Means	Intercepts	Total
Fixed:	56	0	3	0	0	59
Labeled:	2	0	0	0	0	2
Unlabeled:	67	36	49	0	0	152
Total:	125	36	52	0	0	213

Sample size

1123

Computation of degrees of freedom

Number of distinct sample moments:	780
Number of distinct parameters to be estimated:	153
Degrees of freedom:	627

Maximum Likelihood Estimates

Regression Weights:	Estimate	S.E.	C.R.
Involvement <------------------ UNT	0,539	0,115	4,704
Involvement <------------------ ESK	-0,230	0,546	-0,422
Involvement <------------------ WIS	0,026	0,158	0,163
Involvement <------------------ ANS	-0,041	0,115	-0,353
Involvement <------------------ ZEI	0,138	0,271	0,508
Involvement <------------------ SEL	0,548	0,910	0,602
Involvement <------------------ AKT	0,086	0,489	0,175
Involvement <------------------ ATM	-0,030	0,040	-0,742
Involvement <------------------ AGG	0,059	0,081	0,734
Identifikation <--------------- AGG	0,021	0,089	0,234
Identifikation <--------------- ATM	0,004	0,042	0,103
Identifikation <--------------- AKT	-0,038	0,508	-0,075
Identifikation <--------------- SEL	0,596	1,005	0,593
Identifikation <--------------- ZEI	0,096	0,296	0,325
Identifikation <--------------- ANS	-0,125	0,124	-1,008
Identifikation <--------------- WIS	-0,209	0,167	-1,247
Identifikation <--------------- ESK	-0,224	0,589	-0,380
Identifikation <--------------- UNT	0,174	0,140	1,247
Identifikation <------- Involvement	0,497	0,121	4,110
VK <--------------------------- UNT	-0,118	1,014	-0,116
VK <--------------------------- ESK	1,222	3,858	0,317
VK <--------------------------- WIS	-0,737	1,127	-0,654
VK <--------------------------- ANS	0,986	0,855	1,154
VK <--------------------------- ZEI	-1,369	1,961	-0,698
VK <--------------------------- SEL	-2,835	6,607	-0,429
VK <--------------------------- AKT	1,237	3,247	0,381
VK <--------------------------- ATM	-0,011	0,291	-0,037
VK <--------------------------- AGG	0,041	0,583	0,070
MK <--------------------------- UNT	0,283	0,120	2,354
MK <--------------------------- ESK	0,078	0,400	0,195
MK <--------------------------- WIS	0,105	0,118	0,889
MK <--------------------------- ANS	0,022	0,091	0,248

MK <-------------------------- ZEI	0,020	0,204	0,099
MK <-------------------------- SEL	-0,002	0,680	-0,004
MK <-------------------------- AKT	-0,085	0,336	-0,254
MK <-------------------------- ATM	-0,040	0,034	-1,170
MK <-------------------------- AGG	-0,047	0,061	-0,767
VK <------------------ Involvement	1,545	0,779	1,983
MK <------------------ Involvement	0,432	0,095	4,564
MK <--------------- Identifikation	-0,013	0,069	-0,185
VK <--------------- Identifikation	3,213	0,572	5,617
f11c <------------------------ UNT	1,000		
f07j <------------------------ UNT	1,025	0,037	27,390
f07c <------------------------ ESK	1,000		
f07a <------------------------ ESK	0,655	0,047	13,973
f11a <------------------------ WIS	1,000		
f07l <------------------------ WIS	1,054	0,043	24,520
f07i <------------------------ ANS	1,000		
f07h <------------------------ ANS	0,833	0,041	20,246
f11h <------------------------ ZEI	1,000		
f11d <------------------------ ZEI	0,680	0,039	17,524
f07g <------------------------ SEL	1,000		
f07f <------------------------ SEL	0,978	0,038	25,768
f11l <------------------------ AGG	1,000		
f11j <------------------------ ATM	1,000		
f11k <------------------------ AKT	1,000		
f11g <------------------------ AKT	1,016	0,024	41,584
amos3b <----------------------- VK	1,000		
f05b <------------------------- MK	1,000		
f05a <------------------------- MK	0,924	0,053	17,460
f12a <---------------- Involvement	1,000		
f12b <---------------- Involvement	-0,814	0,035	-23,400
f12c <---------------- Involvement	0,967	0,031	31,629
f12d <---------------- Involvement	0,753	0,033	22,648
f12e <---------------- Involvement	0,755	0,033	22,966
f12f <---------------- Involvement	0,952	0,028	34,376
f10a <------------- Identifikation	1,368	0,032	42,708
f10b <------------- Identifikation	0,927	0,027	33,957
f10c <------------- Identifikation	1,054	0,029	35,766
f10d <------------- Identifikation	0,483	0,034	14,037
f10e <------------- Identifikation	1,391	0,039	35,775
f10f <------------- Identifikation	1,382	0,031	44,878
f07d <------------------------ UNT	1,114	0,057	19,541
f07b <------------------------ UNT	1,026	0,039	26,532
f09 <-------------- Identifikation	1,000		
f05c <------------------------- MK	1,183	0,057	20,692
f05d <------------------------- MK	1,101	0,055	19,962
f05g <------------------------- MK	0,705	0,051	13,808
f05e <------------------------- MK	0,465	0,054	8,674
f05f <------------------------- MK	1,006	0,059	16,954
MK <--------------------------- VK	0,008	0,005	1,622a
VK <--------------------------- MK	0,008	0,005	1,622a

Standardized Regression Weights:	Estimate
Involvement <------------------ UNT	0,376
Involvement <------------------ ESK	-0,219
Involvement <------------------ WIS	0,021
Involvement <------------------ ANS	-0,043
Involvement <------------------ ZEI	0,135
Involvement <------------------ SEL	0,564
Involvement <------------------ AKT	0,101
Involvement <------------------ ATM	-0,030
Involvement <------------------ AGG	0,080
Identifikation <--------------- AGG	0,030
Identifikation <--------------- ATM	0,005
Identifikation <--------------- AKT	-0,049
Identifikation <--------------- SEL	0,663
Identifikation <--------------- ZEI	0,101
Identifikation <--------------- ANS	-0,142
Identifikation <--------------- WIS	-0,213
Identifikation <--------------- ESK	-0,230
Identifikation <--------------- UNT	0,132
Identifikation <------- Involvement	0,538
VK <--------------------------- UNT	-0,015
VK <--------------------------- ESK	0,218

VK	<---	WIS	-0,131
VK	<---	ANS	0,194
VK	<---	ZEI	-0,251
VK	<---	SEL	-0,549
VK	<---	AKT	0,275
VK	<---	ATM	-0,002
VK	<---	AGG	0,010
MK	<---	UNT	0,259
MK	<---	ESK	0,097
MK	<---	WIS	0,130
MK	<---	ANS	0,031
MK	<---	ZEI	0,026
MK	<---	SEL	-0,003
MK	<---	AKT	-0,132
MK	<---	ATM	-0,053
MK	<---	AGG	-0,083
VK	<---	Involvement	0,290
MK	<---	Involvement	0,567
MK	<---	Identifikation	-0,016
VK	<---	Identifikation	0,559
f11c	<---	UNT	0,772
f07j	<---	UNT	0,783
f07c	<---	ESK	0,685
f07a	<---	ESK	0,492
f11a	<---	WIS	0,760
f07l	<---	WIS	0,801
f07i	<---	ANS	0,823
f07h	<---	ANS	0,693
f11h	<---	ZEI	0,889
f11d	<---	ZEI	0,550
f07g	<---	SEL	0,797
f07f	<---	SEL	0,718
f11l	<---	AGG	1,000
f11j	<---	ATM	1,000
f11k	<---	AKT	0,886
f11g	<---	AKT	0,891
amos3b	<---	VK	1,000
f05b	<---	MK	0,676
f05a	<---	MK	0,590
f12a	<---	Involvement	0,871
f12b	<---	Involvement	-0,622
f12c	<---	Involvement	0,764
f12d	<---	Involvement	0,607
f12e	<---	Involvement	0,613
f12f	<---	Involvement	0,803
f10a	<---	Identifikation	0,891
f10b	<---	Identifikation	0,790
f10c	<---	Identifikation	0,813
f10d	<---	Identifikation	0,405
f10e	<---	Identifikation	0,814
f10f	<---	Identifikation	0,912
f07d	<---	UNT	0,582
f07b	<---	UNT	0,762
f09	<---	Identifikation	0,872
f05c	<---	MK	0,717
f05d	<---	MK	0,687
f05g	<---	MK	0,458
f05e	<---	MK	0,282
f05f	<---	MK	0,571
MK	<---	VK	0,055
VK	<---	MK	0,001

Squared Multiple Correlations

Squared Multiple Correlations:	Estimate
Involvement	0,874
Identifikation	0,779
MK	0,716
VK	0,379
f05f	0,326
f05e	0,080
f05g	0,209
f05d	0,473
f05c	0,515
f09	0,761
f10f	0,831
f10e	0,662
f10d	0,164
f10c	0,662
f10b	0,624
f10a	0,794
f12f	0,645
f12e	0,376
f12d	0,368
f12c	0,584
f12b	0,387
f12a	0,759
f05a	0,348
f05b	0,457
amos3b	1,000
f11g	0,793
f11k	0,785
f11j	1,000
f11l	1,000
f07f	0,516
f07g	0,636
f11d	0,303
f11h	0,791
f07h	0,480
f07i	0,678
f07l	0,642
f11a	0,577
f07a	0,242
f07c	0,469
f07j	0,613
f11c	0,596
f07b	0,581
f07d	0,339

Summary of models

Model	NPAR	CMIN	DF	P	CMIN/DF
Default model	153	3050,825	627	0,000	4,866
Saturated model	780	0,000	0		
Independence model	39	27791,705	741	0,000	37,506

Model	RMR	GFI	AGFI	PGFI
Default model	0,113	0,854	0,819	0,687
Saturated model	0,000	1,000		
Independence model	0,946	0,129	0,084	0,123

Model	DELTA1 NFI	RHO1 RFI	DELTA2 IFI	RHO2 TLI	CFI
Default model	0,890	0,870	0,911	0,894	0,910
Saturated model	1,000		1,000		1,000
Independence model	0,000	0,000	0,000	0,000	0,000

Model	PRATIO	PNFI	PCFI
Default model	0,846	0,753	0,770
Saturated model	0,000	0,000	0,000
Independence model	1,000	0,000	0,000

Model	NCP	LO 90	HI 90
Default model	2423,825	2255,371	2599,719
Saturated model	0,000	0,000	0,000
Independence model	27050,705	26509,123	27598,621

Model	FMIN	F0	LO 90	HI 90
Default model	2,719	2,160	2,010	2,317
Saturated model	0,000	0,000	0,000	0,000
Independence model	24,770	24,109	23,627	24,598

Model	RMSEA	LO 90	HI 90
Default model	0,059	0,057	0,061
Independence model	0,180	0,179	0,182

Model	AIC	BCC	BIC	CAIC
Default model	3356,825	3368,137	4685,985	4278,460
Saturated model	1560,000	1617,671	8336,110	6258,532
Independence model	27869,705	27872,589	28208,511	28104,632

Model	ECVI	LO 90	HI 90	MECVI
Default model	2,992	2,842	3,149	3,002
Saturated model	1,390	1,390	1,390	1,442
Independence model	24,839	24,357	25,328	24,842

Model	HOELTER .05	HOELTER .01
Default model	253	262
Independence model	33	34

2 Global-Fit-Statistik der Vergleichsschätzung mit Hilfe des SLS-Schätzverfahrens

Summary of models

Model	NPAR	CMIN
Default model	153	1294,825
Saturated model	780	0,000
Independence model	39	147272,581
Zero model	0	169151,581

Model	RMR	GFI	AGFI	PGFI
Default model	0,103	0,992	0,990	0,798
Saturated model	0,000	1,000		
Independence model	0,946	0,129	0,084	0,123
Zero model	1,572	0,000	0,000	0,000

Model	DELTA1 NFI	RHO1 RFI	DELTA2 IFI	RHO2 TLI	CFI
Default model	0,991	0,990			
Saturated model	1,000				
Independence model	0,000	0,000			

Model	PRATIO	PNFI	PCFI
Default model	0,846	0,839	
Saturated model	0,000	0,000	
Independence model	1,000	0,000	

3 Global-Fit-Statistik der Vergleichsschätzung mit Hilfe des GLS-Schätzverfahrens

Summary of models

Model	NPAR	CMIN	DF	P	CMIN/DF
Default model	153	1839,079	627	0,000	2,933
Saturated model	780	0,000	0		
Independence model	39	3320,960	741	0,000	4,482
Zero model	0	21879,000	780	0,000	28,050

Model	RMR	GFI	AGFI	PGFI
Default model	0,273	0,916	0,895	0,736
Saturated model	0,000	1,000		
Independence model	1,175	0,848	0,840	0,806
Zero model	1,572	0,000	0,000	0,000

Model	DELTA1 NFI	RHO1 RFI	DELTA2 IFI	RHO2 TLI	CFI
Default model	0,446	0,346	0,550	0,445	0,530
Saturated model	1,000		1,000		1,000
Independence model	0,000	0,000	0,000	0,000	0,000

Model	PRATIO	PNFI	PCFI
Default model	0,846	0,378	0,449
Saturated model	0,000	0,000	0,000
Independence model	1,000	0,000	0,000

Model	NCP	LO 90	HI 90
Default model	1212,079	1087,347	1344,408
Saturated model	0,000	0,000	0,000
Independence model	2579,960	2404,938	2762,434

Model	FMIN	F0	LO 90	HI 90
Default model	1,639	1,080	0,969	1,198
Saturated model	0,000	0,000	0,000	0,000
Independence model	2,960	2,299	2,143	2,462

Model	RMSEA	LO 90	HI 90
Default model	0,042	0,039	0,044
Independence model	0,056	0,054	0,058

Model	AIC	BCC	BIC	CAIC
Default model	2145,079	2156,392	3474,239	3066,714
Saturated model	1560,000	1617,671	8336,110	6258,532
Independence model	3398,960	3401,843	3737,765	3633,886
Zero model	21879,000	21879,000	21879,000	21879,000

Model	ECVI	LO 90	HI 90	MECVI
Default model	1,912	1,801	2,030	1,922
Saturated model	1,390	1,390	1,390	1,442
Independence model	3,029	2,873	3,192	3,032
Zero model	19,500	19,073	19,933	19,500

Model	HOELTER .05	HOELTER .01
Default model	419	435
Independence model	273	282
Zero model	44	45

B Ergebnisse der explorativen Faktorenanalyse

Kaiser-Meyer-Olkin-Kriterium und Bartlett-Test

Maß der Stichprobeneignung nach Kaiser-Meyer-Olkin.		,950
Bartlett-Test auf Sphärizität	Ungefähres Chi-Quadrat	11018,770
	df	153
	Signifikanz nach Bartlett	,000

Kommunalitäten

	Anfänglich	Extraktion
Spannung und Anregung - Suspense	1,000	,618
körperlich und seelisch wachrütteln - Suspense	1,000	,615
Fußball ist unterhaltsam - Entertainment	1,000	,673
Entspannung - Escape	1,000	,581
Probleme vergessen - Escape	1,000	,524
Wissen über Fußball erweitern - Knowledge	1,000	,521
Freunde sind Sportfans - Affiliation	1,000	,412
in der Gruppe zuschauen - Affiliation	1,000	,501
Selbstvertrauen steigern - Self esteem	1,000	,681
Siege und Niederlagen teilen - Self esteem	1,000	,656
Spaß haben - Entertainment	1,000	,692
Wissen über Taktik und Technik erweitern - Knowledge	1,000	,487
Zeitvertreib - Pastime	1,000	,608
einfache und schöne Form der Freizeitgestaltung - Pastime	1,000	,668
aktiv zum Erfolg beitragen - Activity	1,000	,722
Mannschaft motivieren - Activity	1,000	,709
Energien abbauen - Agression	1,000	,536
Atmosphäre begeistert - Ambiance	1,000	,676

Extraktionsmethode: Hauptkomponentenanalyse.

Erklärte Gesamtvarianz

	Anfängliche Eigenwerte			Summen von quadrierten Faktorladungen für Extraktion			Rotierte Summe der quadrierten Ladungen		
Komponente	Gesamt	% der Varianz	Kumulierte %	Gesamt	% der Varianz	Kumulierte %	Gesamt	% der Varianz	Kumulierte %
1	8,570	47,609	47,609	8,570	47,609	47,609	4,603	25,571	25,571
2	1,273	7,070	54,678	1,273	7,070	54,678	4,251	23,617	49,187
3	1,038	5,768	60,447	1,038	5,768	60,447	2,027	11,259	60,447
4	,899	4,992	65,438						
5	,750	4,168	69,606						
6	,685	3,805	73,411						
7	,642	3,567	76,978						
8	,529	2,937	79,914						
9	,500	2,776	82,690						
10	,437	2,425	85,115						
11	,417	2,318	87,433						
12	,394	2,188	89,621						
13	,362	2,013	91,634						
14	,356	1,975	93,610						
15	,330	1,832	95,442						
16	,321	1,785	97,227						
17	,308	1,709	98,936						
18	,192	1,064	100,000						

Extraktionsmethode: Hauptkomponentenanalyse.

Rotierte Komponentenmatrix

	Komponente		
	1	2	3
Spannung und Anregung - Suspense	,731		
körperlich und seelisch wachrütteln - Suspense		,726	
Fußball ist unterhaltsam - Entertainment	,767		
Entspannung - Escape			,724
Probleme vergessen - Escape		,651	
Wissen über Fußball erweitern - Knowledge	,428	,545	
Freunde sind Sportfans - Affiliation			,449
in der Gruppe zuschauen - Affiliation	,534		
Selbstvertrauen steigern - Self esteem		,775	
Siege und Niederlagen teilen - Self esteem	,559	,582	
Spaß haben - Entertainment	,768		
Wissen über Taktik und Technik erweitern - Knowledge		,577	
Zeitvertreib - Pastime			,721
einfache und schöne Form der Freizeitgestaltung - Pastime	,638		,430
aktiv zum Erfolg beitragen - Activity	,580	,618	
Mannschaft motivieren - Activity	,596	,592	
Energien abbauen - Agression		,668	
Atmosphäre begeistert - Ambiance	,765		

Extraktionsmethode: Hauptkomponentenanalyse.
Rotationsmethode: Varimax mit Kaiser-Normalisierung.

a. Die Rotation ist in 7 Iterationen konvergiert.

C Parameterschätzungen zur Prüfung des Rival Models

1 Paramterschätzung mit Hilfe des ML-Schätzverfahrens

Summary of Parameters

	Weights	Covariances	Variances	Means	Intercepts	Total
Fixed:	46	0	1	0	0	47
Labeled:	2	0	0	0	0	2
Unlabeled:	45	3	41	0	0	
Total:	93	3	42	0	0	138

Sample size

1123

Computation of degrees of freedom

Number of distinct sample moments:	630
Number of distinct parameters to be estimated:	90
Degrees of freedom:	540

Maximum Likelihood Estimates

Regression Weights:	Estimate	S.E.	C.R.
Involvement <------------------- m3	-0,460	0,113	-4,066
Involvement <------------------- m2	0,642	0,061	10,525
Involvement <------------------- m1	0,909	0,075	12,066
Identifikation <---------------- m1	0,174	0,120	1,449
Identifikation <---------------- m2	0,005	0,091	0,056
Identifikation <---------------- m3	-0,059	0,108	-0,546
Identifikation <------- Involvement	0,713	0,103	6,902
VK <---------------------------- m3	-0,233	0,810	-0,287
VK <---------------------------- m2	-1,214	0,678	-1,789
MK <---------------------------- m2	-0,087	0,102	-0,854
MK <---------------------------- m1	0,105	0,132	0,793
VK <------------------- Involvement	1,699	0,829	2,048
MK <------------------- Involvement	0,537	0,126	4,273
VK <---------------- Identifikation	3,018	0,345	8,754
MK <---------------------------- m3	0,254	0,124	2,040
VK <---------------------------- m1	-0,412	0,887	-0,464
MK <---------------- Identifikation	-0,039	0,050	-0,768
amos3b <------------------------ VK	1,000		
f05b <-------------------------- MK	1,000		
f05a <-------------------------- MK	0,922	0,053	17,382
f12a <----------------- Involvement	1,000		
f12b <----------------- Involvement	-0,814	0,035	-23,369
f12c <----------------- Involvement	0,962	0,031	31,374
f12d <----------------- Involvement	0,749	0,033	22,484
f12e <----------------- Involvement	0,757	0,033	23,011
f12f <----------------- Involvement	0,955	0,028	34,497
f10a <-------------- Identifikation	1,364	0,032	43,100
f10b <-------------- Identifikation	0,926	0,027	34,299
f10c <-------------- Identifikation	1,055	0,029	36,264

f10d <-------------- Identifikation	0,480	0,034	13,992	
f10e <-------------- Identifikation	1,378	0,039	35,586	
f10f <-------------- Identifikation	1,371	0,031	44,830	
f09 <--------------- Identifikation	1,000			
f05c <-------------------------- MK	1,182	0,057	20,622	
f05d <-------------------------- MK	1,101	0,055	19,906	
f05g <-------------------------- MK	0,706	0,051	13,796	
f05e <-------------------------- MK	0,475	0,054	8,847	
f05f <-------------------------- MK	1,009	0,060	16,954	
f07a <-------------------------- m3	1,000			
f07d <-------------------------- m2	1,000			
f11j <-------------------------- m1	1,109	0,043	25,915	
f11h <-------------------------- m1	1,222	0,046	26,341	
f11c <-------------------------- m1	1,008	0,038	26,424	
f07i <-------------------------- m1	1,149	0,055	21,019	
f07j <-------------------------- m1	1,015	0,039	26,310	
f07b <-------------------------- m1	1,000			
f07c <-------------------------- m2	0,936	0,045	20,576	
f07l <-------------------------- m2	0,910	0,041	22,361	
f07f <-------------------------- m2	1,084	0,046	23,583	
f11a <-------------------------- m2	0,886	0,041	21,755	
f11l <-------------------------- m2	0,942	0,044	21,187	
f11d <-------------------------- m3	1,064	0,079	13,437	
VK <---------------------------- MK	0,006	0,004	1,357	a
MK <---------------------------- VK	0,006	0,004	1,357	a

Standardized Regression Weights:	Estimate
Involvement <------------------- m3	-0,325
Involvement <------------------- m2	0,617
Involvement <------------------- m1	0,637
Identifikation <---------------- m1	0,131
Identifikation <---------------- m2	0,005
Identifikation <---------------- m3	-0,045
Identifikation <------- Involvement	0,769
VK <---------------------------- m3	-0,031
VK <---------------------------- m2	-0,220
MK <---------------------------- m2	-0,110
MK <---------------------------- m1	0,096
VK <------------------- Involvement	0,320
MK <------------------- Involvement	0,705
VK <---------------- Identifikation	0,527
MK <---------------------------- m3	0,235
VK <---------------------------- m1	-0,054
MK <---------------- Identifikation	-0,047
amos3b <------------------------ VK	1,000
f05b <-------------------------- MK	0,676
f05a <-------------------------- MK	0,589
f12a <----------------- Involvement	0,872
f12b <----------------- Involvement	-0,622
f12c <----------------- Involvement	0,761
f12d <----------------- Involvement	0,604
f12e <----------------- Involvement	0,615
f12f <----------------- Involvement	0,806
f10a <-------------- Identifikation	0,892
f10b <-------------- Identifikation	0,792
f10c <-------------- Identifikation	0,817
f10d <-------------- Identifikation	0,403
f10e <-------------- Identifikation	0,809
f10f <-------------- Identifikation	0,908
f09 <--------------- Identifikation	0,876
f05c <-------------------------- MK	0,717
f05d <-------------------------- MK	0,687
f05g <-------------------------- MK	0,458
f05e <-------------------------- MK	0,288
f05f <-------------------------- MK	0,573
f07a <-------------------------- m3	0,558
f07d <-------------------------- m2	0,721
f11j <-------------------------- m1	0,768
f11h <-------------------------- m1	0,779
f11c <-------------------------- m1	0,782
f07i <-------------------------- m1	0,633
f07j <-------------------------- m1	0,778

f07b <-------------------------- m1	0,746
f07c <-------------------------- m2	0,648
f07l <-------------------------- m2	0,705
f07f <-------------------------- m2	0,744
f11a <-------------------------- m2	0,686
f11l <-------------------------- m2	0,668
f11d <-------------------------- m3	0,623
VK <---------------------------- MK	0,001
MK <---------------------------- VK	0,042

Squared Multiple Correlations

	Estimate
Involvement	0,882
Identifikation	0,742
MK	0,708
VK	0,360
f11d	0,388
f11l	0,446
f11a	0,470
f07f	0,553
f07l	0,497
f07c	0,420
f07b	0,557
f07j	0,606
f07i	0,401
f11c	0,611
f11h	0,607
f11j	0,590
f07d	0,520
f07a	0,311
f05f	0,328
f05e	0,083
f05g	0,210
f05d	0,472
f05c	0,513
f09	0,767
f10f	0,824
f10e	0,654
f10d	0,163
f10c	0,668
f10b	0,628
f10a	0,795
f12f	0,649
f12e	0,378
f12d	0,365
f12c	0,579
f12b	0,387
f12a	0,760
f05a	0,346
f05b	0,457
amos3b	1,000

Summary of models

Model	NPAR	CMIN	DF	P	CMIN/DF
Default model	90	2557,510	540	0,000	4,736
Saturated model	630	0,000	0		
Independence model	35	23426,777	595	0,000	39,373

Model	RMR	GFI	AGFI	PGFI
Default model	0,112	0,866	0,844	0,742
Saturated model	0,000	1,000		
Independence model	0,926	0,150	0,100	0,142

Model	DELTA1 NFI	RHO1 RFI	DELTA2 IFI	RHO2 TLI	CFI
Default model	0,891	0,880	0,912	0,903	0,912
Saturated model	1,000		1,000		1,000
Independence model	0,000	0,000	0,000	0,000	0,000

Model	PRATIO	PNFI	PCFI
Default model	0,908	0,808	0,827
Saturated model	0,000	0,000	0,000
Independence model	1,000	0,000	0,000

Model	NCP	LO 90	HI 90
Default model	2017,510	1863,853	2178,633
Saturated model	0,000	0,000	0,000
Independence model	22831,777	22334,640	23335,247

Model	FMIN	F0	LO 90	HI 90
Default model	2,279	1,798	1,661	1,942
Saturated model	0,000	0,000	0,000	0,000
Independence model	20,879	20,349	19,906	20,798

Model	RMSEA	LO 90	HI 90
Default model	0,058	0,055	0,060
Independence model	0,185	0,183	0,187

Model	AIC	BCC	BIC	CAIC
Default model	2737,510	2743,477	3509,629	3279,648
Saturated model	1260,000	1301,768	6664,837	5054,968
Independence model	23496,777	23499,098	23797,046	23707,609

Model	ECVI	LO 90	HI 90	MECVI
Default model	2,440	2,303	2,583	2,445
Saturated model	1,123	1,123	1,123	1,160
Independence model	20,942	20,499	21,391	20,944

Model	HOELTER .05	HOELTER .01
Default model	262	272
Independence model	32	33

2 Global-Fit-Statistik der Vergleichsschätzung mit Hilfe des SLS-Schätzverfahrens

Summary of models

Model	NPAR	CMIN
Default model	90	1029,775
Saturated model	630	0,000
Independence model	35	111085,288
Zero model	0	130720,288

Model	RMR	GFI	AGFI	PGFI
Default model	0,108	0,992	0,991	0,850
Saturated model	0,000	1,000		
Independence model	0,926	0,150	0,100	0,142
Zero model	1,668	0,000	0,000	0,000

Model	DELTA1 NFI	RHO1 RFI	DELTA2 IFI	RHO2 TLI	CFI
Default model	0,991	0,990			
Saturated model	1,000				
Independence model	0,000	0,000			

Model	PRATIO	PNFI	PCFI
Default model	0,908	0,899	
Saturated model	0,000	0,000	
Independence model	1,000	0,000	

3 Global-Fit-Statistik der Vergleichsschätzung mit Hilfe des GLS-Schätzverfahrens

Summary of models

Model	NPAR	CMIN	DF	P	CMIN/DF
Default model	90	1721,187	540	0,000	3,187
Saturated model	630	0,000	0		
Independence model	35	2865,231	595	0,000	4,816
Zero model	0	19635,000	630	0,000	31,167

Model	RMR	GFI	AGFI	PGFI
Default model	0,305	0,912	0,898	0,782
Saturated model	0,000	1,000		
Independence model	1,197	0,854	0,845	0,807
Zero model	1,668	0,000	0,000	0,000

Model	DELTA1 NFI	RHO1 RFI	DELTA2 IFI	RHO2 TLI	CFI
Default model	0,399	0,338	0,492	0,427	0,480
Saturated model	1,000		1,000		1,000
Independence model	0,000	0,000	0,000	0,000	0,000

Model	PRATIO	PNFI	PCFI
Default model	0,908	0,362	0,435
Saturated model	0,000	0,000	0,000
Independence model	1,000	0,000	0,000

Model	NCP	LO 90	HI 90
Default model	1181,187	1059,618	1310,334
Saturated model	0,000	0,000	0,000
Independence model	2270,231	2107,205	2440,710

Model	FMIN	F0	LO 90	HI 90
Default model	1,534	1,053	0,944	1,168
Saturated model	0,000	0,000	0,000	0,000
Independence model	2,554	2,023	1,878	2,175

Model	RMSEA	LO 90	HI 90
Default model	0,044	0,042	0,047
Independence model	0,058	0,056	0,060

Model	AIC	BCC	BIC	CAIC
Default model	1901,187	1907,154	2673,306	2443,325
Saturated model	1260,000	1301,768	6664,837	5054,968
Independence model	2935,231	2937,551	3235,500	3146,062
Zero model	19635,000	19635,000	19635,000	19635,000

Model	ECVI	LO 90	HI 90	MECVI
Default model	1,694	1,586	1,810	1,700
Saturated model	1,123	1,123	1,123	1,160
Independence model	2,616	2,471	2,768	2,618
Zero model	17,500	17,095	17,910	17,500

Model	HOELTER .05	HOELTER .01
Default model	388	404
Independence model	256	266
Zero model	40	419

Literaturverzeichnis

Aimiller, K., Kretschmar, H. (1995): Motive des Sportzuschauers: Umfeldoptimierung durch motivationale Programmselektion (MPS), Unterföhring: Deutsches Sportfernsehen.

Allais, M. (1988): Richtig ist die Empirie, in: Wirtschaftswoche, 16. Jg., Heft 45, S. 119-124.

Andritzky, K. (1977): Die Operationalisierung von Theorien zum Konsumentenverhalten, Berlin.

Antil, J. (1984): Conzeptualization and Operationalization of Involvement, in: Kinnear, T. (Hrsg.): Advances in Consumer Research, Vol. 10, Provo, S. 203-209.

Arbuckle, J. L., Wothke, W. (1999): AMOS User's Guide, Chicago.

Backhaus, K., Erichson, B., Plinke, W., Weiber, R. (2000): Multivariate Analysemethoden: Eine anwendungsorientierte Einführung, 9. überarb. und erw. Aufl., Berlin u.a.

Backhaus, K., Erichson, B., Plinke, W., Weiber, R. (2002): Multivariate Analysemethoden: Eine anwendungsorientierte Einführung, 10. neubearb. und erw. Aufl., Berlin u.a.

Bagozzi, R. P. (1980): Causal Models in Marketing.

Bagozzi, R., Baumgartner, H. (1994): The Evaluation of Structural Equation Models and Hypothesis Testing, in: Bagozzi, R. (Hrsg.): Principles of Marketing Research, Cambridge, S. 386-422.

Baker, J., Cameron, M. (1996): The Effects of the Service Environment an Affect and Consumer Perception of Waiting Time: An Integrative Review and Research Propositions, in: Journal of the Academy of Marketing Science, 24. Jg., Heft 4, S. 338-349.

Balderjahn, I. (1985): Strukturen sozialen Konsumbewusstseins: Eine empirische Studie, in: Marketing ZFP, 7. Jg., Heft 4, S. 253-262.

Balderjahn, I. (1998): Kreuzvalidierung von Kausalmodellen, in: Hildebrandt, L., Homburg, C. (Hrsg.): Die Kausalanalyse: ein Instrument der empirischen betriebswirtschaftlichen Forschung, Stuttgart, S. 373-397.

Baltes-Götz, B. (2001): Analyse von Strukturgleichungsmodellen mit AMOS 4.0, in: Universitäts-Rechenzentrum Trier (Hrsg.), Trier, S. 1-60.

Bamberg, G., Coenenberg, A. (2000): Betriebswirtschaftliche Entscheidungslehre, 10. Aufl., München.

Bänsch, A. (2002): Käuferverhalten, 2. Aufl., München, Wien.

Barth, K., Theis, H.-J. (1998): Hotel-Markteting: Strategien – Marketing-Mix – Planung – Kontrolle, Wiesbaden.

Becker, L. (1979): Measuring of Gratifications, in: Communication Research, Vol. 1/1979, S. 54-79.

Behrens, G. (1991): Konsumentenverhalten, 2. Aufl., Heidelberg.

Belamy, R.V. (1998): The Evolving Television Sports Market Place, in: Wenner, L.A. (Hrsg.): MediaSport, London, New York, S. 73-87.

Belk, R. (1975): Situational Variables and Consumer Behavior, in: Journal of Consumer Research, Vol. 2, S. 156-163.

Benkenstein, M. (1993): Dienstleistungsqualität: Ansätze zur Messung und Implikationen für die Steuerung, in: Zeitschrift für Betriebswirtschaft, 70. Jg., Heft 11, S. 1095-1116.

Benkenstein, M. (2001): Entscheidungsorientiertes Marketing, Wiesbaden.

Benkenstein, M. (2002): Strategisches Marketing, 2. Aufl., Stuttgart u.a.

Benner, G. (1992): Risk Management im professionellen Sport auf der Grundlage von Ansätzen einer Sportbetriebslehre, Bergisch Gladbach.

Berekoven, L., Eckert, W., Ellenrieder, P. (2004): Marktforschung: methodische Grundlagen und praktische Anwendung, 10. Aufl., Wiesbaden.

Bleicker, U. (1983): Produktbeurteilung der Konsumenten, Würzburg, Wien.

Blümelhuber, C. (1998): Marketing in der Unterhaltungsindustrie, in: Mayer, A. (Hrsg.): Handbuch Dienstleistungs-Marketing, Stuttgart, S. 1753-1776.

Brachinger, H. W., Ost, F. (1996): Modell mit latenten Variablen: Faktorenanalyse, Latent-Structure-Analyse und LSREL-Analyse, in: Fahrmeier, L., Hamerle, A., Tutz, G. (Hrsg.): Multivariate statistische Verfahren, Berlin, New York, S. 637-764.

Brandmaier, S., Schimany, P. (1998): Die Kommerzialisierung des Sports: Vermarktungsprozesse im Fußball-Profisport, Hamburg.

Brannasch, A. (2004): ARD-„Sportschau": Erfolg bei Publikum und Werbetreibenden, in: Media Perspektiven, 8. Jg. Heft 2, S. 89-94.

Brinkmann, T. (2000): Sport und Medien: Die Auflösung einer ursprünglichen Interessengemeinschaft, in: Media Perspektiven, 4. Jg., Heft 11, S. 491-498.

Browne, M. W., Cudeck, R. (1993): Alternative Ways of Assessing Model Fit: in: Bollen, K. A., Long, J. S. (Hrsg.): Testing Structural Equation Models, Newbury Park, S. 135-145.

Bryant, J., Raney A. A. (2000): Sports on Screen, in: Zillmann, D., Vorderer, P. (Hrsg.): Media Entertainment: The Psychology of its Appeal, Mahwah (NJ).

Büch, M.-P., Frick, B. (1999): Sportökonomie: Erkenntnisinteresse, Fragestellungen und praktische Relevanz, in: BFuP, 51. Jg., Heft 2, S. 109-123.

Büker, B. (1991): Qualitätsbeurteilung investiver Dienstleistungen, Frankfurt am Main.

Bungard, W., Lück, H. E. (1974): Forschungsartefakte und nicht-reaktive Messverfahren, Stuttgart.

Byrne, B. M. (2001): Structural equation modeling with AMOS: Basic concepts, applications, and programming, Mahwah (NJ).

Callero, P. L. (1985): Role identity salience, in: Social Psychology Quarterly, Vol. 48, S. 203-215.

Calmund, R. (1999): Fußball und Fernsehen – Kooperation, Einflüsse, Abhängigkeiten, in: Schaffrath, M. (Hrsg.): Die Zukunft der Bundesliga – Management und Marketing im Profifußball, Göttingen, S. 31-45.

Capella, M. E. (2001): Measuring Sports Fans' Invovlement: The Fan Behavior Questionaire, in: Southern Business Review, Spring 2002, S. 30-36.

Childress, R., Crompton, J. (1997): A Comparison of Alternative Direct an Indirect Discrepancy Approaches to Measuring Quality of Performance at a Festival, in: Journal of Travel Research, 27. Jg., Heft 3, S.43-57.

Costley, C. L. (1987): Meta Analysis of Involvement Research, in: Houston, M. J. (Hrsg.): Advances in Consumer Research, Provo, S. 554-562.

Darby, M. R., Karni, E. (1973): Free Competition and the Optimal Amount of Faud, in: Journal of Law and Economics, 16. Jg., Heft 4, S. 67-88.

Daubitzer, Jörg (2000): Von der Liga zum Show-Event Fußball-Bundesliga?, in: Trosien, G., Dinkel, M. (Hrsg.): Ökonomische Dimensionen von Sport-Events, Butzbach-Griedel, S. 109-126.

Deimel, K. (1989): Grundlagen des Involvement und Anwendung im Marketing, in: Marketing ZFP, 11. Jg., Heft 8, S. 153-161.

DFL (2004): Gesamteinnahmen der Bundesliga in der Saison 2003/04, in: DFL-Deutsche Fußball Liga GmbH (Hrsg.): Online-Veröffentlichungen, Frankfurt am Main, URL: www.bundesliga.de.

Dieckmann, A. (1999): Empirische Sozialforschung, 5. Aufl., Hamburg.

Digel, H., Burk, V. (1999): Zur Entwicklung des Fernsehsports in Deutschland, in: Sportwissenschaft, 29. Jg., Heft 5, S. 22-41.

Diller, H. (1998): Planung und Marketing, in: Diller, H. (Hrsg.): Marketingplanung, 2. Aufl., München, S. 1-29.

Dimanche, F., Havitz, M. E., Howard, D. R. (1993): Consumer Involvement Profiles as a Segmentation Tool, in: Journal of Travel & Tourism Marketing, Vol. 1, No. 4, S. 33-52.

Dinkel, M., Holderbach, E. (1999): Fußball WM 1998: Das Medien- und Sponsorenereignis des Jahrhunderts, in: Trosien, G., Dinkel, M. (Hrsg.), Verkaufen Medien die Sportwirklichkeit?: Authentizität – Inszenierung – Märkte, Aachen, S. 151-158.

Drabczynski, M. (1982): Motivationale Ansätze in der Kommunikationswissenschaft: Theorien, Methoden, Ergebnisse, Berlin.

DSB (2004): Entwicklung des Deutschen Sportbundes 1979-2000, in: Deutscher Sportbund, Presse- und Öffentlichkeitsarbeit (Hrsg.): Online-Veröffentlichungen, Frankfurt am Main, URL: www.dsb.de.

Eastman, S. T., Riggs, K. E. (1994): Televised Sports and Ritual: Fan Experiences, in: Sociology of Sport Journal, Vol. 11, S. 249-274.

Emrich, E. (2002): Zur wirtschaftlichen Lage der Sportvereine in Deutschland, in: Deutscher Sportbund (Hrsg.):7. Bundeskonferenz Breitensport 12./13. Oktober 2001, Karlsruhe, Frankfurt am Main, S. 37-70.

Enderle, G. (2000): Vermarktung von Fernsehübertragungsrechten im professionellen Ligasport, Berlin.

Engel, J. F., Kollat, D. T., Blackwell, R. D. (1978): Consumer Behavior, 3. Aufl., Hinsdale.

Engelhardt, W. H., Kleinaltenkamp, M., Reckenfelderbäumer, M. (1993): Leistungsbündel als Absatzobjekte, in: ZfbF, 45. Jg., S. 395-426.

Engels, K., Erdmann, M. (2001): Die Vermarktung von Sport und Entertainment: Das Beispiel Rhein Fire, in: Hermanns, A., Riedmüller, F. (Hrsg.): Management-Handbuch Sport-Marketing, München, S. 218-230.

Enzensberger, H. M. (1988): Das Nullmedium oder Warum alle Klagen über das Fernsehen gegenstandslos sind, in: Enzensberger, H. M. (Hrsg.): Mittelmaß und Wahn: Gesammelte Zerstreuungen, Frankfurt am Main, S. 89-103.

Erber, S. (2000): Eventmarketing: Erlebnisstrategien für Marken, Landsberg am Lech.

Ewald, K., Gescheidle, C., Schröter, C. (1998): Professionalisierung und Spezialisierung im Onlinemedium, in: Media Perspektiven, 2. Jg., Heft 10, S. 508-516.

Fink, J. S., Trail, G. T., Anderson, D. F. (2002): An Examination of Team Identification: Wich Motives are Most Salient to its Existence?, in: International Sports Journal, Summer 2002, S. 195-207.

Fiske, J. (1995): Television culture: popular pleasure and politics, 8. Aufl., London, New York.

FOCUS (2003): Vermarktung der Fußball-Bundesliga, 10. Jg., Heft 9, S. 149.

Forberger, D. (2000): Emotionale Determinanten der Dienstleistungsqualität: Entwicklung und Überprüfung eines Messkonzeptes, Wiesbaden.

Formica, S., Uysal, M. (1998): Market Segmentation of an International Cultural-Historical Event in Italy, in: Journal of Travel Research, No. 2/1998, S. 16-24.

Fornell, C., Larcker, D. (1981): Evaluating Structural Equation Models with Unobserved Variables and Measurement Error, in: Journal of Marketing Research, 18. Jg., S. 39-50.

Förster, F., et al. (1984): Der LISREL-Ansatz der Kausalanalyse und seine Bedeutung für die Marketing-Forschung, in: ZfB, 54. Jg., Nr. 4, S. 346-367.

Freyer, W. (2003): Sport-Marketing: Handbuch für marktorientiertes Management im Sport, 3. vollst. überarb. Aufl., Dresden.

Friederici, M. R. (1998): Sportbegeisterung und Zuschauergewalt: Eine empirische Studie über Alltagstheorien von Sportlerinnen und Sportlern, Münster.

Fritz, W. (1992): Marktorientierte Unternehmensführung und Unternehmenserfolg: Grundlagen und Ergebnisse einer empirischen Untersuchung, Stuttgart.

Gabler, H. (1998): Zuschauen im Sport – Sportzuschauer, in: Strauß, B. (Hrsg.): Zuschauer, Göttingen et al., S. 113-138.

Gabler, H. (2002): Motive im Sport: motivationspsychologische Analysen und empirische Studien, Schorndorf.

Gantz, W., Wenner, L. A. (1995): Fanship and the Television Sports Viewing Experience, in: Socoilogy of Sport Journal, Vol. 12, S. 56-74.

Gärtner, M., Pommerehne, W.W. (1984): Der Fußballzuschauer – Ein homo oeconomicus?, in: Heinemann, K. (Hrsg.): Texte zur Ökonomie des Sports, Schorndorf, S. 149-169.

Gebauer, G., Hortleder, G. (1986): Die Epoche des Showsports, in: Hortleder, G., Gebauer, G. (Hrsg.): Sport –Eros –Tod, Frankfurt am Main, S. 60-87.

Gerhards, M., Klingler, W., Neuwöhner, U. (2002): Sportangebote und Nutzung in elektronischen Medien, in: Trosien, G. (Hrsg.): Sport und neue Märkte: Innovation – Expansion – Investition, Butzbach-Griedel, S. 145-166.

Giller, J. (1995): Marketing für Sinfonieorchester, Aachen.

Gleich, U. (1998): Sport, Medien und Publikum, in: Media Perspektiven, 2. Jg. Heft 3, S. 144-148.

Graumann, C. F. (1966): Grundzüge der Verhaltensbeobachtung, in: Meyer, E. (Hrsg.): Fernsehen in der Lehrerbildung, München, Mainz, S. 86-107.

Gray, D. (2001): Sport Marketing: Strategies and Tactics, in: Parkhouse, B. (Hrsg.): The Management of Sport: Its Foundations and Applications, 3. Aufl., Boston, S. 300-336.

Green, P. E., Tull, D. S. (1982): Methoden und Techniken der Marktforschung, 4. Aufl., Stuttgart.

Greenberg, B. S. (1974): Gratification of Television Viewing and their Correlates for British Children, in: Blumer, J. G., Katz, E. (Hrsg.): The Uses of Mass Communications: Current Perspectives on Gratifications Research, Beverly Hills, S. 71-92.

Großhans, G.-T. (1997): Fußball im deutschen Fernsehen, Frankfurt am Main et al.

Gruber, T., Wied, H. (2000): Sport im Hörfunk, in Herrmanns, A., Riedmüller, F. (Hrsg.): Management-Handbuch: Sport-Marketing, München, S. 559-570.

Gumbrecht, H. U. (1988): „Dabei sein ist Alles“: Über die Geschichte von Medien, Sport, Publikum, DFG-Sonderforschungsbereich 240 (Hrsg.): Ästhetik, Pragmatik und Geschichte der Bildschirmmedien: Schwerpunkt Fernsehen in der Bundesrepublik Deutschland, Siegen.

Gunter, B. (1987): Behind and in Front of the Screen: Television's Involvement in Family Life, London, Montrouge.

Guttmann, A. (1981): Das Verhalten der Zuschauer im Sport, in: Sportwissenschaft, 11. Jg., Heft 3, S. 62-74.

Guttmann, A. (1986): Sport Spectators, New York.

Hackforth, J., Schaffrath, M. (2001): Übertragungsrechte im Sport zwischen Pay-TV und Free-TV, in: Herrmanns, A., Riedmüller, F. (Hrsg.): Management-Handbuch: Sport-Marketing, München, S. 349-368.

Hafermalz, O. (1976): Schriftliche Befragung – Möglichkeiten und Grenzen, Wiesbaden.

Hansen, H., Gauthier, R. (1989): Factors affecting Attendance at professional sport events, in: Journal of Sport Management, Heft 3, S. 15-32.

Hansen, H., Thabor, A. (1973): Marketing-Modelle – Anwendungsmöglichkeiten und Entwicklung computergestützter Modelle im Marketing, Berlin.

Havitz, M. E., Dimanche, F. (1997): Leisure Involvement revisited: Conceptual Conundrums and Measurement Advances, in: Journal of Leisure Research, Vol. 29, S. 245-278

Havitz, M., Howard, D. (1996): How enduring is Enduring Involvement? A seasonal Examination of three Recreational Activities, in: Journal of Consumer Psychology, Vol. 4, No. 3, S. 255-276.

Heckhausen, H. (1989): Motivation und Handeln, 2. völlig überarb. und erg. Aufl., Berlin u.a.

Heidenreich, K. (1984): Grundbegriffe der Mess- und Testtheorie, in: Roth, E. (Hrsg.): Sozialwissenschaftliche Methoden, München et al., S. 351-384.

Heider, F. (1958): The psychology of interpersonal relations, New York.

Heinemann, K. (1995): Einführung in die Ökonomie des Sports: Ein Handbuch, Schorndorf.

Heinemann, K. (2001), Grundprobleme der Sportökonomie, in: Herrmanns, A., Riedmüller, F. (Hrsg.): Management-Handbuch: Sport-Marketing, München, S. 17-32.

Heinemann, K. (2002): Ökonomie des Sports – eine Problemskizze, in: Hübl, L. (Hrsg.): Ligasport aus ökonomischer Sicht, Aachen, S. 73-103.

Heitmeyer, W., Peter, J.-I. (1992): Jugendliche Fußballfans: Soziale und Politische Orientierungen, Gesellungsformen, Gewalt, 2. Aufl., Weinheim.

Hentschel, B. (1992): Dienstleistungsqualität aus Kundensicht: Vom merkmals- zum ereignisorientierten Ansatz, Wiesbaden.

Herber, H.-J. (1976): Motivationspsychologie, Stuttgart u.a.

Hermanns, A. (2002): Grundlagen des Sportsponsoring, in: Galli, A. et al. (Hrsg.): Sportmanagement: Grundlagen der unternehmerischen Führung im Sport aus Betriebswirtschaftslehre, Steuern und Recht für den Sportmanager, München, S.333-354.

Hermanns, A., Riedmüller, F. (2001): Die duale Struktur des Sportmarktes: Aufbau, Inhalte, Marktteilnehmer, in: Herrmanns, A., Riedmüller, F. (Hrsg.): Management-Handbuch: Sport-Marketing, München, S. 36-55.

Hermanns, A., Riedmüller, F. (2001): Neuorientierung des Sportmarketing, in: Herrmanns, A., Riedmüller, F. (Hrsg.): Management-Handbuch: Sport-Marketing, München, S. 5-13.

Hermanns, A., Riedmüller, F. (2002): Marketing im Sport: Status Quo und Handlungsrahmen, in: Galli, A. et al. (Hrsg.): Sportmanagement: Grundlagen der unternehmerischen Führung im Sport aus Betriebswirtschaftslehre, Steuern und Recht für den Sportmanager, München, S.231-252.

Hermanns, A., Riedmüller, F. (2003): Der Sportmarkt: Bedeutung, Struktur und Marktteilnehmer (I), in: WISU, 32. Jg., Heft 1, S. 77-81.

Hermanns, A., Riedmüller, F. (2003): Der Sportmarkt: Bedeutung, Struktur und Marktteilnehmer (II), in: WISU, 32. Jg., Heft 2, S. 206-210.

Herrmann, A., Homburg, C. (1999): Marktforschung: Ziele, Vorgehensweisen und Methoden, in: Herrmann, A., Homburg, C. (Hrsg.): Marktforschung: Methoden, Anwendungen, Praxisbeispiele, Wiesbaden, S. 13-32.

Herrmann, H. U. (1977): Die Fußballfans: Untersuchungen zum Zuschauersport, Schorndorf.

Herrmann, T. (1976): Lehrbuch der empirischen Persönlichkeitsforschung, Göttingen

Higie, R. A., Feick, L. F. (1989): Enduring Involvement: Conceptual and Measurement Issues, in: Advances in Consumer Research, Vol. 16, S. 690-696.

Hildebrandt, L. (1984): Kausalanalytische Validierung in der Marketingforschung, in: Marketing ZFP, 6. Jg. Heft 1, S. 41-48.

Hildebrandt, L., Buzzel, R. (1998): Ein Kausalmodell zu den Bestimmungsgründen der Profitabilität, in: Hildebrandt, L., Homburg, C. (Hrsg.): Die Kausalanalyse: ein Instrument der empirischen betriebswirtschaftlichen Forschung, Stuttgart, S. 211-235.

Hildebrandt, L., Görtz, N. (1999): Zum Stand der Kausalanalyse mit Strukturgleichungsmodellen: Methodische Trends und Software-Entwicklungen, in: Hildebrandt, L., Görtz, N. (Hrsg.): Sonderforschungsbericht 373: Quantifikation und Simulation ökonomischer Prozesse, Berlin, S. 1-33.

Hildenbrandt, F. E. (1994): Goethe im Stadion – oder: Die Entstehung eines kollektiven Selbstgesprächs, in: Hildenbrandt, F. E., Schwier, J. (Hrsg.): Sport und Semiotik, Sankt Augustin, S. 167-171.

Hippler, H.-J. (1988): Methodische Aspekte schriftlicher Befragungen: Probleme und Forschungsspespektiven, in: Planung und Analyse, 6. Jg., S. 244-248.

Hodapp, V. (1984): Analyse linearer Kausalmodelle, Bern u.a.

Holtz, M. (2002): Kundenzufriedenheits-Know How als Grundlage des Unternehmenserfolges: Operationalisierung und explorative Analysen am Beispiel der Augenoptik, Wiesbaden.

Homburg, C. (1991): Modellgestützte Unternehmensplanung, Wiesbaden.

Homburg, C. (1992): Die Kausalanalyse, in: WiSt, 21. Jg., Heft 10, S. 499-508.

Homburg, C., Baumgartner, H. (1995): Beurteilung von Kausalmodellen, in: Hildebrandt, L., Homburg, C. (Hrsg.): Die Kausalanalyse: ein Instrument der empirischen betriebswirtschaftlichen Forschung, Stuttgart, S. 345-369.

Homburg, C., Giering, A. (1996): Konzeptualisierung und Operationalisierung komplexer Konstrukte: Ein Leitfaden für die Marketingforschung, in: Marketing ZFP, 18. Jg., Heft 1, S. 5-24.

Homburg, C., Hildebrandt, L. (1998): Die Kausalanalyse: Bestandsaufnahme, Entwicklungsrichtungen, Problemfelder, in: Hildebrandt, L., Homburg, C. (Hrsg.): Die Kausalanalyse: ein Instrument der empirischen betriebswirtschaftlichen Forschung, Stuttgart, S. 17-43.

Homburg, C., Rudolph, B. (1998): Die Kausalanalyse als Instrument zur Messung der Kundenzufriedenheit im Industriegütermarketing, in: Hildebrandt, L., Homburg, C. (Hrsg.): Die Kausalanalyse: ein Instrument der empirischen betriebswirtschaftlichen Forschung, Stuttgart, S. 239-264.

Homburg, C., Rudolph, B. (1998): Theoretische Perspektiven zur Kundenzufriedenheit, in: Simon, H., Homburg, C. (Hrsg.): Kundenzufriedenheit: Konzepte – Methoden – Erfahrungen, 3. Aufl., Wiesbaden, S. 29-49.

Homburg, C., Sütterlin, S. (1990): Kausalmodelle in der Marketingforschung, in: Marketing ZFP, 12. Jg., Nr. 3, S. 181-192.

Hommel, B. (1998): Visuelle Aufmerksamkeit, in: Strauß, B. (Hrsg.): Zuschauer, Göttingen et al., S. 29-56.

Horton, D., Wohl, R. R. (1986): Mass Communication and Para-Social Interaction, in: Gumpert, G., Cathcart, R. (Hrsg.): Inter/Media, New York, S. 188-211.

Houston, M. J., Rothschild, M. L. (1978): Conceptual and Methodological Perspectives on Involvement, in: Jain, S. (Hrsg.): Educators' Proceedings, Chicago, S. 184-187.

Howard, J. A., Sheth, J. N. (1969), The Theory of Buyer Behavior, New York.

Hruschka, H. (1995): Marketing-Modelle, in: Tietz et al. (Hrsg.): Handwörterbuch des Marketing, 2. Aufl., Stuttgart, S. 1628-1635.

Huber, H., Schmerkotte, H. (1976): Meßtheoretische Probleme der Sozialforschung, in: Koolwijk, J., Wieken-Mayser, M. (Hrsg.): Technik der empirischen Sozialforschung, Bd. 5: Testen und Messen, München, S. 65-88.

Hünerberg, R. (1975): Marketingsysteme und –modelle, Opladen.

Inden, T. (1993): Alles Event?!: Erfolg durch Eventmarketing, Landsberg am Lech.

Irwin, R.L., Sutton, W.A./McCarthey, L.M. (2002): Sport Promotion and Sales Management, Champaign.

Izard, C.E. (1977): Human Emotions, New York.

Jäkel, M. (1997): Warum Erlebnisgesellschaft? Erlebnisvermittlung als Werbeziel, in: Jäckel, M. (Hrsg.): Die umworbene Gesellschaft, Opladen, S. 245-272.

Jöreskog, K. G., Sörbom, D. (1988): LISREL 7: A Guide to the Program and Applications, Chicago u.a.

Kahle, L. R., Kambara, K. M., Rose G. M. (1996): A Functional Model of Fan Attendance Motivations for College Football, in: Sport Marketing Quarterly, Vol. 5, No. 4, S. 51-60.

Kakkar, P., Lutz, R (1981): Situational Influence on Consumer Behavior – A Review, in: Kassarjian, H., Robertson, T. (Hrsg.): Perspectives in Consumer Behavior, 3. Aufl., Glenview (Illinois).

Kerstetter, D. L., Kovich, G. M.(1997): An Involvement Profile of Division I Woman's Basketball Spectators, in: Journal of Sport Management, Vol. 11, S. 234-249.

Kiesler, C. A., Collins, B. E., Miller, N. (1969): Attitude Change, New York.

Kinkema, K. M., Harris, J. C. (1998): MediaSport Studies: Key Research and Emerging Issues, in: Wenner, L.A. (Hrsg.): MediaSport, London, New York, S. 27-54.

Kipker, I. (2000): Die Beziehungen von Sport- und Medienkonzernen – eine ökonomische Analyse der deutschen Fußball-Bundesliga, in: Schellhaaß, H. M. (Hrsg.): Sportveranstaltungen zwischen Liga- und Medieninteresse, Schorndorf, S. 41-62.

Klausen, K. (1992): Management und Marketing in Sportvereinen, in: Zimmer, A. (Hrsg.): Verein heute – zwischen Tradition und Innovation, Basel 1992, S. 95-134.

Kleinjohann, M. (1988): Funktion und Wirkung von Sportzeitschriften: Erfahrungen, Ergebnisse und Erkenntnisse, in: Hackforth, J. (Hrsg.): Sportmedien und Mediensport, Berlin, S. 127-146.

Kohrmann, O. (2003): Mehrstufige Marktsegmentierung zur Neukundenakquisition, Wiesbaden.

Kolb, M. (2002): Zur „Medialisierung" des Sports, in: Strauß, B., Kolb, M., Lames, M. (Hrsg.): Sport und Massenmedien, in: sport-goes-media.de: Zur Medialisierung des Sports, S. 13-18.

Kotler, P. (1974): Atmospherics as a marketing tool, in: Journal of Retailing, 50. Jg., Heft 4, S. 48-64.

Kotler, P., Bliemel, F (2001): Marketing-Management: Analyse, Planung, Umsetzung und Steuerung, 10. Aufl., Stuttgart.

Kroeber, A. L., Kluckhohn, C. (1952): Culture: A Critical Review of Concepts and Definitions, in: Harvard University Peabody Museum of American Archeology and Ethnology Papers, Bd. 47, Heft 1, Cambridge.

Kroeber-Riel, W, Weinberg, P. (2002): Konsumentenverhalten, 8. Auflage, München.

Krohn, F. B., Clarke, M., Preston, E., McDonald, M., Preston, B. (1998): Psychological and Sociological Influences on Attendance at small College Sporting Events, in: College Student Journal, Vol. 32, S. 277-288.

Krüger, A. (1996): Marketing im Sport: Non Profit oder Profit, in Olympische Jugend, Heft 6, 1996, S. 8-9.

Krugmann, H. E. (1965): The Impact of Television Advertsing: Learning without Involvement, in: Public Opinion Quarterly, Vol. 29, S. 349-356.

Kruse, J. (1991): Wirtschaftliche Wirkungen einer unentgeltlichen Sport-Kurzberichterstattung im Fernsehen, Baden-Baden.

Kruse, J. (2000): Sportveranstaltungen als Fernsehware, in: Schellhaaß, H. M. (Hrsg.): Sportveranstaltungen zwischen Liga- und Medieninteresse, Schorndorf, S. 15-39.

Kuß, A., Tomczak, T. (2000): Käuferverhalten: Eine marketingorientierte Einführung, 2. vollst. neu bearb. Aufl., Stuttgart.

Laurent, G., Kapferer, J.-N. (1985): Measuring Consumer Involvement Profiles, in: Journal of Marketing Research, Vol. 22, No. 2, S. 41-53.

Laverie, D. A., Arnett, D. B. (2000): Factors Affecting Fan Attendance: The Influence of Identity Salience and Satisfaction, in: Journal of Leisure Research, Vol. 32, No. 2, S. 225-246.

Lemke, W. (1992): Vereinsalltag zwischen Spenden und Sponsoring: Ein Erfahrungsbericht eines Vereinsmanagers, in: Zimmer, A. (Hrsg.): Vereine heute – zwischen Tradition und Innovation, Basel, S. 76-94.

Lück, H. E. (1976): Testen und Messen von Eigenschaften und Einstellungen, in: Koolwijk, J., Wieken-Mayser, M. (Hrsg.): Techniken der empirischen Sozialforschung, Bd. 5: Testen und Messen, München, S. 77-89.

Madrigal, R., Havitz, M., Howard, D. (1992): Married Couples' Involvement with Family Vacations, in: Leisure Sciences, Vol. 14, S. 278-301.

Madrigal, R. (1995): Cognitive and Affective Determinants of Fan Satisfaction with Sporting Event Attendance, in: Journal of Leisure Research, Vol. 27, No. 3, S. 205-227.

Mann, L. (1989): Sports Crowds and the Collective Behavior Perspective, in: Goldstein, J. H. (Hrsg.): Sport, Games and Play, 2. Aufl., S. 299-331.

Mano, H., Oliver , R. L. (1993): Assessing the dimensionality and structure of the consumption experience: Evaluation, feeling and satisfaction, in: Journal of Consumer Research, Vol. 20, S. 451-466.

Martin, A. (1989): Die empirische Forschung in der Betriebswirtschaftslehre, Stuttgart.

Mayntz, R. et al. (1972): Einführung in die Methoden der empirischen Sozialforschung, 3. Aufl. Opladen.

McPherson, B. (1976): Sozialization into the Role of Sport Consumer, in: Canadian Review of Sociology and Anthropology (CRSA), Vol. 13, No. 2, S. 165-177.

McQuail, D., Blumer, J. G., Brown, J. R. (1972): The Televised Audience, in: McQuail, D. (Hrsg.): Sociology of Mass Communication, Harmondsworth, S. 135-165.

Medau, T. (2002): Sport in Internet – ein nachgefragtes Gut, in: Trosien, G. (Hrsg.): Sport und neue Märkte: Innovation – Expansion – Investition, Butzbach-Griedel, S. 167-175.

Meffert, H. (1971): Modelle des Käuferverhaltens und ihr Aussagewert für das Marketing, in: Zeitschrift für die gesamte Staatswissenschaft, Bd. 127, S. 330-354.

Meffert, H. (1992): Marketingforschung und Käuferverhalten, 2. vollst. überarb. und erw. Aufl., Wiesbaden.

Meffert, H. (2000): Marketing: Grundlagen der Marktorientierten Unternehmensführung, 9. Aufl., Wiesbaden.

Meffert, H., Bruhn, M. (2000): Dienstleistungsmarketing: Grundlagen, Konzepte, Methoden, 3. Aufl., Wiesbaden.

Meffert, H., Steffenhagen, H. (1977): Marketing-Prognosemodelle: Quantitative Grundlagen des Marketing, Stuttgart.

Meffert, H, Steffenhagen, H., Freter, H. (Hrsg.) (1979): Konsumentenverhalten und Information, Wiesbaden.

Messing, M. (1996): Sportsoziologische und systemtheoretische Betrachtung von Zuschauerrollen, in: Messing, M., Lames, M. (Hrsg.): Empirische Untersuchungen zur Sozialfigur des Sportzuschauers, Niedernhausen, S. 82-93.

Messing, M., Lames, M. (1996): Golf: Soziale Selektivität und schichtspezifische Verhaltensstandards, in: Messing, M., Lames, M. (Hrsg.): Zur Sozialfigur des Sportzuschauers, Niedernhausen, S. 166-186.

Messing, M., Lames, M. (1996): Triathlon: Zuschauermobilität und Einbindung in ein Volksfest, in: Messing, M., Lames, M. (Hrsg.): Empirische Untersuchungen zur Sozialfigur des Sportzuschauers, Niedernhausen, S. 82-93.

Meyer, A. (1996): Dienstleistungsmarketing: Erkenntnisse und praktische Beispiele, 7. Aufl., Augsburg.

Meyer, A., Blümelhuber, C. (1998): Quality: not just a trend, but a strategic necessity in professional sports, in: European Journal for Sport management, 5. Jg., Heft 4, S. 55-82.

Meyer, B., Ahlert, G. (2000) Die ökonomische Perspektive des Sports: eine empirische Analyse für die Bundesrepublik Deutschland, Schorndorf.

Milne, G. R., McDonald, M. A. (1999): Sport Marketing: Managing the Exchange Process, Sudbury.

Mullin, B., Hardy, S., Sutton, W. (1993): Sport Marketing, Champaign.

Mulrooney , A. Farmer, P. (2001): Managing the Facility, in: Parkhouse, B. (Hrsg.): The Management of Sport: Its Foundations and Applications, 3. Aufl., Boston.

Nelson, P. (1981): Consumer Information and Advertising, in: Galatin, M. R., Leiter, R. D. (Hrsg.): Economics and Information, Boston, S. 42-77.

Nerdinger, F. W. (1995): Motivation und Handeln in Organisationen, Stuttgart.

Nerdinger, F. W. (2001): Psychologie des persönlichen Verkaufs, München u.a.

Noffke, A., Schumann, F. (1999): Sportkommunikation im Internet, in: Trosien, G., Dinkel, M. (Hrsg.), Verkaufen Medien die Sportwirklichkeit?: Authentizität – Inszenierung – Märkte, Aachen, S. 197-202.

Oliver, R. L. (1980): A cognitive model of the antecendents and consequences of satisfaction decisions, in: Journal of Marketing Research, Vol. 17, S. 460-469.

Opaschowski, H. (1987): Sport in der Freizeit, Hamburg.

Opaschowski, H. (1996): Die Zukunft des Sports – Zwischen Inszenierung und Vermarktung, Hamburg.

Opaschowski, H. (1999): Generation @: Die Medienrevolution entlässt ihre Kinder: Leben im Informationszeitalter, Hamburg.

Opaschowski, H. (2000): Kathedralen des 21. Jahrhunderts – Erlebniswelten im Zeitalter der Eventkultur, Hamburg.

Opp, K.-D. (1970): Methodologie der Sozialwissenschaften: Einführung in Probleme ihrer Theorienbildung, Reinbeck.

Palmgreen, P., Wenner, L. A., Rayburn, J. D. (1980): Relations between Gratifications Sought and Obtained, in: Communication Research, Vol. 7, No. 2, S. 161-192.

Parlasca, S. (1993): Kartelle im Profisport: Die wettbewerbspolitische Problematik der Mannschaftssportligen Major League Baseball, National Football League und Fußball-Bundesliga, Ludwigsburg et al.

Parlasca, S. (2000): Eine wettbewerbspolitische Analyse der zentralen Vermarktung von Sportrechten, in: Schellhaaß, H. M. (Hrsg.): Sportveranstaltungen zwischen Liga- und Medieninteresse, Schorndorf, S. 89-95.

Path, T., Trosien, G. (1999): Fußball als Fernsehprodukt, in: Trosien, G., Dinkel, M. (Hrsg.), Verkaufen Medien die Sportwirklichkeit?: Authentizität – Inszenierung – Märkte, Aachen, S. 131-150.

Pelletier, L. G., Fortier, M. S., Vallerand, R. J., Tuson, K. M., Briere, N. M., Blais, M. R. (1995): Toward a new Measure of Intrinsic Motivation and Amotivation in Sports: The Sport Motivation Scale (SMS), in: Journal of Sport & Exercise Psychology, Vol. 17, S. 35-53.

Pilz, G. A., Silberstein, W. (1990): Besucherstruktur im Berufsfußball: eine empirische Untersuchung um Rahmen der Fußballfanprojekte, in: Pilz, G. A. (Hrsg.): Das Fußballfanprojekt Hannover: Ergebnisse und Perspektiven aus praktischer Arbeit und wissenschaftlicher Begleitung, Münster, S. 26-44.

Pooley, J. C. (1978): The Sport Fan: A social psychology of misbehaviour, Calgary.

Prahl, H.-W. (2002): Soziologie der Freizeit, Paderborn et al.

Preuß, H. (1999): Ökonomische Implikationen der Ausrichtung Olympischer Spiele von München 1972 bis Atlanta 1996, Kassel.

Puca, R. M., Langens, T. A. (2002): Motivation, in: Müsseler, J., Prinz, W. (Hrsg.): Allgemeine Psychologie, Heidelberg, Berlin.

Real, M. (1998): MediaSport: Technology and the Commodification of Postmodern Sport, in: Wenner, L.A. (Hrsg.): MediaSport, London, New York, S. 14-26.

Reckenfelderbäumer, M. (2003): Auswirkungen der Integrativität auf die Leistungspolitik von Fußballclubs, in: Reckenfelderbäumer, M., Welling, M. (Hrsg.): Fußball als Gegenstand der Betriebswirtschaftslehre: Leistungstheoretische und qualitätspolitische Grundlagen, Schriften der Wissenschaftlichen Hochschule Lahr, Nr. 2, Lahr, S. 47-86.

Reisch, L. (1999): Das Freizeit-Paradoxon: Wenn das Arbeitsangebot trotz steigender Löhne sinkt, in: WiSt, 28. Jg., Heft 6, S. 299-303.

Rheinberg, F. (1995): Motivation, Stuttgart u.a.

Riedmüller, F. (2001): Zur Vermarktung von Sportveranstaltungen, in: Hermanns, A., Riedmüller, F. (Hrsg.): Management-Handbuch Sport-Marketing, München, S. 265-284.

Riedmüller, F. (2003): Dienstleistungsqualität bei professionellen Sportveranstaltungen – Entwicklung und Überprüfung eines Erklärungsmodells, Frankfurt am Main.

Rohlmann, P. (2002): Sportmerchandising, in: Galli, A. et al. (Hrsg.): Sportmanagement: Grundlagen der unternehmerischen Führung im Sport aus Betriebswirtschaftslehre, Steuern und Recht für den Sportmanager, München, S. 373-394.

Rose, D. A. (1984): Der Konsum des Sports, in: Heinemann, K. (Hrsg.): Texte zur Ökonomie des Sports, Schorndorf, S. 138-148.

Rothschild, M. L. (1979): Advertising Strategies für High and Low Involvement Situations, in: Maloney, J. C., Silverman, B. (Hrsg.): Attitude Research Plays for High Stakes, Chicago, S. 74-93.

Rothschild, M. L. (1984): Perspectives on Involvement: Current Problems and Future Directions, in: Advances in Consumer Research, Vol. 11, S. 216-217.

Rubin, A. M. (1981): An Examination of Television Viewing Motivations, in: Communication Research, Vol. 8, No. 2, S. 141-165.

Rühle, A. (2003): Sportprofile deutscher Fernsehsender: Das Sportangebot im deutschen Free-TV, in Media Perspektiven, 7. Jg., Heft 5, S. 216-230.

Russel, G. W. (1993): The Social Psychology of Sport, New York.

Scheidt, W. (2000): Affekt-Talks: Rezeptionsmotive und affektive Bewertung eines Genres, Berlin.

Scheuch, E. K. (1973): Das Interview in der Sozialforschung, in: König, R. (Hrsg.): Handbuch der empirischen Sozialforschung, Band 2: Grundlegende Methoden und Techniken der empirischen Sozialforschung, Erster Teil, 3. Aufl., Stuttgart.

Schlenker, B. R. (1986): Self Identifikation: Towards an Integration of the Private and Public Self, in: Baumeister, R. F. (Hrsg.): Public Self and Private Self, New York, S. 21-62.

Schellhaaß, H.-M. (2002): Die Medienpräsenz von Schwellensportarten an den Beispielen Radsport und Basketball, in: Büch, M.-P., Maennig, W., Schulke, H.-J. (Hrsg.): Regional- und sportökonomische Aspekte von Sportgroßveranstaltungen: Dokumentation des Hamburger Workshops „Sport und Ökonomie" anlässlich der HEW Cyclassics vom 17.-18.8.2001, Köln, S. 155-166.

Schellhaaß, H. M. (2003): Strategien zur Vermarktung des Sports im Fernsehen, in: BFuP, 55. Jg., Heft 6, S. 513-427.

Schellhaaß, H. M., Hafkemeyer, L. (2002): Wie kommt Sport ins Fernsehen? – Eine wettbewerbspolitische Analyse, in: BISp-Jahrbuch 2002, Köln., S. 193-195.

Scholz, R. (2001): Die Rolle der Medien im Sport, in: Herrmanns, A., Riedmüller, F. (Hrsg.): Management-Handbuch: Sport-Marketing, München, S. 531-542.

Schwarz, N., Strack, F., Kammer, D., Wagner, D. (1987): Soccer: Rooms and the Quality of your Life: Mood Effects on Judgements of Satisfaction with Life in General and with Specific Domains, in: European Journal of Social Psychology, Vol. 17, S. 69-79.

Schwier, J. (2000): Sport als populäre Kultur: Sport, Medien und Cultural Studies, Hamburg.

Schwier, J., Schauerte, T. (2002): Sport und Massenmedien, in: Strauß, B., Kolb, M., Lames, M. (Hrsg.): Sport und Massenmedien, in: sport-goes-media.de: Zur Medialisierung des Sports, S. 33-50.

Shamir, B., Ruskin, H. (1984): Sport Participations vs. Sport Spectatorship: Two Modes of Leisure Behaviour, in: Journal of Leisure Research, 16. Jg., Heft 1, S. 9-21.

Shank, M. D. (2002): Sports Marketing: A Strategic Perspective, 2. Aufl., Upper Saddle River.

Shank, M. D., Beasley, F. M. (1998): Fan or Fanatic: Refining a Measure of Sports Involvement, in: Jouranl of Sport Behavior, Vol. 21, No. 4, S. 435-443.

Sherif, C. F., Sherif, M. (1967): Attitude, Ego-Involvement and Change, New York.

Shostack, L. G. (1977): Breaking Free from Product Marketing, in: Journal of Marketing, Vol. 24, S. 73-80.

Sloan, L. R. (1989): The Motives of Sport Fans, in: Goldstein, F. H. (Hrsg.): Sports, Games and Play: Social and Psychological Viewpionts, 2. Aufl., S. 175-240.

Smith, G. J. (1988): The noble Sports Fan, in: Journal of Sports and Social Issues, Vol. 12, S. 54-65.

Snyder, C. R., Lassegard, M. , Ford, C. E. (1986): Distancing after group success and failure: Basking in reflected glory and cutting of reflected failure, in: Journal of Personality and Social Psychology, Vol. 51, S. 382-388.

Solomon, M. R. (1994): Consumer Behavior; Buying, Having and Being, 2. Aufl., Boston et al.

Stauss, B. (1999). Kundenzufriedenheit, in: Marketing-ZFP, 21. Jg., Heft 1, S. 5-24.

Steiger, J. H. (1990): Structural Model Evaluation and Modification: An internal Estimation Approach, in: Multivariate Behavioral Research, Vol. 25, S. 173-180.

Steininger, A. (2000): Das Konzept „Arena auf Schalke“, in: Trosien, G., Dinkel, M. (Hrsg.): Ökonomische Dimensionen von Sport-Events, Butzbach-Griedel, S. 115-122.

Stier, W. (1996): Empirische Forschungsmethoden, Berlin u.a.

Stollenwerk, H.-J. (1996): Sport – Zuschauer – Medien, Aachen.

Stopper, M. (1999): Wer ist der Veranstalter und Rechtsträger im Profifußball?, in: Sport und Recht, 6. Jg., Heft 5, S. 188-192.

Strauß, B. (1994): Orientierungen von Sportzuschauern, in: Psychologie und Sport, 8. Jg., S. 19-25.

Strauß, B. (1995): Die Messung der Identifikation mit einer Sportmannschaft: Eine deutsche Adaption der „Team Identification Scale" von Wann und Branscombe, in: Psychologie und Sport: Zeitschrift für Sportpsychologie, 2. Jg., Heft 4, S. 132-145.

Strauß, B. (1996): Selbstdarstellung von Sportzuschauern, in: Conzelmann, A. Gabler, H., Schlicht, W. (Hrsg.): Soziale Interaktionen und Gruppen im Sport: Bericht über die Tagung der Arbeitsgemeinschaft für Sportpsychologie vom 25. bis 27.05 1995 in Tübingen, Köln, S. 123-134.

Strauß, B., Jürgensen, S. (1998): Facetten des Zuschauers, in: Strauß, B. (Hrsg.): Zuschauer, Göttingen et al., S. 29-56.

Strauß, B., Lames, M., Messing, M (1997): Typologisierung von Sportzuschauern durch probabilistische Meßmodelle, in: Maxeiner, J. (Hrsg.) Psychologische Aspekte beim Lernen, Trainieren und Realisieren von Bewegungshandlungen, Köln.

Stryker, S. (1968): Identity Salience and role of performance: The relevance of symbolic interaction theory for family research, in: Journal of Marriage and the Family, Vol. 30, S. 558-564.

Stryker, S. (1980): Symbolic interactionism: A socio-structural version, Menlo Park (CA).

Tajfel, H. (1982): Social Psychology of Intergroup Relations, in: Annual Review of Psychology, Vol. 33, S. 1-39.

Thomae, H. (1965): Das Problem der Motivarten, in: Handbuch Psychologie, Bd. 2, Göttingen, S. 415-432.

Topritzhofer, E. (1974): Absatzwirtschaftliche Modelle des Kaufentscheidungsprozesses unter besonderer Berücksichtigung des Markenwahlaspektes, Wien.

Trail, G. T., Anderson, D. F., Fink, J. (2000): A Theoretical Model of Sport Spectator Consumption Behavior, in: International Journal of Sport Management, Vol. 1, S. 154-180.

Trail, G. T., Fink, J. S., Anderson, D. F. (2003): Sport Spectator Consumption behaviour, in: Sport Marketing Quarterly, Vol. 12, No. 1, S. 8-17.

Trail, G. T., James, J. D. (2001): The Motivation Scale for Sport Consumption: Assessment of the Scale's Psychometric Properties, in: Journal of Sport Behavior, Vol. 24, No. 1, S. 108-127.

Triplett, N. (1898): The dynamic factors in pacemaking and competition, in: American Journal of Psychology, Vol. 8, S. 507-533.

Troll, K. (1975): Zum Problem quantitativer Marketing-Modelle, Köln.

Trommsdorff, V. (1979): Neuere Anwendungen in der Einstellungsforschung, in: Handelsforschung heute, Festschrift zum 50jährigen Bestehen der Forschungsstelle für Handel, Berlin.

Trommsdorff, V. (2003): Konsumentenverhalten, 5. Aufl., Stuttgart, Berlin, Köln.

Trosien, G. (1999a): Zum Konzept und zur Konsequenz der Sportbranchenanalyse in Deutschland, in : Trosien, G. (Hrsg.): Die Sportbranche: Wachstum – Wettbewerb – Wirtschaftlichkeit, Frankfurt am Main, S. 11-30.

Trosien, G. (1999b): Zur Ökonomie der Sportverbände in Deutschland, in : Trosien, G. (Hrsg.): Die Sportbranche: Wachstum - Wettbewerb - Wirtschaftlichkeit, Frankfurt am Main, S. 62-83.

Trosien, G. (1999c): Sportbranche, Markt und Wettbewerb: „Aufbruch zu neuen Ufern?“, in: Trosien, G. (Hrsg.): Die Sportbranche: Wachstum - Wettbewerb - Wirtschaftlichkeit, Frankfurt am Main, S. 293-312.

Trosien, G. (2002): Aufklärung über Sportkonsum als bedeutsames Anliegen anerkant, in: dvs-informationen, 17. Jg., S. 34-36.

Trosien, G. (2003): Sport in der wirtschaftlichen Entwicklung: Eine Hinführung, in: Trosien, G. Dinkel, M. (Hrsg.): Grenzen des Sportkonsums, Aachen, S. 10-26.

Trosien, G. (2003b): Sportökonomie: Ein Lehrbuch in 15 Lektionen, Aachen et al.

Trosien, G., Dinkel, M. (1999): Wechselseitige Beziehungen in den Sport- und Medienentwicklungen, in: Trosien, G., Dinkel, M. (Hrsg.), Verkaufen Medien die Sportwirklichkeit?: Authentizität - Inszenierung - Märkte, Aachen, S. 11-44.

Trosien, G., Preuß, H. (1999): Sport-Fernsehen-Ökonomie: Zur Medienpräsenz von Sportleistungen, in: Trosien, G. (Hrsg.): Die Sportbranche: Wachstum – Wettbewerb – Wirtschaftlichkeit, Frankfurt am Main, S. 209-235.

UFA (1999): Fußball-Studie: Fußball Bandenwerbung, Hamburg, S. 23.

Vorderer, P. (1992): Fernsehen als Handlung: Fernsehfilmrezeption aus motivationspsychologischer Perspektive, Berlin.

Wann, D. L. (1994): Biased Evaluations of higly identified Sport Spectators: A response to Hirt and Ryalls, in: Perceptual and Motor Skills, Vol. 79, S. 105-106.

Wann, D. L. (1995): Preliminary validation of the Sport Fan Motivation Scale, in: Journal of Sport & Social Issues, Vol. 19, S. 377-396.

Wann, D. L. (1997): Sport Psychology, Upper Saddle River.

Wann, D. L. Melnick, M. J., Russell, G. W., Pease, D. G. (2001): Sport Fans: The Psychology and Social Impact of Spectators, New York, London.

Wann, D. L., Branscombe, N. R. (1990): Die-hard and fair-weather fans: Effects of identification on BIRGing and CORFing tendencies, in: Journal of Sport and Social Issues, Vol. 14, S. 103-117.

Wann, D. L., Branscombe, N. R. (1993): Sport Fans: Measuring the degree of Identification with their team, in: International Journal of Sport Psychology, Vol. 24, S. 1-17.

Wann, D. L., Dolan, T. J. (1994): Influence of Spectators Identification on Evaluation of the past, present and future Performance of an Sports Team, in: Perceptual and Motor Skills, Vol. 78, S. 547-552.

Wann, D. L., Dolan, T. J., McGeorge, K. K., Allison, J. A. (1994): Relationship between Spectator Identification and Spectators Perceptions of Influence, Spectators Emotions and Competition Outcome, in: Journal of Sport & Exercise Psychology, Vol. 16, S. 347-364.

Wann, D. L., Ensor, C. L., Bilyeu, J. K. (2001): Intrinsic and Extrinsic Motives for Originally Following a Sport Team and Team Identification, in: Perceptual an Motor Skills, Vol. 32, S. 451-454.

Weber, W., Schnieder, C., Kortlüke, N., Horak, B. (1995): Die wirtschaftliche Bedeutung des Sports, Schorndorf.

Weichelt, K. (1998): Dienstleistungsqualität an der Schnittstelle von Anbieter und Nachfrager, unveröffentlichte Dissertation, Rostock.

Welling, M. (2003): Das Produkt Fußball? – Eine leistungstheoretische Grundlegung zur Identifikation von Produktions- und Absatzspezifika, in: Reckenfelderbäumer, M., Welling, M. (Hrsg.): Fußball als Gegenstand der Betriebswirtschaftslehre: Leistungstheoretische und qualitätspolitische Grundlagen, Schriften der Wissenschaftlichen Hochschule Lahr, Nr. 2, Lahr, S. 5-46.

Wenner, L. A., Gantz, W. (1989): The Audience Experience with Sports on Television, in: Wenner, L. A. (Hrsg): Media, Sports and Society, London et al., S. 241-269.

Wenner, L. A., Gantz, W. (1998): Watching Sports on Television: Audience Experience, Gender, Fanship and Marriage, in: Wenner, L.A. (Hrsg.): MediaSport, London, New York, S. 233-251.

Whannel, G. (1992): Fields in vision: Television sport and cultural transformation, London.

Whannel, G. (1998): Reading the Sports Media Audience, in: Wenner, L.A. (Hrsg.): MediaSport, London, New York, S. 221-232.

Wiswede, G. (1973): Motivation und Verbraucherverhalten– Grundlagen der Motivforschung, 2. Aufl., München u.a.

Woratschek, H. (1998): Sportdienstleistungen aus ökonomischer Sicht, in: SpW, 28. Jg., Heft 3-4, S. 344-357.

Woratschek, H. (2002): Theoretische Elemente einer ökonomischen Betrachtung von Sportdienstleistungen, in: ZfB, 67.Jg., Ergänzungsheft 4, S. 1-22.

Woratschek, H., Beier, K. (2001): Sportmarketing, in: Tscheuling, D. K., Helmig, B. (Hrsg.), Branchenspezifisches Marketing: Grundlagen – Besonderheiten – Gemeinsamkeiten, Wiesbaden, S. 204-235.

Zaichkowsky, J. L. (1985): Measuring the Involvement Construct, in: Journal of Consumer Research, Vol. 12, S. 341-352.

Zillmann, D., Bryant, J. (1998): Fernsehen, in: Strauß, B. (Hrsg.): Zuschauer, Göttingen et al., S. 175-212.

Zillmann, D., Bryant, J., Sapolsky, B. S. (1989): Enjoyment from Sports Spectatorship, in: Goldstein, F. H. (Hrsg.): Sports, Games and Play: Social and Psychological Viewpionts, 2. Aufl., S. 241-278.

Zimmermann (1981): Zum Nutzen empirischer Untersuchungen, in: Witte (Hrsg.): Der praktische Nutzen empirischer Forschung, Tübingen, S. 277-302.

Kolibri 360 GmbH
Ferdinand-Jühlke-Straße 7
99095 Erfurt, Deutschland
produktsicherheit@kolibri360.de